4차 산업혁명
이미 와 있는 미래

4차 산업혁명

THE FOURTH INDUSTRIAL REVOLUTION

이미 와 있는 미래

롤랜드버거 ROLAND BERGER

김정희, 조원영 옮김

"미래는 이미 와 있다.

단지 널리 퍼져 있지 않을 뿐이다."

— 윌리엄 깁슨

19세기 영국인들에게 산업혁명은 희망보다는 두려움이었다. 그래서 러다이트 운동(Luddite Movement)이라 불리는 기계파괴운동이 일어났지만, 산업혁명의 흐름을 되돌릴 수 없었다. 지금 우리 앞에 전개되고 있는 4차 산업혁명도 마찬가지다. 이 혁명이 어디를 향해 갈지, 그 과정에서 우리 삶이 어떻게 바뀔지 예측하기 힘들다. 그래서 겁이 난다. 그러나 지난 산업혁명의 승자들이 그랬던 것처럼 우리는 새로운 기술을 용기 있게 수용함으로써 경제적 번영과 인간의 행복에 다가가야만 한다. 냉정하게 말해 지금 한국은 4차 산업혁명 대비에 한발 늦은 후발주자다. 나는 2017 다보스포럼에서 롤랜드버거의 샤를 에두아르 부에(Charles Edouard Bouee) 회장을 만나 4차 산업혁명에 대비하는 대한민국 국가 컨설팅을 추진할 것을 제안했다. 여러 컨설팅 업체 중 롤랜드버거를 선택한 것은 독일에서 인더스트리 4.0의 진행 과정을 지켜본 롤랜드버거가 4차 산업혁명의 본질을 가장 구체적으로 파악하고 있다고 생각했기 때문이다. 그 결과물이 지난 3월 '매일경제 제26차 비전코리아 국민보고대회'에서 발표됐다. 롤랜드버거에서 생산한 각종 보고서는 4차 산업혁명에 대비하는 많은 국가의 정책과 기업 전략 수립에 큰 영향을 미치고 있다. 『4차 산업혁명 이미 와 있는 미래』는 롤랜드버거의 역량을 한데 모은 4차 산업혁명의 기본서라고 할 수 있다. 이미 산업 현장에 도래한 4차 산업혁명의 실상, 앞으로 전개될 방향성을 궁금해하는 독자들에게 이 책은 탁월한 길잡이가 될 것이다.

- 장대환(매경미디어그룹 회장)

▶▶▶▶▶

▶▶▶▶▶   ▶▶▶▶▶   ▶▶▶▶▶

▶▶▶   ▶▶▶▶▶   ▶▶▶▶▶

2부 4차 산업혁명의 현장

▶▶▶▶▶

▶▶▶▶▶   ▶▶▶▶▶   ▶▶▶▶▶

▶▶▶▶▶   ▶▶▶▶▶   ▶▶▶▶▶

3부 이미 미래에 도착한 사람들

4차 산업혁명과
한국의 미래

4차 산업혁명은 지난 19대 대선 기간은 물론, 지금도 꾸준히 언급되고 있는 중요한 키워드다. 거의 매일 포털 검색어 상위권에서 이 키워드를 목격할 수 있다. 하지만 이 말이 유명해진 것에 비해 그 실체는 충분히 드러나지 않았다. 여전히 많은 사람이 4차 산업혁명에 대해 제대로 파악하지 못한 상태에서 막연히 기대하거나 막연히 두려워한다.

하지만 우리가 생각하고 있는 것 이상으로 4차 산업혁명은 진즉에 시작되었다. 한마디로 '이미 와 있는 미래'다. 스마트 공장과 기계, 사물인터넷(IoT), 협업 로봇(Cobot), 3D 테크놀로지 등 새로운 차원의 생산성 향상을 위한 기술이 산업계에서 활발히 논의되고 있고, 선도 기업들은 이미 이들을 활용한 파일럿(Pilot) 프로젝트를 실행하고 있다. 많은 기업과 개인이 여전히 3차 산업혁명의 패러다임 안에 갇혀있는 것도 사실이지만, 3차 산업혁명을 통해 경험한 혁명적인 생산성 향상의 패러다임이 수명을 다했다는 공감대는 이미 형성됐다.

3차 산업혁명의 제조업 경제 원리는 대량 생산에 기초한 원가 및 가격 경쟁력의 확보에 기초하고 있으나 90년대 이후의 선진국 제조업은 투하된 자본에 비해 수익성과 매출이 크게 성장하지 않았으며, 투자에 의해 형성된 자산은 유연성이 매우 떨어져 자본이익률(ROCE, Return on Capital Employed)이 급격히 하락한 것을 확인할 수 있다. 심지어 프랑스 등 일부 선진국에서는 제조업에 투자된 자본이 감가상각에도 미치지 못해 탈산업화가 심각하게 진행되고 있기도 하다. 이러한 사실은 3차 산업혁명의 패러다임이 수명을 다했으며 또 다른 차원의 생산성 향상을 위한 산업혁명의 필요성을 반증한다.

우리나라의 제조업 역시 심각한 도전에 직면해 있다. 삼성, 현대, LG, SK 등 한국의 대표 기업은 모두 제조업 기반인 데다 선진국 집단인 G7에 비해 제조업 비중이 30% 이상으로 압도적으로 많으면서도 과거만큼 국가의 고용 및 성장에 기여하지 못하고 있는 것이 사실이다. 제조업 기반이 상대적으로 넓은 만큼 혁명적 패러다임 변화에 잘 대응하지 못할 경우 큰 타격을 받을 것은 분명하다.

하지만 안타깝게도 한국은 4차 산업혁명 대비에 한발 늦었다. 4차 산업혁명의 기반 기술이라고 할 수 있는 인공지능, 사물인터넷, 3D 프린팅, 클라우드 등의 기술 수준은 선진국들과 상당한 차이로 벌어졌다. 정부 차원에서의 관심도 2015년에 들어서 비로소 처음 생겼다. 4차 산업혁명의 선도 국가라고 할 수 있는 독일이 2010년, 미국이 2011년부터 준비를 해왔다는 점과 비교하면 매우 뒤늦은 편이다. 심지어 2014년에 '중국제조 2025' 프로젝트를 가동한 중국에 비해서도 정부 차원의 대비가 뒤처졌다.

그럼 우리나라는 어떻게 4차 산업혁명에 대응해야 할까? 많은 나라에서 정부가 직접 나서서 4차 산업혁명 시대의 산업 정책을 주도하는 것을 볼 수 있다. 각 나라가 처한 산업 현실과 이슈들의 우선순위가 다르기 때문에 정부가 실행을 위한 원칙과 우선순위를 정하고 지원하는 작업은 반드시 필요하다. 예를 들어, 우리나라처럼 일자리 문제가 사회 및 정치 현안의 최우선 과제인 경우 스마트 공장과 관련된 인더스트리 4.0 솔루션의 콘셉트를 무인화(Replacement)보다는 보인화(Augmentation)로 잡는 등의 지혜가 필요하다.

2017년 1월부터 롤랜드버거는 매일경제신문과 함께 그동안 전 세계의 산업 현장에서 쌓아온 노하우와 핵심 역량을 총동원하여 「D-Checking Korea」 프로젝트 작업을 진행해왔다. 일종의 국가 컨설팅인 셈인데, 4차 산업혁명 시내 한국의 생손법에 초점을 맞췄다. 롤랜드버거는 지금이라도 한국이 4차 산업혁명에서 많이 뒤처져 있다는 사실을 받아들이고, 뼈를 깎는 캐치 업(Catch-up) 전략을 추구해야 한다고 제안했다. 사실 캐치 업 전략은 우리에게 새로운 것이 아니다. 그동안 한국이 빠른 경제 성장을 할 수 있었던 것 자체가 캐치 업 전략을 통한 추격과 역전이 제대로 이뤄졌기 때문이다.

하지만 분야에 따라 절대 따라잡을 수 없는 기술도 있고, 자체 개발보다 이미 있는 선진 기술을 이용료를 내고 빌려오는 게 더 경제적인 기술도 있는 만큼, 무조건적인 캐치 업 전략보다는 보다 효율적인 분야에 일차적인 초점을 맞출 필요가 있다. 롤랜드버거는 바로 빅데이터(Big Data)가 그 핵심이 될 수 있다고 파악했다. 롤랜드버거 부회장이자 롤랜드버거 아시아태평양 대표인 드니 드푸(Denis Depoux)는 다음과 같이 말했다.

"4차 산업혁명 시대에서 빅데이터는 '새로운 자본(New Capital)'이다. 빅데이터를 잡는 기업이 성장할 수밖에 없는 경제 구조가 되고 있다. 자본 투자가 가장 중요했던 과거 산업혁명 시대와 달리 이제는 빅데이터가 가장 중요한 자본이 됐다. 한국과 같은 나라에 4차 산업혁명은 리셋을 할 수 있는 기회가 될 수도 있지만 리스크가 될 수도 있다. 그래서 더더욱 빅데이터가 중요하다. 빅데이터는 빅데이터를 무기로 나날이 발전하는 인공지능(AI)을 비롯하여 모든 산업에 새로운 지평을 열 수 있다."

또 빅데이터는 여태 없던 새로운 직업도 만들어낸다. 데이터를 가공하고 처리하고 분석하는 수많은 직업이 새로 탄생할 전망인데, 여기에는 언어의 장벽이 있는 것도 아니므로 국경의 의미도 사라진다.

한국이 빅데이터에서 승부를 보기 위해선 규제 개선과 정보 보안 강화라는 두 마리 토끼를 한꺼번에 잡아야 한다. 많은 규제 때문에 데이터가 있어도 빅데이터로 활용되지 못하는 것이 한국의 현실이다. 얼핏 보면 데이터 개방과 정보 보안은 상충하는 가치인 것 같지만, 그런 안이한 판단이 혁신을 가로막는다. 어떤 공공 데이터를 개방하고 어떤 민감 정보를 보호해야 하는지를 판단해, 이를 미세하게 조정하고 규제를 개선하는 대책이 그래서 필요한 것이다.

롤랜드버거가 펴낸 『4차 산업혁명 이미 와 있는 미래』의 출간 의의도 바로 이런 지점에서 찾을 수 있다. 4차 산업혁명에 대응하기 위해서는 대충 알아서는 안 된다. 구체적이면서도 입체적으로 파악해야 한다. 한국에서 4차 산업혁명은 갑자기 유행어처럼 자주 쓰이는 말이 되었지만, 대부분 그저 기술 혁신의 맥락으로만 이해하고 있는 듯하다. 하지만 그 안에는 잃어버린 제조업의 주도권을 되찾아오고 싶은 유럽의 의지, 제조 기업과 IT 기업의 치열한 경쟁과 협력, 저임금 국가에 빼앗긴 제조 공장을 자국으로 되찾아오고 싶은 선진국의 욕망 등이 숨어 있다. 또 실제 현장에서 온몸으로 부딪치며 시행착오를 겪고 있는 기업가와 노동자가 있다.

업무상 많은 경영인을 만나는 전략 컨설턴트로서 4차 산업혁명의 본질과 실제 모습에 대해 더 구체적으로 알고 싶어 하는 산업 현장의 목소리를 자주 듣는다. 그들에게 『4차 산업혁명 이미 와 있는 미래』가 그런 갈증을 해결해줄 수 있는 책이 되리라 기대한다. 이 책은 전 세계에서 활약하는 롤랜드버거 컨설턴트들이 작업한 보고서를 단행본의 형식에 맞게 가공하고 편집한 책으로, 4차 산업혁명의 진면목을 확인하기 위해 한 걸음 더 깊이 들어간다.

4차 산업혁명의 역사적 맥락을 짚어주는 것은 물론 전 세계 기업과 국가가 실질적으로 어떻게 대응하고 있는지를 소개하고, 사람들이 가장 관심 있어 하는 이슈인 일자리 문제를 본격적으로 다룬다. 이어서 스마트 공장, 자율주행차, 디지털 헬스케어, 로봇, 클라우드, 3D 프린터, 빅데이터 등 4차 산업혁명의 주역들이 실제 어떻게 활약하고 있는지 생생한 현장의 목소리로 듣는다. 또 4차 산업혁명의 선도 기업을 이끌고 있는 경영진들과의 심층 인터뷰를 통해 주요 기업들의 전략을 엿본다. 마지막으로 4차 산업혁명과 긴밀히 영향을 주고받을 '2030 메가트렌드'를 확인함으로써 '이미 와 있는 미래'를 보다 거시적으로 스케치한다.

물론 이와 관련된 솔루션의 구체적 실행은 각자의 몫이다. 이 책을 통해 4차 산업혁명의 진면목을 다각적으로 확인한 각 기업과 개인은 새로운 산업혁명의 시대에 어떻게 지속적인 경쟁력을 유지할 수 있을 것인가에 대해 깊이 고민해야 할 것이다. 새로운 정부 역시 이 책에서 힌트를 얻어 4차 산업혁명 시대를 이끌어나갈 좋은 정책을 구상할 수 있길 희망한다. 무엇보다 4차 산업혁명 시대를 맞이하여 막연한 두려움과 기대감을 갖고 있는 독자들이 더 생생하게 미래를 꿈꾸고 좋은 기회를 발견할 수 있으면 좋겠다.

잘 보이지 않던 '이미 와 있는 미래'를 독자분들 눈에 조금이라도 보이게 했다면, 이 책의 자기 역할은 충실히 다한 것이라 믿는다.

2017년 6월

– 이수성(롤랜드버거 코리아 대표)

THE FOURTH

INDUSTRIAL

REVOLUTION

1 부

4차 산업혁명의 약속

"4차 산업혁명은 경제 성장과 동시에 세계 인류가 직면한
가장 큰 도전 과제 중 일부를 해결할 것이다."
– 클라우스 슈밥(Klaus Schwab, 세계경제포럼 회장)

01

4차 산업혁명은
이미 진행 중이다

▶▶▶▶▶▶

혁명은 빠르고 파행적이며 파괴적이다.

그리고 되돌릴 수 없다.

4차 산업혁명의 주요 특징

21세기 시작 이후, 우리는 디지털 혁신을 경험하고 있다. 이 변화는 사회, 경제 전반에 걸친 디지털 기술 분야의 혁신과 관련 있다. 일부 전문가들은 지금까지 우리가 경험한 것은 앞으로 다가올 미래의 10분의 1에 불과하다고 말한다. 이런 경향은 제품 제조와 서비스 제공 방식에도 영향을 미친다.

서구 문명은 이미 세 번의 산업혁명을 목격했다. 이 산업혁명들은 산업 과정에서 상당히 높은 생산성을 일으키는 비약적 도약이었다. 1차 산업혁명에서는 수력 발전, 증기기관, 기계의 발전을 통해 생산성의 극대화가 이루어졌다. 2차 산업혁명에서는 전기와 조립 라인을 통해 분업에 의한 대량 생산이 가능해졌으며, 3차 산업혁명에서는 전자공학과 IT를 이용한 자동화를 통해 인간이 다루기 어려운 복잡한 작업을 기계가 수행함으로써 생산성이 한층 더 증가했다.

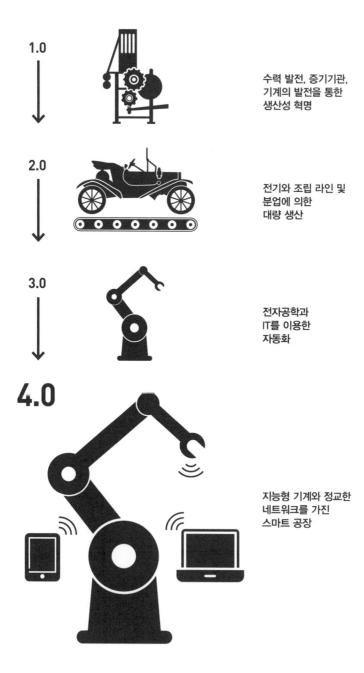

1.0

수력 발전, 증기기관,
기계의 발전을 통한
생산성 혁명

2.0

전기와 조립 라인 및
분업에 의한
대량 생산

3.0

전자공학과
IT를 이용한
자동화

4.0

지능형 기계와 정교한
네트워크를 가진
스마트 공장

4차 산업혁명은 이미 진행 중이다. 하지만 어떤 분야에서는 빠르고 파괴적인 변화가 진행되는 반면, 다른 분야에서는 서서히 지속적으로, 조금 더 '진화적인' 속도로 변화가 일어난다. 어떠한 경우에도 4차 산업혁명 이전으로 돌아갈 수 없다. 오늘날, 물리적 대상은 아주 매끄럽게 정보 네트워크에 통합된다. 인터넷은 지능형 기계, 시스템 생산 및 프로세스와 결합해 더욱 정교한 네트워크를 형성한다. 현실 세상은 하나의 거대한 정보 시스템으로 변하고 있다.

4차 산업혁명은 독일의 인더스트리 4.0(Industrie 4.0)에서 시작됐다. 이 개념은 메이커 운동(Maker Movement, 누구나 제조의 주체가 될 수 있는 오픈소스 제조업 운동-옮긴이)이나 팩토리 4.0(Factory 4.0)과 같은 협의적 용어와 구별되어야 한다. 인더스트리 4.0은 지속적인 디지털화와 모든 생산 단위의 연결성을 강조한다. 이제 인더스트리 4.0으로부터 촉발된 4차 산업혁명의 주요 특징을 살펴보자.

가상 물리 시스템과 시장

IT 시스템은 이미 생산 시스템의 핵심으로 자리 잡았다. 4차 산업혁명에서 그 시스템은 모든 하부 시스템, 프로세스, 공급자와 소비자 네트워크 등과 훨씬 더 긴밀하게 연결되고, 이로 인해 시장은 전보다 더 복잡하고 정교한 제품을 요구할 것이다.

IT 시스템은 표준 정의를 따르는 기계, 스토리지 시스템 및 공급 중심으로 구축될 것이며 가상 물리 시스템(CPS, Cyber Physical System)으로 연결될 것이다. 이러한 시스템은 실시간 제어가 가능하다. 미래의 공장과 시스템에는 분명하게 정의된 유사 인터페이스가 장착된다.

이러한 기술 활용으로 기계는 가치 사슬(Value Chain)에 맞춰 유연하게 대체될 수 있다. 예고 없이도 생산 프로세스 변경이 가능하고, 시스템을 이용할 수 없는 시간, 즉 다운 타임(Down Time)을 줄여 효율성을 끌어올릴 수 있다.

지능형 로봇과 기계

로봇은 이미 지난 3차 산업혁명에서 인간을 일부 대체했다. 유럽에서 사용 중인 다목적 산업 로봇의 수는 2004년 이후 거의 2배로 증가했다. 체코나 헝가리 같은 나라에서 이 성장세는 훨씬 더 인상적이다. 미래의 로봇은 지능화될 것이다. 인간의 업무 방식에 적응하고 인간과 소통하며 상호작용할 수 있는 로봇이란 뜻이다. 지능형 로봇은 비용 구조, 기술 구도 및 생산 기지에 엄청난 변화를 일으키며 기업의 생산성을 비약적으로 증가시킬 것이다. 폐쇄된 영역 내 단순 업무에서 인력을 대체하는 것을 넘어, 인간과 긴밀하게 협력하게 될 것이다. 즉, 4차 산업혁명에서 로봇은 상호 연결형 업무를 수행하고, 스마트 센서가 장착된 인간-기계 인터페이스(HMI, Human-Machine Interface)를 사용하게 될 것이다.

로봇의 활용은 생산, 물류, 사무 관리 등 다양한 분야로 확대되고 있다. 원격제어도 가능하므로 작업장에 사람이 계속 머물러 있을 이유가 없다. 퇴근 후 문제가 발생하면, 작업자는 모바일 기기로 메시지를 받고, 웹캠(Web Cam)으로 문제를 확인한 후, 다음 날 자신이 출근할 때까지 생산이 계속되도록 지시사항을 전달할 수 있다. 따라서 공장은 작업자가 낮에만 근무하더라도 24시간 운영이 가능해진다.

야간 근무를 하지 않아도 생산성은 가파르게 상승한다.

빅데이터

데이터는 종종 21세기의 원자재로 비유된다. 실제 비즈니스에 이용 가능한 데이터의 양은 1년 2개월마다 2배씩 늘어날 것으로 예상된다. 미래의 공장은 저장, 처리 및 분석할 필요가 있는 엄청난 양의 데이터를 생산할 것이다. 그 말은 작업자들이 해야 하는 일 역시 크게 변한다는 뜻이다. 이미 프랑스에서는 63%의 공장 매니저들이 사이버 보안을 중요한 경쟁력으로 여기고 있다. 빅데이터를 처리하고 클라우드 컴퓨팅의 잠재력을 이용하기 위한 혁신적인 방법은 정보 활용의 새로운 방법을 제공해줄 것이다.

연결성의 새로운 특성

21세기 초반에 연결성은 단지 디지털 세계 내의 특징에 불과했지만, 4차 산업혁명에서는 디지털 세계의 범위를 벗어나 실제 현실 세계의 특징이 된다. 기계, 가공물, 시스템, 인간이 끊임없이 인터넷 프로토콜을 통해 디지털 정보를 주고받는다. 이는 사물이 데이터 공간과 직접 연결될 것이라는 의미다. 상호 연결된 기계를 통해 생산은 매끄럽게 진행된다. 부품이 하나의 기계나 컨베이어 벨트, 혹은 물류 공급 로봇에서 생산되면, 또 다른 기계는 즉시 이에 대한 정보를 받는다. 기계는 마치 거의 발레를 하듯 조화롭게 부품 제조의 각 생산 단계에 맞춰 자동으로 적용한다. 심지어 제품은 컨베이어에 픽업을 요청하거나 주문 시스템에 이메일을 보내 "생산이 완료되어 배송 준비가 되었습니다"라고 알려줄 수도 있다. 공장 역시 스스로 생산 스케줄을 매끄럽게 조정하고, 더 나은 방식으로 가동력을 최적화한다.

에너지 효율성과 분산화

4부에서도 살펴보겠지만, 기후 변화와 자원 부족은 모든 4차 산업혁명 주체들에 영향을 미치는 메가트렌드다. 이들 메가트렌드는 제조에 탄소 중립 기술 사용의 필요성을 촉발하며 공장의 에너지 분산에 영향을 미친다. 재생 에너지 사용은 기업에 재정적으로 도움이 될 것이다. 미래에는 자가발전 생산 기지가 많이 생겨날 것이며, 이는 결국 인프라 제공자에게 커다란 영향을 줄 것이다. 더불어 비약적인 에너지 절감을 위한 한 방법으로써, 소규모 발전소와 같은 분산된 원자력발전소도 연구되고 있다. 대규모 전기 집약형 공장들이 공급된다면 충분히 가능한 일이다.

가상 산업화

새로운 공장이든 기존 공장이든, 신제품 출시보다 더 어려운 일은 없다. 적응 시간, 반복적 시도, 고급인력 구성, 사전 제품 테스트 등 예상치 못한 수많은 추가 비용이 발생할 수 있다. 생산 중단으로 허비된 하루는 막대한 수익 상실로 이어진다. 이런 문제 때문에 4차 산업혁명 시대에서는 실제 생산을 준비하기 위한 가상 공장과 제품이 적극적으로 활약할 것이다. 모든 과정은 먼저 시뮬레이션을 거치고 가상에서 검증된다. 일단 최종 솔루션이 준비되어야 실제 생산 준비가 완료된 것이다. 이는 모든 소프트웨어, 매개변수, 수치 매트릭스가 실제 생산을 제어하는 기계에 업로드된다는 뜻이다. 초기 단계이긴 하지만, 이미 몇몇 시도를 통해 자동차 부품 생산은 통상 3개월에서 3일 정도로 준비 기간이 단축되었다. 가상 공장은 3D로 설계되어 쉽게 시각화될 것이다. 뿐만 아니라 이는 작업자와 기계가 직접 상호작용하는 방식으로 활용될 것이다.

팩토리 4.0

팩토리 4.0은 미시경제학적 차원에서 기업을 하나의 상호 연결된 글로벌 시스템으로 본다. 공장 외부에서는 공급자 네트워크, 미래 자원, 새로운 고객 수요, 그 수요를 충족시키는 수단을 찾을 수 있다. 공장 내부에서는 새로운 생산 기술, 신소재, 데이터의 저장, 처리 및 공유에 대한 새로운 방법을 구상해볼 수 있다. 제조 기업에서 4차 산업혁명은 새롭고 급진적인 혁신을 기반으로 한다. 팩토리 4.0 개념에서 데이터는 공급자, 고객, 그리고 기업 자체로부터 수집되고, 실제 생산이 이뤄지기 전에 평가된다. 팩토리 4.0은 센서, 3D 프린터, 차세대 로봇과 같은 새로운 기술을 사용하고, 그 결과 생산 프로세스는 미세 조정되고 보정되거나 실시간으로 다르게 수립된다. 제조의 완전한 연결을 지향하는 것이다.

게임의 규칙이 바뀐다

우리는 지금 엄청나게 변화된 산업 지형에 관한 빅픽처(Big Picture)를 설명하고 있다. 이런 변화는 위협 또는 기회 중 어느 쪽이 될 것인가? 결과적으로는 양쪽 모두에 해당한다. 확실한 건 4차 산업혁명 시기 동안 부분적이든 전체적이든 조직, 프로세스, 역량 등을 혁신적으로 바꿔나가는 기업만이 시장에 살아남을 거라는 사실이다. 또한, 새로운 비즈니스 모델이 등장하며 새로운 경쟁자도 급격하게 늘어날 것이다.

인터넷이나 이동전화 등 새로운 혁신 기술은 단지 새로워서가 아니라 사회적 변화가 뒤따랐기 때문에 성공했다. 기술로서의 인터넷은 사회적 네트워그를 만들지 못했시만, 사회적 네트워크는 인터넷 덕택에 발전했고, 또 인터넷을 더욱 발전시켰다. 4차 산업혁명으로 마찬가지 일이 일어날 것이다. 산업 주자들의 게임 규칙을 바꿔놓을 것이다.

우선 4차 산업혁명은 생산 과정에서 보다 많은 자유와 유연성을 제공한다. 그 결과 비교적 낮은 생산 원가로 일대일 고객 맞춤형 제품 생산이 가능해진다. 또 실제 생산이 지역에서 이루어지고 데이터만 전송될 수 있다면, 남은 부품이나 제품의 유통 프로세스는 조금 더 단순해질 것이다. 이로써 3D 프린터의 사용이 눈에 띄게 확장될 수 있다. 3D 프린터 관련 서비스의 시장 규모는 2012년에만 16억 유로로 성장했고, 2017년에는 약 44억 유로로 성장할 전망이다. 생산에 있어 판도를 바꾸는 '게임 체인저(Game Changer)'가 되는 것이다. 3D 프린팅 공장은 특히 고비용 국가가 경제적으로 자립하고 경쟁력을 갖출 수 있도록 돕는다. 적절한 개인화에 필요한 접근성은 그대로 제공하면서, 노동 비용에는 덜 민감하기 때문이다.

산업계는 분산된 장소에서 운영되며 업계 전반에 퍼져 있는 기술을 끌어모을 것이다. 작은 지역에 집중된 공급업체들은 아이디어가 더 자유롭게 흐를 수 있도록 돕는다. 그중 한 기회는 '산업 민주주의'라고 불리는 현상 속에 있다. 이는 정보와 물질 세상 사이의 흐릿한 경계선이 좀 더 작은 규모, 혹은 더 전문화된 기업에게 진입장벽을 낮춰줄 수 있다는 의미다.

몇몇 지역에서는 다국적 기업과 중소기업, 혹은 독점적 시장 참여자들 사이에서 힘의 재분배가 일어나기도 한다. 이런 도전은 생산과 공급 네트워크가 현저히 복잡해질 것이라는 가정 하에 생긴다. 이로써 공장을 통째로 짓지 않고서도, 작고 자율적인 '이동식 제조 조직(Mobile Manufacturing Unit)'이 현지 시장용 제품을 생산해낼 수 있다. 이런 유형의 게임 체인저는 신흥 시장과 현지화 수요와 관련해 외국인의 직접투자 환경을 바꿔놓을 가능성이 있다.

복잡하게 얽혀 있는 제조 네트워크에서 설계자와 실제 제품 공급자의 역할, 고객과의 접점 등은 크게 바뀐다. 그 첫 단계는 가치 사슬의 분화다. 우리는 이미 음악이나 미디어와 같은 단일 산업에서 이런 현상을 목격했다. 분화 이후 수많은 소규모 참여자가 진입 장벽을 낮추어왔다. 비즈니스 리더들이 가치 사슬을 재고하고 재구성하면서

비용과 수익 소유에 관한 새로운 도전이 발생한다. 미래에 이윤이 더 높은 분야는 어디일까? 설계? 프로세스 처리? 고객 데이터 전문 분야? 인터넷의 발달로 생긴 '롱테일(Long Tail)' 법칙이 사물인터넷의 발달로 더 강해진다면, 새로운 비즈니스 모델 역시 만들어질 수 있다.

전통적 산업 경계가 희미해지고 산업과 비산업 응용 분야 사이의 경계 역시 흐려지고 있다. 앞으로 초점은 같은 제품뿐만 아니라 서비스의 재생산을 포함한 산업 작업 방식 전체에 맞춰질 것이다. 서비스 역시 대량 생산이 가능해진다. 고품질 디지털 서비스와 안전하고 종합적인 디지털 인프라가 성공적인 4차 산업혁명을 위한 전제 조건이 될 것이다. 그리고 IT 기업은 전통적인 제조 기업과 더욱더 긴밀한 사이가 된다.

IT 기업이 새로운 리더가 되는 경우도 있다. 가장 최근의 사례는 페이스북과 구글이다. 페이스북은 드론 사업에서 위험을 감수하고 있고, 인터넷 거인 구글은 생명공학 분야에 진입하여 노화 질환 방지에 관한 새로운 방법을 연구하고 있다. 이처럼 4차 산업혁명에서는 공급자의 위계 및 서열이 바뀐다. 아직은 물리적 기계와 도구를 공급하는 업체가 막대한 수입을 올리고 있지만, 가상 물리 시스템 세계에서 이들의 중요도는 감소한다. 대신 센서, IT, 소프트웨어 공급자들이 그 자리를 차지하게 될 것이다.

학문적으로 보면 4차 산업혁명의 주요 기술은 IT, 전자공학, 로봇공학을 기반으로 한다. 또 생명공학과 나노공학과 같은 다른 분야도 적극적으로 수용한다. 4차 산업혁명에서 비즈니스는 사회적 측면과 기술적 측면 양쪽에서 향상된 기술을 필요로 할 것이다. 생산 중심의 사고에서 디자인 중심의 사고로 전환될 것이다. 끊임없는 직업 훈련과 평생학습을 추구하는 기업 문화가 핵심 경쟁력이 된다. 네트워크 환경에서 지속 가능하게 일을 하려면 많은 협력과 다문화적 경쟁력을 갖춰야 한다. 기술적 측면에서 네트워크의 연결은 많은 표준화 작업을 의미한다. 그러므로 기술 경쟁력을 분석한 모습은 특성화되어 있기보다는 범학문적일 것이다. 분석 전문가, 엔지니어, 프로그래머 들은 비즈니스 모델, 생산 프로세스, 기계 기술 및 데이터 관련 절차를 모두 아우르며 사고할 수 있어야 한다. 그리고 데이터 과학자나 사이버 보안관 같은 새로운 직업이 등장할 것이다.

마지막으로 미래의 조직은 포괄적인 세계 진출보다는 특정 거점 지역에 집중할 것이다. '메이커 스페이스(Maker Space, 사물을 즉석에서 만들어낼 수 있는 협업 공간으로, 메이커 운동을 뒷받침한다-옮긴이)'와 같은 개방형 생산 기지와 클러스터가 조성된다. 비용을 아끼고 효율적으로 운영하길 원한다면 회사는 더 이상 대규모 생산 기지를 유지할 필요가 없다. 데이터 전송으로 소규모 현지 생산을 하면 비용을 많이 아낄 수 있다. 그래서 조직은 훨씬 더 분산되고 유연하게 구성될 것이다.

미래 길잡이가 된 4차 산업혁명

어느 순간 4차 산업혁명은 전 세계 기업가, 학자, 그리고 정치인을

열광시키는 말이 됐다. 2011년 독일의 하노버 산업박람회에서 처음
사용된 인더스트리 4.0도 마찬가지 의미에서 유행어가 됐다. 기존 산
업 국가들은 4차 산업혁명이 더 높은 효율성과 더 큰 경쟁력을 가져
다주기를 기대한다. 그것만이 임금이 높은 국가에서 산업 생산의 잃
어버린 전성기를 되찾아올 수 있기 때문이다. 한편, 중국과 같은 저
임금 신흥 시장은 '세계의 공장'에서 제품과 생산 프로세스의 기술
개척자로 도약하기를 원한다.

세계 각국의 4차 산업혁명 프로젝트

독일의 '인더스트리 4.0 플랫폼', 미국의 '산업 인터넷 컨소시엄',
중국의 '중국제조 2025'와 같은 세계 각국의 4차 산업혁명 프로젝트
는 초점이 조금씩 다를 수 있겠지만 모두 공통 비전을 갖는다. 미래
제조업은 고도로 네트워크화되고 유연해질 것이다. 유비쿼터스 센
서와 지능형 알고리즘을 통해 제품들이 단일 품목과 같은 소규모 단
위로 생산될 것이다. 일련의 품질과 비용은 대량 생산 때와 동일하게
유지된다.

앞으로 수십 년 동안 이러한 글로벌 경쟁에서 세계화의 승자는 표
준을 정하는 사람이 될 것이다. 독일정보통신협회(Bitkom)의 산업 인
터넷 및 3D 프린팅 책임자 볼프강 도르스트(Wolfgang Dorst)는 이렇게
말한다. "4차 산업혁명은 확실히 미래 수십 년 동안의 길잡이가 될
것이다."

미국에 있어 이 프로세스는 잃어버린 생산 기지를 되찾고 경제를
재산업화할 수 있는 기회다. 미래 고객을 위한 경쟁에서 혁신적인 IT

기술력과 낮은 에너지 가격의 결합은 성공을 위한 발판이 된다. 특히 지능형 빅데이터 처리는 다가올 미래에서 결정적 경쟁 우위가 될 것이다. 이 분야에서는 전 세계적으로 구글이나 아마존 같은 미국 챔피언들에 대항할 만한 기업이 없다.

독일 인더스트리 4.0 플랫폼과 비슷한 미국 산업 인터넷 컨소시엄은 4차 산업혁명을 강력히 권장한다. 여기엔 지멘스, SAP, 보쉬와 같은 독일 선도 기술 기업도 포함되어 있다. 독일과 미국 기업은 2016년 3월 파트너십을 맺고 4차 산업혁명을 함께 촉진하기로 했다. 컨소시엄에 참여하고 있는 제프 이멜트(Jeff Immelt) GE 그룹 회장은 다음과 같이 말했다. "산업 인터넷으로 기계에서 데이터를 수집하고 이를 활용해 고객에 대해 유용한 통찰력을 얻을 수 있다. 이것이 수조 원의 가치를 창출하고 GE를 완전히 변화시킬 것이다."

경제 체질 개선은 중국 공산당의 최우선 과제 중 하나다. 중국은 전략적 프로세스 접근을 하고 있다. 2015년에 중국 정부는 독일 인더스트리 4.0 프로그램에 상응하는 '중국제조 2025' 프로그램을 발족했고, 2016년 6월 30억 달러에 달하는 자금을 산업 현대화 목적으로 조성했다. 이 전략의 일환으로 중국 대형 가전업체 메이디(美的)가 독일 로봇 제조 기업 쿠카(Kuka)를 인수했다. 중국은 반도체 산업 장비 기업인 엑시트론(Aixtron)과 탄소 소재 기업 SGL 등 다른 독일 기업에도 관심을 보인다.

중국의 주요 목표 중 하나는 중소기업의 자동화를 한층 더 강화하는 것이다. 중국 관점에서 디지털 경제는 미래 번영의 핵심이다. 2016년 항저우에서 개최된 G20 정상회의에서 시진핑(習近平) 주석은

이 분야 혁신에 대해 더 많은 국제적 지원을 촉구했다. 폐막사에서 그는 중국이 구조 개혁을 통해 글로벌 경제에 새로운 방향을 제시할 거라고 말했다.

이미 고도의 성장을 이룩한 한국과 일본 기업은 지능형 네트워크를 통한 생산성 향상을 중시한다. 자동화 강화와 로봇 활용 증가는 비용 절감뿐만 아니라, 급속한 인구 변화의 부작용을 줄이는 하나의 방법이 된다. 한국과 일본에서는 대기업이 이런 변화를 주도하는데, 우선은 기업 내부 활용 목적으로 생산 시스템 네트워크를 개발했다.

유럽 역시 국제 경쟁력과 인구 변화가 산업 생산 재구조화에 중요한 역할을 한다. 유럽은 비교적 잘 개발된 인프라와 수많은 우수 인력을 기반으로 삼을 수 있다. 4차 산업혁명은 증강 현실이나 협업 로봇과 같은 새로운 기술에 힘입어 나이 든 근로자들에게 적합한 일자리를 약속한다. 특히 독일은 4차 산업 혁명의 핵심 국가다. 독일은 전 세계 공장에서 사용되고 있는 기계를 만들고 있을 뿐만 아니라 새로운 생산 기술의 주요 소비 주체이기도 하다.

독일의 인더스트리 4.0 논의

인더스트리 4.0은 독일 산업계, 학계, 정치계에서 수년간 논의됐다. 그 결과, 독일은 기업 차원에서 수행된 가장 포괄적인 데이터를 보유하고 있다. 그런 독일이지만, 2015년 11월 독일의 민간 경제연구소인 유럽경제연구센터(ZEW)에 따르면 독일 기업의 18%만이 인더스트리 4.0이란 용어를 알고 있다. 특히 기업 규모가 작을수록 이 용어를 아는 비율이 줄어들었다. 또 그 인터뷰 대상 기업 중 4%만이 인더스트리 4.0의 일환으로 생산 프로세스의 디지털화 및 네트워크화를 진행하고 있었다.

유럽경제연구센터의 정보통신 기술 연구 그룹장 이레네 베르트쉑(Irene Bertschek)은 다음과 같이 말했다. "우리는 그 결과에 놀랐다. 훨씬 더 많은 기업이 알고 있을 것으로 기대했으니까. 일부 개별 개척자들이 있기는 하지만, 많은 기업은 역량이 되지 않거나 인더스트리 4.0을 단순히 자동화의 연장선으로 바라보고 있었다."

이런 인지 수준은 산업별로 달랐다. IT, 이동통신, 전기, 기계 엔지니어링 분야의 기업들은 인더스트리 4.0에 대해 잘 이해하고 있는 반면, 인더스트리 4.0이 자기 분야에서 매우 중요해질 거란 사실에도 불구하고 운송 및 물류 분야의 기업들은 이해 수준이 하위권에 머물렀다.

독일정보통신협회의 「인더스트리 4.0, 그 실태와 전망」이란 보고서를 보면 분야별로 다른 개척자 기업들의 움직임을 엿볼 수 있다. '인더스트리 4.0 플랫폼' 관련 전체 응용프로그램 중 28%를 차지한 1위 산업 분야는 기계 엔지니어링이다. 이 분야는 자동화 솔루션 지원 시스템에 주목하고 있다. 2위는 컴퓨터, 전자 제품, 광학 제품과 전자기기 제조 기업들로 26%의 비중을 차지했다. 해당 기업들 역시 자동화 솔루션 지원 시스템을 가장 많이 활용하고 있었다. 그다음은 자동차 산업으로 전체 프로젝트의 16%를 차지하며 자동화 솔루션 지원 시스템에 집중하는 패턴을 보였다.

전면에 선 효율성 혁신

"현재 응용 분야들은 주로 자동화와 관련 있다." 볼프강 도르스트는 그 연구 결과를 이렇게 요약했다. "이것들은 획기적인 혁신이 아니라, 효율성 혁신이다." 그러면서도 도르스트는 인더스트리 4.0이 대안 없는 파괴적 변화임을 분명히 지적한다. "중요한 것은 가능한 많은 기업이 지금 당장 변해야 한다는 것이다."

일부 개척자들은 이미 새로운 미래 길라잡이로 4차 산업혁명에 시선을 고정했다. 독일 프라운호퍼(Fraunhofer) 산업 자동화 응용센터에서 4차 산업혁명에 대해 수년간 연구 중인 위르겐 야스페르나이테(Jurgen Jasperneite) 교수는 "극적인 발전은 아니었지만 최근 몇 년 사이 많은 일이 진화했다. 기업들은 특히 스마트 제품 개발과 생산 최적화에 새로운 경쟁력을 구축했다"고 말한다.

그러나 지금까지 기업들은 스마트 제품이나 스마트 생산과 달리, 스마트 서비스, 즉 자사 제품 관련 신규 지능형 서비스늘에 대해서는 소홀했다. 이는 아직은 프로세스의 최적화가 현재 4차 산업혁명의 가장 강력한 원동력임을 보여준다.

제조의 귀환

스포츠용품 제조사 아디다스(Adidas)는 이미 몇몇 분야에서 인더스트리 4.0을 실행하고 있는 선도 기업이다. 아디다스는 아시아에서 운동화를 대량 생산(낡은 인더스트리 3.0 방식)하기를 그만두고 '스피드 팩토리(Speed Factory)'라고 이름 붙인 공장을 가동할 계획을 세웠다. 스피드 팩토리는 첨단 자동화 시스템을 갖추고 고객과 가까운 곳에 위치

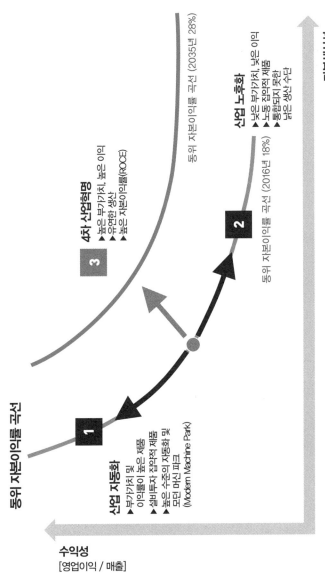

작은 자본으로 기업의 수익성을 높여주는 4차 산업혁명

동위 자본이익률 곡선

수익성
[영업이익 / 매출]

산업 자동화
▲ 부가가치 및
  이익률이 높은 제품
▲ 설비투자 집약적 제품
▲ 높은 수준의 자동화 및
  모던 머신 파크
  (Modern Machine Park)

1

3

4차 산업혁명
▲ 높은 부가가치, 높은 이익
▲ 유연한 생산
▲ 높은 자본이익률(ROCE)

2

동위 자본이익률 곡선 (2016년 18%)

산업 노후화
▲ 낮은 부가가치, 낮은 이익
▲ 노동 집약적 제품
▲ 통합되지 못한
▲ 낮은 생산 수단

동위 자본이익률 곡선 (2035년 28%)

자본생산성
[매출 / 투입 자본]

하여 짧은 시간 안에 개인 운동화를 생산해낼 수 있는 스마트 생산 시설이다.

"세상이 끊임없이 변하고 있는 지금, 고객들은 최신 제품을 바로 가질 수 있길 바란다." 2016년 9월까지 아디다스의 CEO를 역임했던 헤르베르트 하이너(Herbert Hainer)의 말이다. 이는 스피드 팩토리의 당위성이 드러나는 대목이다. 기존에는 디자인과 생산을 거쳐 아시아 공장에서 유럽 시장으로 운송되기까지 총 18개월이 소요되었다면, 새로운 신발은 며칠 혹은 몇 주 만에 고객에게 도달한다.

첫 번째 스피드 팩토리는 아디다스 본사 부근의 도시 안스바흐(Ansbach)에 위치해 있다. 2017년 생산 목표는 가능한 빨리 50만 켤레의 신발을 생산하는 것이다. 두 번째 스피드 팩토리는 미국 애틀랜타에 짓고 있는데, 2017년 하반기에 완공될 예정이다. "1987년 내가 아디다스에 처음 들어왔을 때가 생산이 막 아시아로 이동한 때였다"고 하이너는 회고한다. "이제 우리는 제자리로 돌아와 다시 이곳에서 생산을 하고 있다."

아디다스 사례에서 보듯 개별화된 대량 생산과 고임금 선진국으로의 산업 일자리 회귀는 4차 산업혁명의 두 가지 핵심 약속이다. 4차 산업혁명이 성공하기 위해서는 수많은 중소기업 역시 현재 개척 기업들에 의해 제시되고 있는 그 화두에 열정을 가져야 한다. 4차 산업혁명이 미래 어느 순간에 그들에게 충격으로 다가서지 않도록 오늘 그들을 위한 다리가 구축되어야 한다.

세계에 부는 새로운 산업 생산 변화를 성공적으로 관리하는 기업들은 상당한 수익 증가를 기대할 수 있다. 롤랜드버거는 일례로 4차 산업혁명이 자동차 공급업체의 자본이익률에 얼마나 영향을 미치는지 조사해보았다. 가상 공장, 자동 소재 흐름, 지능형 기계, 예지 정비(Predictive Maintenance), 그리고 생산 시스템 네트워크화로 공급자의 자본이익률은 15%에서 40%로 증가한다. 이 증가는 임금 비용 하락, 부가가치 증가, 설비 가동률 최적화에 따른 생산성 향상에 기인한 것이다.

또 4차 산업혁명은 더 높은 자본 회전율을 보인다. 기계가 신제품에 더 빨리 맞춰질 수 있고 고장 시간이 단축되기 때문에 더 높은 판매로 이어진다. 서유럽 국가들의 모습을 살펴본 결과, 4차 산업혁명의 수혜로 자본이익률이 오늘날 18%에서 2035년에는 28%가 될 것으로 추정한다.

02

4차 산업혁명은
일시적인 유행이 아니다

▶▶▶▶▶

4차 산업혁명은 전 과정 논스톱 커뮤니케이션이다.

새로운 부가가치와 비즈니스 모델의 탄생에 일대 혁신을 일으키고 있다.

▶▶▶▶▶

4차 산업혁명을 추진하는 기업들

독일 정부가 제조 산업의 정보화 전략을 추진하며 만들어낸 '인더스트리 4.0' 개념은 '웹 2.0'만큼 대중적이고 의미 있는 것이 될 수 있을까? 처음 이 질문을 던진 사람은 네덜란드의 빌럼 존커(Willem Jonker) 교수였다.

유럽연합(EU)은 수학자이자 정보기술 전문가였던 존커 교수를 유럽연합의 디지털 혁신 연구 조직인 유럽공과대학 디지털(EIT Digital) CEO로 임명했다. 산업 정보화, 연구와 비즈니스의 지능형 통합, 나은 성장 혁신 정책이 어떻게 유럽을 좀 더 경쟁력 있게 만들 수 있을지 그 답을 구하기 위한 조치였다.

그의 결론은 무엇일까? 아직 실감하지 못하는 사람들에게 4차 산업혁명은 유행어 정도에 불과하다. 그러나 실제로는 디지털화의 힘을 완벽하게 압축하고 있다. 웹 2.0처럼 전통적인 제조 산업 곳곳에

퍼지면서 생산자, 공급자, 고객의 관계를 손쉽게 바꾸고 있다. 이 힘에는 기업과 전체 경제에 새로운 차원의 경쟁력을 불어넣어주는 잠재력이 있다.

가치 추구를 위한 글로벌 경쟁이 치열해지면서 시장은 훨씬 더 복잡해지고 예측이 힘들어진다. 기업들은 기존 사업 모델에 끊임없이 의문을 던져야 한다. 정확한 판매량 예측이 불가능해지고 있지만, 속도에 대한 요구와 제품 변화의 다양성은 증가하고 있다. 그러므로 제품 포트폴리오, 공급자와 고객의 관계, 프로세스, IT 시스템, 생산 위치 전 차원에서 유연함은 필수적이다. 이런 다양한 요구에도 기업이 지속적으로 유지되며 성과를 내기 위해서는 자립할 수 있는 단위로 조직을 분산시키는 것이 좋다. 다시 말해, 4차 산업혁명은 불안하고 (Volatile), 불확실하고(Uncertain), 복잡하고(Complex), 모호한(Ambiguous) VUCA 시장의 경쟁을 근본적으로 바꾸고 있다. 왜냐하면, 가치 사슬이 줄어들고 있기 때문이다. 현재 변화의 축을 이루는 요소는 다음의 두 가지다.

속도 : 제품 개발에서 시장 출시, 주문에서 도착까지의 소요 시간이 점차 단축되고 있다. 원격 모니터링과 예지 정비로 장비와 산업 플랜트의 고비용 다운 타임이 사라지고 가동 중단 역시 줄어들고 있다.

유연성 : 디지털화, 연결성, 가상 도구 설계로 맞춤형 대량 생산 시대가 열리고 있다. 궁극적으로 일련의 소규모(Batch) 생산이 가능하고 수익도 발생한다. 중요한 것은 인간과 기계는 훨씬 더 생산적으로 일하고

자원은 좀 더 효율적으로 이용된다는 것이다.

타이어 제조 기업 피렐리(Pirelli)는 이미 통합 생산을 단행했다. 타이어는 기본적으로 대량 주문 생산된다. 그레고리오 보르고(Gregorio Borgo) 운영총괄자는 4차 산업혁명이 그룹 내 곳곳에서 추진되고 있다고 강조했다. 그는 이탈리아 기업의 혁신 문화를 '개방과 다기능'으로 표현하며, "피렐리 그룹의 공장은 기능, 프로세스, 설비 보전 분야에서 점차 디지털화되고 있다"고 말했다.

자동차가 고급화될수록 타이어에 대한 요구사항도 높아진다. 이를 위해 피렐리는 통합제조실행시스템(MES, Manufacturing Execution System) 구성, 전자 태그를 통한 자동 품질 관리, 데이터 마이닝, 간판방식(Just-In-Time) 등을 IT 기술을 통해 진행하고 있다. 이를 위해서는 안정된 조직이 필수적이다. 그는 "이런 맥락에서, 직원들에게 시시각각 변하는 프로세스와 기술을 숙달하는 데 필요한 광범위한 기술을 집중적으로 제공하고 있다"고 말한다.

피렐리는 차세대 IT 환경의 하나로 14단계의 전통적 타이어 제조 과정을 3단계로 축소할 수 있는 모듈형 통합로봇시스템(MIRS, Modular Integrated Robotized System)을 도입했다. 유럽과 미국에 배치된 MIRS는 타이어를 중단 없이 원활하게 생산해낸다. 반제품 추가나 임시 재고가 필요 없고, 에너지 소비도 적다. 원자재에서 완제품으로 제조되기까지 소요 시간은 반으로 줄었다. 로봇의 움직임에서부터 원자재 보급, 타이어 선택부터 경화(Vulcanization)와 품질 관리까지 제조 전체 과정이 통합 소프트웨어로 제어된다. 이 방식으로 양산된 타이어를 장착한 첫 자동차가 미니 쿠퍼 S고, 그 뒤를 이은 모델이 벤틀리 신형이다. 피렐리의 생산성은 급격히 향상되고 있다.

오토바이 제조 기업 할리데이비슨(Harley-Davidson) 역시 비슷한 성공을 거두었다. 할리데이비슨은 '1200 커스텀'과 '스트리트 밥' 모델을 워싱턴 북쪽 100마일 거리에 있는 펜실베니아 요크(York) 공장에서 제조한다. 고객들은 바이크 빌더(Bike Builder)를 이용해 온라인으로 자신만의 맞춤형 바이크를 설계한 후 판매자에게 주문한다. 이 데이터를 이용해 전처럼 21일이 아닌, 6시간 만에 바이크가 제조된다. 고객들은 제조가 시작되기 직전의 마지막 순간까지도 유연하게 바퀴, 의자, 핸들, 발을 올려놓는 위치, 도장, 안전장치 옵션, 이름을 변경할 수 있다.

할리데이비슨은 이 전략으로 소요 시간을 획기적으로 줄였고, 이제 제조는 하루 만에 이루어진다. 자동화된 생산 라인에서 인간과 기계는 서로 협력한다. 이를테면 3D로 모델을 개발하고, 모든 과정을 온라인으로 계획 및 모니터링하고, 스크린에 작업 지침을 시각화한다. 비용은 절감되고 이익은 증가한다.

이런 성공 스토리들은 다양한 명칭으로 불리고 있는 4차 산업혁명에 힘을 실어주고 있다. 독일에서는 '인더스트리 4.0', 미국과 영국에서는 '첨단 제조', 프랑스에서는 '미래 공장', 벨기에에서는 '차이를 만드는 미래 공장', 그리고 네덜란드에서는 '스마트 산업'이라고 부른다.

SAP의 전 CEO 헤닝 카거만(Henning Kagermann)은 독일에서 인더스트리 4.0이라는 용어를 처음 만든 사람 중 한 명이다. 그는 독일이

기업이 4차 산업혁명을 통해 얻는 추가적 가치

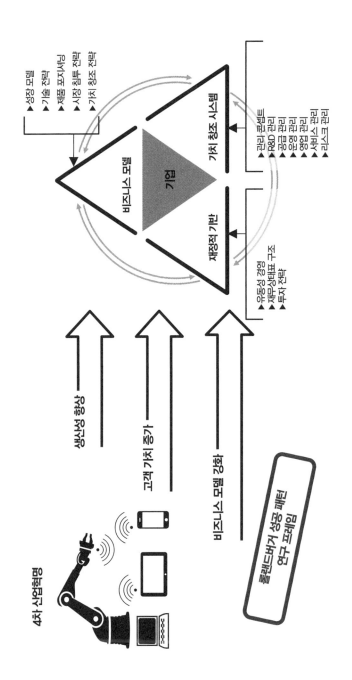

4차 산업혁명

생산성 향상

고객 가치 증가

비즈니스 모델 강화

블렌드버거 성공 패턴
연구 프레임

기업

비즈니스 모델

가치 창조 시스템

재정적 기반

▲ 성장 모델
▲ 기술 전략
▲ 제품 포지셔닝
▲ 시장 침투 전략
▲ 가치 창조 전략

▲ 관리 콘셉트
▲ R&D 관리
▲ 공급 관리
▲ 운영 관리
▲ 서비스 관리
▲ 리스크 관리

▲ 유동성 경영
▲ 재무상태표 구조
▲ 투자 전략

앞장서기를 바란다. 전하는 바에 따르면 안젤라 메르켈(Angela Merkel) 독일 총리 역시 독일어 철자인 'Industrie 4.0' 사용을 매우 중시한다고 한다. 모든 사람이 이 용어가 독일에서 만들어졌다는 것을 확실히 알 수 있도록 영문 출판물에서조차 독일어 표기를 바란다고 한다. 이는 글로벌 혁신과 시장 지배력이 달려 있는 그야말로 중차대한 문제다.

현재 독일 공학 아카데미의 회장인 카거만은 독일뿐만 아니라 다른 국가에서도 인기 있는 강연자다. 그는 강연에서 다음과 같이 말했다. "자동화 추진에 열을 올리고 있는 첫 주자는 중국이며, 네덜란드가 그 뒤를 잇고 있다. 그들은 한 테이블에 다양한 업계의 선수를 모으는 법을 알고 싶어 했고, 그다음으로 미국인들과 영국인들이 그들 경제에서 제조업 비중을 늘리고 싶어 했다."

카거만은 그들이 왜 그토록 이 문제에 관심을 보이는지 충분히 이해한다. 4차 산업혁명의 비전은 단순하지만 주목하지 않을 수 없는 강력한 것이다.

인간과 기계 사이의 새로운 균형 유지

여러 번 강조했지만, 4차 산업혁명에서 인간과 기계와 자원은 서로 직접 소통한다. 스마트 제품은 생산 과정과 향후 사용처를 스스로 파악해 즉시 문서화한다. 이로써 생산의 이상적인 모습인 끊임없는 연결이 가능해지는데, 이것은 가상 물리 시스템을 기반으로 한다. 즉, 가공물, 도구, 생산 공장, 물류 요소가 임베디드 소프트웨어(embedded software, PC가 아닌 각종 전자제품, 정보기기 등에 설치되어 미리 정해진 특정 기능을 수행하는 소프트웨어-옮긴이) 시스템을 통해 인터넷에 연결된다.

가상 물리 시스템은 주변 환경을 감지하고 영향을 미친다. 또 분산 네트워크를 구축하고 자율적으로 최적화한다. 그래서 실제 세계의 그 가상 모델은 실시간 또는 거의 실시간에 가깝게 최신 데이터를 받아 업데이트된다. 이와 함께 인간은 멀티모달 인터페이스(Multimodal Interface, 인간과 컴퓨터 또는 단말기기 사이의 인터페이스를 음성뿐만 아니라 키보드, 펜, 그래픽, 제스처 등 다양한 수단을 활용해 입출력하는 방식-옮긴이)와 증강 현실 응용 프로그램을 통해 제조 시스템을 제어한다.

또한, 가상 물리 시스템은 공장과 조직의 분산을 고도화한다. 스마트 모빌리티, 스마트 물류, 그리고 스마트 그리드는 스마트 공장 인터페이스와 연결되며 모두 미래의 지능형 인프라의 핵심 요소가 된다. 두 개 이상의 기업들이 이 같은 정보 흐름에 의해 함께 연결되면 네트워크 경제에서 기업들의 상호작용 방식이 바뀐다. 사람들은 이미 분화가 극대화된 상황에서 '코피티션(Coopetition, 협력을 뜻하는 'cooperation'과 경쟁을 뜻하는 'competition'의 합성어-옮긴이)', 즉 협력적 경쟁이라는 다음 단계에 관해 이야기한다. 쉽게 말해, 스마트 공장은 소셜 네트워크와 마찬가지다. 인간, 기계, 소재가 실시간 소통하고 상호작용한다.

그렇다면 이런 변화는 우리 앞에 펼쳐질 '멋진 신세계'일까? 아직은 어디에서나 만나게 될 세상은 아니다. 왜냐하면, 기업들이 먼저 전통적인 생산 관리 도구들과 결별해야 하기 때문이다. 그중 하나가 마이크로소프트 엑셀(Microsoft Excel)이다. 이 소프트웨어는 제조실행 시스템(MES)에서 가장 널리 사용되고 있고, 생산자원 계획과 프로세스 데이터 평가 두 부문에서 여전히 필수 도구로 자리매김하고 있다. 많은 전문가는 이 상황이 기업의 투자 의지에 따라 2030년까지 현저히 바뀔 것으로 전망한다. 4차 산업혁명은 역동적인 발전 과정이다. 그 발전의 끝에 결국 혁신적 변화가 기다리고 있겠지만, 지금은 개척자들이 대담하게 첫발을 내디뎌야 할 때다. 그런데도 많은 기업이 여전히 망설이고 있다. 그들은 "앞으로 어떤 기술이 시장에 더 나올 것인가?"만 궁금해할 뿐이다.

요헨 슐리크(Jochen Schlick)는 그 질문이 잘못되었다고 생각한다. 독일의 모션 솔루션 서비스 제공업체 비텐스타인(Wittenstein)의 미래지향적 가상 물리 시스템 책임자인 그는 "인더스트리 4.0은 새로운 기술이 아니다"고 말한다. 엔지니어 출신인 슐리크의 주장에 따르면 자동 식별, 임베디드 시스템, 광대역 무선 네트워크, 디지털 제어 통신과 같은 사물인터넷 관련 기본 기술이 얼마 전부터 활성화되었고, 물질 세계의 정보가 디지털 영역에서 효율적으로 수집되고 효과적으로 처리될 수 있는 곳에 유망 응용프로그램들이 속속 등장하고 있다. 다르게 말하면, 과거 분리되었던 각각의 정보 출처들이 점점 호환되고 있다.

사물을 호환시킨다는 것이 간단하게 들릴지 모르지만, 많은 기업이 정확히 이 난관에 부딪혀 넘어진다. 그는 "일상적인 제조 실행 단계에서 매체 불연속성, 즉 효율적이지 못한 부분을 찾아보라"고 권한다. 얼마 전 비텐스타인의 인트라 로지스틱스(Intralogistics, 내부 생산에서 제품이 포장되기 시작해 물류창고까지 가는 모든 과정을 다루는 물류 부문-옮긴이) 체계와 생산 계획 부문이 실제로 그랬다. 그곳 숙련자들은 아직도 종이로 문서 작업을 하고 있었다.

비텐스타인은 항공기 엔진, 석유 시추 플랫폼과 심장 박동기에 사용되는 제품을 만든다. 가공물 운송 과정과 실제 생산과의 동기화 실패는 시간과 자원의 낭비를 야기했다. 생산 계획의 디지털 모델 부족은 관리자가 언제든 주문별, 작업 라인별, 또는 기계별 데이터에 접근할 수 없다는 것을 의미했다. 비텐스타인은 현재 QR코드, 스마트 가공물 운반설비, 태블릿 PC, 그리고 디지털 플래닝 보드(Digital Planning Board)로 데이터와 통신 흐름의 격차를 메우고 있다. 낡은 기술이나 방법론, 컴퓨터 시스템, 소프트웨어 등을 뜻하는 '레거시 시스템(Legacy System)' 통합이 가장 큰 문제였지만 비텐스타인은 22개의 소프트웨어 담당 외부 파트너 조직과 클라우드상의 통합을 통해 이를 성공적으로 해결했다.

슐리크의 주장이 냉철하고 이성적이기는 하지만 그의 사고방식은 관습에 도전한다. 그는 모든 기업이 오랫동안 생산 최적화를 추구해왔다는 것을 인정한다. 또 중간에 그들이 그 목표를 바꾼 것도 아니다. 시간 엄수, 정확한 배송, 낮은 비용과 더 좋은 품질은 모든 사람이 원하는 것이다. 그에 따르면 린 생산 방식의 패러다임은 방법론 차원에서 그 유용함이 입증되었다. 그렇지만 프로세스 체인(Process Chain)의 가능성이 자주 이론에만 머물렀다는 점에서 그는 단호했다. 가치 사슬의 종합적 디지털화는 이런 비능률적인 것들을 실현 가능해 보이는 곳에서 제거해준다. 4차 산업혁명의 목표는 데이터의 흐름을 끊는 인터페이스를 더 줄여서 생산 비용과 자원의 효율성을 극대화하는 것이다. 더 많은 자동화나 더 좋은 부품을 추구하던 과거의 방식과는 다르다.

슐리크는 위성 항법이 운전자에게 상당한 도움을 주듯, 제품 이동에 수반되는 정보의 흐름은 '일에 정통한 의사결정권자'를 통해 행동 권고 지침을 제공한다고 말한다. 따라서 데이터 해석에 필요한 지식은 실제 이용자의 핵심 능력이 아닐 수 있다. 이것은 기업 프로세스 운영관리를 지원하는 서비스 제공자에게 새로운 시장이다.

보쉬(Bosch)의 제조 조직화 부서 책임자인 베른트 호이저(Bernd Häuser)는 이러한 서비스가 정확히 무엇인지 묻는 말은 일이 조금 더 진행되어야 적절해질 것으로 생각한다. 그래서 그의 관심은 곧바로 현재에 집중된다. 그는 50개의 다양한 보쉬 그룹 시범 사업을 맡고 있는데, 그 서비스 질문에 대한 호이저의 대답은 그의 기본 신서와 완벽히 일치한다. 5년 후 기계가 필요로 할 센서가 무엇인지 현재의 당신이 정확하게 알 수 있다는 믿음은 버리라는 것이다. 더 정확히 말하면, 우리는 미래 적응형 솔루션 개발을 위한 플랫폼 구축에 더 주목해야 한다. 호이저는 비용 절감 또는 효율성 개선을 웃도는 개별 프로젝트에서는 상업적 비용 및 이윤 산출이 종종 사람들을 오도한다고 말한다. 선견지명이 있는 관리자들 역시 데이터 연결이 언젠가 예상치 않은 곳에서 수익을 창출할 것이란 믿음에 대해 충분히 이해하고 있다.

그러나 많은 센서가 곧 많은 수익을 의미하는 걸까? 그건 아니다. 호이저는 이 주장에 대해 강력히 반박한다. 그에 따르면 기업이 정말로 필요로 하는 것은 프로젝트 비용 회계의 속박에서 벗어나 그 외의 것을 예견하는 완전한 데이터 투명성에 관한 비전이다. 센서 가격은 현재 몇 센트밖에 되지 않는다. 판독기 역시 큰 비용이 들지 않을 것이다. 어쩌면 4차 산업혁명의 힘은 이런 저비용 솔루션들에 의해 완전히 증폭될지도 모른다.

표준화 필요성과 새로운 공룡 구글

시장 관찰자들은 기업들이 새로운 4.0 생산 공장에 성급히 많은 돈을 들이기보다 그저 낡은 장비를 조금 업그레이드하는 것을 선호한다고 파악한다. 이로써 기업들은 오랜 감가상각 기간을 통해 과거 투자를 보호할 수 있기 때문이다. 이런 경향 하나만 보더라도 4차 산업혁명은 급진적이고 단기적인 격변이 아니라는 것을 알 수 있다. 관련 기술과 실행 가능성은 점진적으로 경제 속에 스며들고 있다.

에너지와 자동화 시스템 글로벌 제조 기업인 ABB 그룹은 전통적인 자동화 피라미드가 기본적으로 유지될 것으로 전망한다. 4.0 네트워크는 어떤 지점에서 추가된 생산 접근을 그 위에 중첩하는 형태일 것이다. 예를 들어, 데이터 분석과 문제 해결 목적을 위한 판독 접근이 이러한 통신 노드에 부여될 것이다. 제어 시스템의 쓰기 권한을 통해 실시간 동작 중에도 가장 중요한 교정과 유지보수 서비스를 이용할 수 있다. 서비스 기술자는 결함이 발생할 때까지 기다렸다 원인을 찾으러 갈 필요가 없다. 생산 공장은 스스로 상황을 인지하고 임박한 손상에 대해 분석하여 보고하고 대체 부품을 주문한다. 이것은 고비용의 고장 정지 기간을 피할 수 있게 하여 효율성을 많이 증가시킨다. 다른 많은 기업처럼, ABB는 이미 원격 진단과 예지 정비용 하드웨어와 소프트웨어 부품을 공급하고 있다.

제어와 연결 기술, 그리고 측정과 모니터링 시스템 제조사인 바이드뮬러 인터페이스(Weidmüller Interface)는 또 다른 4차 산업혁명 시스템 공급자다. 예를 들어, 이 기업의 사출성형기는 자체적으로 유압과 운전 온도 데이터를 곧바로 인터넷에 전송할 수 있다. 기계 운영자는 태블릿 PC나 스마트폰 화면에서 그 데이터를 보고, 이를 활용해 문제를 진단하고 시각화하여 신속하게 번식적인 패턴을 찾아낸다. 그렇게 해서 원활한 기계 동작을 유지할 수 있다. 바이드뮬러의 기술 개발부 엔지니어인 마르쿠스 쾨스터(Markus Köster)는 사무적인 말투로 "모니터링은 가능하지만, 아직 자율 정비에 대한 수요는 그렇게 많지 않다"고 강조했다.

왜 그럴까? IS 프리딕트(IS Predict)의 상무 브리타 힐트(Britta Hilt)는 "많은 경우에 있어 사람들은 단순히 중간에 앉아 상황을 통제하고 싶어 한다"고 지적한다. IS 프리딕트는 예측 분석 전문 기업 셰어 그룹(Scheer Group)의 20개 주요 부문에 속하는 젊은 기업이다. 그 회사는 최적의 기계 제어에 대한 개념과 장점으로 성장 시장에 있는 무수한 신흥 기업들 중 하나로 자리매김하고 있다. 힐트는 4차 산업혁명의 폭넓은 도입을 방해하고 있는 가장 큰 장애물 중 하나를 잘 알고 있다. 그녀는 공장과 기계의 자동 측정에도 불구하고, 대략 기업의 절반 정도가 부가가치를 위한 쓸모 있는 데이터를 실제로 가지고 있지 않다고 말한다. 충분히 수집되지 않거나 저장되지 않고, 또 변환되지 않는 데이터가 태반인 것이다. 그러니 여전히 수많은 문서를 종이로 출력해 눈으로 하나씩 확인하는 수밖에 없는 것이다.

그것이 유럽이 M2M(Machine-to-Machine, 사물 통신-옮긴이)을 엄청나게 간소화시켜줄 통일된 데이터 구조와 공통 표준을 만들기 위해 전력을 다하는 이유다. 산업협회, 기업, 연구 기관 등이 모여 있는 독일 단체 '플랫폼 인더스트리 4.0'은 현재 '표준화 로드맵'을 계획하고 있다. 미국 스마트제조선도기업연합(SMLC)도 같은 문제를 다루고 있다. 새로운 표준이 새로운 시장을 열게 될 것이다.

4차 산업혁명은 표준화에 대한 이런 노력 여하에 따라 미래 운명이 달라질 것이다. 일단 개방형 시스템만 가동되면, 모든 기업이 그 게임에 참여할 수 있다. 통신 시스템의 가치가 가입 이용자 수의 제곱에 비례한다는 메트칼프의 법칙(Metcalfe's Law)은 아마 그때 적용되어야 할 것이다. 생산이 더 많이 상호 연결될수록, 전체 가치 사슬은 점점 더 가치 있을 것이다. 500억 개의 '지능형 객체'는 이르면 2020년에 서로 통신할 수 있을 것이다. 이는 오늘날의 10배에 해당한다. 원래는 시스코(Cisco)가 독자적으로 발표했던 예측이었지만, 현재는 타당한 수치로 널리 사용된다.

한편, 제어되지 않는 성장 속도는 그 자체로 게임의 규칙을 바꾸고 있다. "우리는 매우 빠르게 그 표준을 숙달해야 한다"고 독일 인공지능 연구소 소장이자 독일 총리 고문인 볼프강 발스터(Wolfgang Wahlster) 교수는 설명한다. "이것은 진정한 권력 게임이다." 발스터는 일반적으로는 유럽이, 특히 독일 기업이 좋은 입장에 있다고 믿는다. 만약 미래 가치 창출이 데이터 소유자에 의해 지배된다면, 미국의 거대한 소프트웨어 기업들이 유리할 수 있겠지만 말이다. 그러나 각각의 경우에 그 데이터는 실제로 누구의 것일까. 또 어떻게 그것을 실행 가능한 비즈니스 모델 속에 녹일 수 있을까. 보안 문제의 중요성은 또 어떤가.

미국 자동차 제조 기업 포드(Ford)의 미시간 공장에서는 지멘스 소프트웨어로 전체 생산 환경에 걸친 가상의 내비게이션을 운영한다. 목표는 전 세계 모든 포드 공장 간 협력을 개선하는 것이다. 이용자들은 구글어스(Google Earth) 인프라를 통해 포드의 전 세계 생산 시설 내 개인 작업 공간까지 3D로 걸어 다닐 수 있다.

고객들에게 이득이라는 건 확실한데, 진짜 궁금한 것은 지멘스와 구글 중 결과적으로 누가 더 나은 거래를 했느냐이다. 17,500명의 소프트웨어 엔지니어를 이미 고용한 전력이 있고 오래전부터 자신을 디지타이저(Digitizer)로 규명한 공급자 지멘스인가? 아니면 엄청난 데이터로 수익성 높은 사업에 뛰어들고 있는 새로운 공룡 구글일까?

구글의 강력한 정보 수집은 전 세계 스마트폰의 80%, 태블릿의 60%에 설치된 안드로이드 운영 체제를 통해 이루어진다. 연결성의한 특징은 어느 순간이 되면 경쟁 시스템의 사용자와 제공자 양쪽 모두 정해진 표준에 저항하는 것이 불가능해진다는 것이다.

그리고 구글은 절대 쉬지 않는다. 탱고 프로젝트(Project Tango)를 보면 알 수 있다. 탱고 개발자들은 3차원 공간과 동작에 관한 인간적 척도(Human-Scale) 이해를 스마트폰과 태블릿에 적용하려고 한다. 대학, 연구 기관, 보쉬, 인피니온(Infineon), 스위스 취리히 연방 공과대학, 조지 워싱턴 대학, 오픈소스 로보틱스 재단(OSRF, Open Source Robotics Foundation)을 포함한 전 세계 9개국 기업이 이 프로젝트에 참여하고 있다. 프로토타입 하드웨어와 소프트웨어가 동작을 기록하고 3D 환경 모델을 만든다. 물론 안드로이드를 이용한다. 초당 25만 회 이상 측정 가능한 센서에 의해 단말기 위치와 방향이 실시간 업데이트된다. 탱고는 당분간 소비자 애플리케이션을 목표로 하고 있지만, 분명 산업 분야에서의 잠재력도 크다.

당장 떠오르는 더 스마트한 내비게이션, 자율주행차, 드론 제어, 증강 현실 앱 등은 일부에 불과하다. 지금까지 그 프로젝트는 대부분 언론에 의해서만 조명되어 왔지만, 이제 상황이 바뀌고 있다. 구글이 2013년에 여덟 개의 로봇 회사를 무더기로 인수하고, 안드로이드 개발자 앤디 루빈(Andy Rubin)에게 로봇 개발 라인 구축의 임무를 맡기자 제조 산업에 퍼지기 시작했던 불안감이 확실히 증폭됐다.

기존 산업의 IT 시스템 분할은 지금까지 유럽의 기계 및 공장 엔지니어링을 보호해왔다. 그러나 보쉬의 베른트 호이저는 미국 소프트웨어 기업들이 곧 그 시장을 석권할 것이라고 말하는 사람들과 의견을 같이한다. 그동안은 생산 공장의 수명 주기가 길어 IT 거인들이 쉽게 관심을 두지 못했지만, 이제 그런 진입장벽은 점차 낮아지고 있다. 호이저는 "오랫동안 우리 기계 제조사들은 그 위협에 대해 과소

평가했다"고 말한다.

미국에 맞서는 유럽과 실현 가능한 비즈니스 모델

유럽 기업들은 지금의 변화에 주목한다. 그들은 임베디드 시스템 시장의 리더로서 자신들의 강점에 집중하고 있다. 그 하나가 우수한 센서 기술이다. 컨티넨털(Continental), 슬릭(Slick), 인피니온, SAP 등이 이 경쟁의 독일 선두주자다. 첨단 산업 공급자들로 가득한 네덜란드에는 NXP반도체가 두드러진다. 스위스는 최고급 기계 및 공장 엔지니어링 분야에서 유명하다. 이탈리아 북부는 기술 이전 연구소 및 기업들의 본고장이고, 프랑스는 현재 2~3년의 결손을 회복하기 위해 온갖 노력을 다하고 있다.

볼프강 발스터에 의하면 이제 규모가 아닌 다양성이 더 중요하다. "인텔(Intel)은 거대하지만, 그 일에는 손을 떼고 있다." 유럽은 빅데이터 마이닝 분야에서 어느 정도 비장의 카드를 가지고 있다. SAP의 하나 데이터베이스(Hana Database), 소프트웨어AG의 테라코타(Terracotta), 그리고 2014년 아파치(Apache) 재단의 인큐베이터 프로젝트로 선정된 빅데이터 분석 도구 스트라토스피어(Stratosphere)가 있다. "독일은 기술이 우세하고, 미국은 네트워킹과 비즈니스 모델 혁신이 더 낫다"고 발스터는 말한다. 그 역시 인더스트리 4.0 용어의 창시자 중 한 명이다.

스위스 제어계측 기술 기업 엔드레스하우저(Endress+Hauser)는 데이터 수집과 전송용 계측기기와 통신 시스템으로 이미 비즈니스의 수평적 디지털 통합이 가능하다고 생각한다. 이 시스템들은 주문, 저장, 조달, 재고를 자동적으로 추적한다. 또한, 그 회사는 수직적 통합이 실현 가능하다고 확신한다. 그것은 공장과 비스니스 프로세스와 같은 자동화 피라미드 계층 사이의 디지털 연계, 전사적자원관리(ERP)와 생산 과정 사이의 상호 연결성과 관련 있다. 그렇지만 엔드레스하우저는 엔드 투 엔드(E2E, End-to-End) 디지털 엔지니어링이 아직은 시기상조임을 솔직히 인정한다. 한마디로 우리는 아직 어디에서도 '4.0 패키지'를 살 수 없다. 그러나 비텐스타인처럼 엔드레스하우저도 네트워크 연결을 통해 곧 그것이 가능하게 되길 바란다.

"시간을 낭비하지 마라! 바로 시작하라!"

마틴 막스(Martin Marx)는 제조 기업에게 4차 산업혁명으로 가는 길을 서둘러 떠나라고 조언한다. 막스는 산업용 커넥터 부문 세계 1위 기업으로 연간 5억 유로의 매출을 올리고 있는 하팅(Harting Technology Group)의 영업이사다. 그 기업은 4차 산업혁명 시대의 디지털 시스템 공급자로 명성을 얻고 있다. "우리는 신뢰를 쌓고, 첫 네트워크를 구축하고, 차례차례 4.0의 혜택을 고객들에게 보여줄 필요가 있다. 수요는 점차 커질 것이다." 하팅은 비영리 협회 스마트팩토리KL을 구성하는 30여 개의 산업 파트너 중 한 곳이다. 스마트팩토리KL은 공장 자동화에서 성숙한 정보 기술들의 통합을 추구하는 연구기관이자 독립적 플랫폼이다.

네트워크상의 기업들은 경쟁자라 할지라도 전문 생산 작업을 공유하기 위해, 또 어떻게 통일된 인터페이스를 사용할 수 있는지 증명하기 위해 테스트 모듈을 사용한다. 각 모듈은 언제라도 근접 인식과 교환 및 교체가 가능하다. 그 기술 프로그램의 협회장이자 진두지휘자인 데틀레프 츌케(Detlef Zühlke) 교수는 이렇게 말한다. "우리 시스템은 이미 2013년에 기술적인 발전을 했다. 지금 우리는 기술적으로 실현 가능한 것보다는 실현 가능한 비즈니스 모델에 더 관심이 있다." 츌케는 처음으로 엄청나게 뭔가를 사고 싶어 하는 유명 고객들, 항공 산업 부품, 자동차, 공장 모니터링 분야의 제조 기업들과의 만남에 대해 언급했다.

4차 산업혁명 중심의 비즈니스 모델은 이미 곳곳에 뿌리를 내리고 있다. 독일 홈부르크 지역의 보쉬가 대표적인 예다. 2,200가지 다양한 트랙터용 나비꼴 유압 밸브가 2014년 6월부터 소량 생산되기 시작했다. 홈부르크는 프랑스, 룩셈부르크와 인접한 독일 국경 근처에 있다. 고객이 생산 공장으로 바로 주문서를 보내면, 생산 공장은 스스로 자동 환경설정을 하고, 필요한 부품을 고르고, 생산 상태에 대한 데이터를 끊임없이 분석한다. "신규 생산 라인에 대한 투자는 들인 비용만큼 매우 빠르게 회수된다"고 보쉬의 호이저는 말한다. 기계들은 더 이상 변환되거나 수리될 필요가 없으므로 더 생산적이고, 직원 생산성 역시 개선된다. 왜냐하면 직원이 더 이상 개별 주문 사항을 입력하느라 시간을 낭비할 필요가 없기 때문이다.

독일 도르트문트 소재의 음료 제조사 KHS도 마찬가지로 자사의 가치 사슬을 단축했다. 디지털 혁신기술 프린터 부문 수상으로 KHS

는 현재 수천여 개의 라벨 없는 페트병을 동시에 출력할 수 있다. 그로 인해 최대 성능 보장, 시장 도달 시간 단축, 소규모 조직을 위한 토대가 마련되었다. 병이 재활용될 때는 잉크가 지워지기 때문에 시간, 돈 그리고 쓰레기가 절약된다.

비즈니스 프로세스의 디지털화 또한 지금의 매우 특별한 맞춤형 대량 생산을 탄생시킨 주역이다. 바로 위탁생산이라는 건데, 온라인 박강판 및 튜브 위탁생산 서비스 조달 사이트 247테일러스틸(247TailorSteel)을 살펴보자. 몇 년 전 네덜란드에서 독일까지 확장한 이 회사는 제도판에서 캐드(CAD)까지 모든 작업 흐름이 고객의 개별 요구사항에 부합하도록 최적화시켰다. 마우스 클릭만으로 견적이 몇 분 안에 생성되고 "언제나 최고 품질 재현을 보장한다"고 그 회사는 설명한다. 독일 레이저 가공 장비 제조사 트럼프(TRUMPF)는 기술에 관한 한, 그 주장은 확실히 믿을 만하다고 말한다. 이것은 247테일러스틸과 같은 회사들이 디지털화를 통해 어떻게 고객을 만족하게 할 수 있는지를 보여준다.

고도로 선진화된 경제권에서는 다른 선택권이 있을까? 토마스 바우언한슬(Thomas Bauernhansl) 교수는 기술이 아닌 고객과 시장에 의해 모듈화 및 더 큰 유연성이 추진되고 있기 때문에 선택의 여지가 없다고 말한다. 바우언한슬은 프라운호퍼 제조 엔지니어링 자동화 연구소(IPA)뿐만 아니라 슈투트가르트 대학에 있는 IFF 연구소(산업 생산 및 공장 운영 분야)를 총괄한다. 그의 추론은 간단하다. 오늘날 제조업의 점유는 중요한 진보와 역동적 성장에 해당한다. 2000년과 2010년 사이에, 독일 산업의 생산성은 30% 상승했다. 이는 서비스 부문 증가

속도의 2배다. 2010년에 제조업은 R&D 지출의 거의 90%를 차지했다. 따라서 EU가 제조업의 총부가가치 부분을 현재 16%에서 2020년까지 20%로 상승시키기를 원하는 것은 타당하고 적절한 것이다.

비록 유럽의 가동 준비 상황이 급변하고 있다고 해도, 가치 사슬의 재편은 방대한 경제적 잠재 가능성을 열어준다. 프랑스 정부에 따르면 프랑스는 이탈리아 6만 5천 개, 독일 15만 개에 비해 훨씬 적은 숫자인 3만 5천 개의 생산 로봇을 보유하고 있다. 또한, 프랑스 정부는 EU가 지원하는 '미래 공장'에 대한 투자 계획도 발표했다. 궁금한 점은 산업계에서 관련 기회를 제대로 잡을 것인가 하는 것이다. 피브 시네틱(Fives Cinetic) 최고운영책임자(COO)이자 유럽 공작기계산업연합회(CECIMO) 회장인 장 카미유 우링(Jean-Camille Uring)은 프랑스 경제 격차에 대해 설명한다. 그는 알루미늄, 우주 항공 산업에서부터 설탕과 철강 산업에 이르기까지 세계 최대의 산업체를 위한 공장 및 기계 설계와 운송의 의미가 무엇인지를 잘 알고 있다. 정부 자문가로서 그는 개별 산업용 계획과 함께 '미래 공장' 비전의 조직과 재정 측면의 기초 설계를 도왔다. 우링은 프랑스 중소기업 간에 경쟁 우위가 부족하다는 것을 알고 있다. 그는 새로운 기계만이 글로벌 시장의 해결책은 아니라고 생각한다.

그러므로 유럽은 자신들의 강점을 구축해야 한다. 많은 사람이 독일이 경제 디지털화의 선두주자라고 여기지만 그것은 일시적인 상태일 뿐이다. 비록 선두 국가라 하더라도 경쟁이 치열한 4차 산업혁명 환경에 안주해 있을 시간이 없다.

"독일에서 인더스트리 4.0이 순조롭게 정착할 수 있었던 것은
처음부터 노조와 함께했기 때문이다."

–헤닝 카거만(Henning Kagermann, 독일 공학 아카데미 회장)

03

4차 산업혁명과
국가별 전략

▶▶▶▶▶

정치를 다시 생각해야 하는 시대가 왔다.

4차 산업혁명은 선진 산업 국가의 발전 경로에 어떻게 영향을 미치는가.

4차 산업혁명에 투자하기 시작한 국가들

4차 산업혁명으로 촉발된 변화는 미시경제학적 효과에 그치지 않는다. 이 변화가 비록 개별 기업 차원에서 처음 나타난다고 해도 상황은 마찬가지다. 이 전환에서 모든 선진국이 주요 거시경제학적 도전에 직면한다. 세계의 주요 산업 강국들이 추구하는 방향은 무엇일까? 자본이익률은 공장 규모와 국가 전체 규모 모두와 관련 있다. 그 발전은 산업 정책 측면에서 각 나라의 발전 방향을 반영한다.

첫 번째는 자동화다. 이 용어를 4차 산업혁명과 혼동해서는 안 된다. 자동화를 통해 투자 효과가 나타나면 투입 자본은 단순 증가하고, 그 결과 기업은 더욱 자본 집약적으로 된다. 자동 작업이 수작업을 대체하면서 이익은 증가한다. 궁극적으로, 이 두 현상은 자본이익률은 그대로 유지한 채 서로 균형을 이루려는 경향을 보인다. 반대로 한 국가의 산업 노후화가 진행되면 이익은 감소하고 투자는 감가상

각보다 낮은 수준으로 떨어지게 된다. 그 결과, 투입 자본은 줄고, 자산회전율이 인위적으로 높아지는데 이것이 수익의 하락을 보전해주고 자본이익률을 유지해준다.

하지만, 이 두 가지 발전 경로 모두 자산회전율과 수익 증가를 특징으로 하는 4차 산업혁명과 무관하다. 롤랜드버거는 2000년부터 2014년까지 선도 국가들의 산업 자본이익률과 발전 정도를 계산해 그 과정에서 몇몇 주목할 만한 변화가 있었음을 밝혀낸 바 있다.

세계 곳곳에서 실행된 산업 정책들은 종종 같은 목표를 추구한다. 경쟁력 향상과 활동의 재배치 또는 보존이다. 하지만 이 두 목표를 달성하는 수단과 각 나라의 위험 수준은 그 나라의 산업과 경제적 힘, 자동화 수준, 현지 시장 규모 등에 따라 달라진다. 그래서 모든 나라는 구체적인 문제에 대한 대응 수단으로 4차 산업혁명에 투자한다. 그것이 바로 독일과 중국과 미국이 경쟁력 향상을 통한 제조의 부가가치 성장을 핵심 전략으로 삼는 이유다. 반면 프랑스와 일본은 높은 인건비 효과를 상쇄하기 위해 제조의 재현지화에 좀 더 초점을 맞춘다. 산업 솔루션에서 글로벌 시장의 리더로 남는 문제는 독일과 중국 입장에서 매우 중요하다. 반면, 프랑스와 일본에서는 직업 만족도 향상, 제조업의 지속 가능성 강화와 산업 이미지 회복을 위한 4차 산업혁명 활용이 더 중요하다.

선진국들의 탈산업화가 시작됐을 때, 미국은 자동화 투자로 이익을 증가시켰다. 프랑스, 일본, 이탈리아는 이익이 감소하면서 과소 투자 양상을 보였다. 독일은 유일하게 이익과 자산회전율이 동시에 증가한 국가다.

인더스트리 4.0은 2010년 독일에서 탄생한 개념이다. 독일 엔지니어링 협회에 의해 2011년 하노버 박람회에서 대중에게 소개된 이후 전 세계에서 사용되고 있고, 2016년 다보스포럼 이후 보다 넓은 개념인 4차 산업혁명이 더 자주 사용되고 있다. 그럼 2011년부터 2015년까지 세계 여러 국가가 이 개념을 어떤 방식으로 도입하고 있는지 간단히 스케치해보자.

2011년	미국	'첨단 제조 파트너십 2.0'. 고급 제조업 일자리 창출과 세계 경쟁력 강화.
2011년	영국	'전송 센터'. 제조업의 GDP 기여를 두 배 확장.
2012년	이탈리아	'지능형 공장 클러스터'. 4개의 프로젝트 연구 개발 및 활용 제조 커뮤니티 구성.
2014년	벨기에	'지능형 공장 클러스터'. 미래형 공장 개발 지원.
2014년	중국	'중국제조 2025'. 10개 부문 우선 디지털화와 현대화로 제조 강국으로 탈바꿈.
2015년	일본	'재활성화 및 로봇 전략'. 서비스 산업 생산성 향상, 2020년까지 로봇 배치 증가.
2015년	한국	'제조업 혁신 3.0'. 신기술 기반 제조업 생태계 구축 및 스마트 공장 개발 촉진.
2015년	프랑스	'미래의 산업'. 자율주행차, 전기 비행기 등 특화 제품 개발 지원.

세계 주요 산업 강국의 대응

독일 : 방어적, 공격적 전략

독일은 지난 15년간 자본이익률이 획기적으로 개선된 유일한 나라다. 독일은 인더스트리 4.0의 경로를 따른다. 고용률(9%)의 소폭 하락에도 불구하고, 독일 산업은 2000년부터 2014년 사이 부가가치가 80% 상승했으며 수익은 158%로 뛰었다. 투자와 감가상각은 거의 변화가 없었으며 자산은 훨씬 잘 이용되었고 생산 설비 이용률은 1998년 85%에서 2014년 95%로 증가했다. 그 결과 독일의 자본이익률은 2000년 12%에서 2014년 30%로 급증했다. 투입 자본은 변함없이 유지되었고, 15년 전보다 현재 훨씬 더 많은 생산을 하고 있다. 이는 소위 말하는 '독일의 기적'을 일으키는 데 기여했다.

약 10년 전, 독일은 심각한 산업 위기에 직면해 있었다. 인건비 상승, 에너지 비용 상승 예고, 인프라 교체 필요성 및 숙련 노동자 부족 등으로 어려움을 겪었다. 독일은 인더스트리 4.0을 통해 위태로운 기존 모델이 지닌 잠재적 경쟁 위기 상황에서 탈피할 수 있었다. 독일은 GDP의 3% 이상을 차지하는 지멘스, 보쉬와 같은 대기업과 수많은 중소기업 덕분에 4차 산업혁명 솔루션의 생산국이 됐다. 그래서 독일은 글로벌 시장에서의 지배력과 생산 규모를 꾸준히 유지하기 위한 방법으로 이런 솔루션 개발에 전념하고 있다. 결과적으로 독일의 4.0 전략은 자국에서의 생산을 유지하면서 국제 시장의 위기에 더 유연하게 대처한다는 점에서는 방어적이고, 기술과 노하우는 독일에 두고 수출 모델을 지원한다는 점에서는 공격적이다.

투자액으로 보자면 연방 정부는 '하이테크 전략 2020(Hightech-Strategie 2020)' 실행 계획의 틀 안에서 '플랫폼 인더스트리 4.0'에 2억 유로를 투입했다. 그 목표는 연구 조직, 기계공학협회, 국제무역위원회, 전기전자 엔지니어링 산업의 전문 지식을 하나로 묶는 것이다.

프랑스 : 산업 부활 전략

프랑스의 제조업은 약하다. 에너지 부문을 포함해 제조업 비중은 GDP의 12%에 불과하며 370만 개의 일자리만 제공한다. 프랑스는 그동안 산업 노후화의 길을 걸어왔다. 2014년 기준 평균 19년 된 낡은 제조 기계, 심각한 제조업 분야 일자리 감소(2000년부터 2014년 사이 20% 감소), 부가가치의 하락(-4%), 수익률 감소(-70%)로 프랑스 산업은 급격히 쇠퇴했다. 2014년 프랑스 산업은 감가상각 관련 투자에서 400억 유로가 부족한 어려움을 겪었다. 그 결과 프랑스 산업은 자본 집약도가 떨어졌다. 물론 좋지 못한 이유 때문이다. 2000년부터 2014년 사이 기계 사용률은 85%에서 81%로 떨어졌고 더불어 자본 이익률도 2000년 20%에서 2014년 8%로 급감했다.

기계 부문의 약점에도 불구하고, 4차 산업혁명은 프랑스가 산업 강국으로 재등장할 수 있는 황금 기회를 마련할 수 있을 것이다. 디지털화 및 가상화 관련 전문 분야와 새롭게 성장하고 있는 스타트업 생태계가 이를 보조하게 될 것이다. 게다가 미래의 산업은 인건비 제약과 이와 관련된 사회적 문제를 피하거나 우회할 수 있는 새로운 제조 기반을 구축할 독특한 기회를 제시한다. 또 4차 산업혁명은 일반 대중에게 그 분야의 이미지를 높이는 기회도 제공한다. 우호적인 상황을 고려하면, 프랑스는 숙련된 일자리 창출과 산업 재배치를 통해 현재 탈지역화되어 있는 상품을 제조할 수 있을 것이다.

이에 프랑수아 올랑드(Francois Hollande) 전 대통령은 '새로운 산업 프랑스'를 위해 37억 유로 투자를 발표했다. 채택된 산업 프로젝트들은 '미래의 산업(Industry of the Future)'을 포함해 34개의 정부 후원 실행 계획 안에서 보조를 받게 될 것이다.

미국 : 산업 재배치 전략

제조 공장이 중국과 멕시코로 이전된 결과 미국의 산업화 비율은 2014년 17% 수준으로 비교적 낮다. 그러나 절대적 수치로 보면, 미국 산업은 2014년 21억 6000만 유로로 독일 산업의 3배 이상이며 제조 부가가치의 수치만 보더라도 중국의 27억 5000만 유로에 이어 두 번째다. 문제는 1억 6000만 명의 중국 노동력과는 대조적으로, 단지 1,340만 명에 불과한 노동력을 가지고 있다는 것이다. 미국의 산업 고용률은 2000년부터 2014년 사이 30% 가까이 떨어져 약 500만 개 이상의 일자리가 사라졌다. 가령, 포드, GM, 피아트크라이슬러만 해도 10만 개 이상의 일자리를 없앴다. 그들의 공급업체까지 합치면 무려 50만 개 이상의 일자리가 사라진 셈이다. 그 사이, 미국은 산업 부문에 대규모 투자를 단행해 2000년부터 2014년 사이 투입 자본이 2배 증가했다. 그리고 현대화, 자동화, 로봇 사용 및 높은 노동 생산성(약 40%)으로 인해 수익은 54%로 껑충 뛰었다.

미국은 어느 정도 자동화의 길을 따라왔다. 비록 부가가치 발생과 관련해 투자 수준이 너무 높고, 그 결과 자본이익률이 개선되지는 않았지만, 현대화와 생산성은 확실히 증가했다. 미국에 있어 4차 산업혁명과 관련된 도전 과제는 간단하다. 부가가치를 높이고 현대화된 자산을 더 잘 활용하는 것이다. 그것은 특히 오바마 전 대통령의 정책 목표였다. 특히 첨단 제조 파트너십 정책은 공장 내 4차 산업혁명의 촉진, 부가가치 증가, 산업 활동의 재배치, 미국 전역에 걸친 고급 기술 일자리 창출 등을 목표로 하고 있다. 이를 위해 정부는 2013년에만 생산 연구 관련 프로젝트를 위해 16억 유로를 마련했다. 그중 5억 유로 상당의 지원금이 30개 이상의 기업 회원이 참여하고 있는 이익 단체, 스마트제조선도기업연합에 투입됐다.

일본 : 산업 성장 회복 전략

일본의 제조업 부가가치는 지난 10년 동안 40% 축소됐고, 2000년부터 2014년 사이 200만 개의 일자리를 잃었다. 또한, 같은 기간 동안 산업 이익은 80% 하락했다. 그동안 일본은 무려 1,600억 유로를 과소 투자했다. 일본의 탈산업화는 불가피하다. 중국과의 근접성으로 인해 많은 일본 제조사들이 중국으로 이전한 것에 더해, 수출의 발목을 잡는 엔화 강세와 전반적인 경쟁력 하락이 그 이유다. 인구 감소 및 2011년 3월 동일본대지진의 영향으로 상황은 더 악화했다. 일본은 지금도 빠르게 노후화가 진행되고 있다.

엔화 약세에 의존한 아베 신조 총리의 경제 정책 '아베노믹스'의 부작용이 속속 드러나고 있다. 수출 진작 없이, 양적 크기보다는 이윤 창출을 위해 주로 활용하는 엔화 하락으로 인해 수입품들이 더 비싸졌다. 당연히, 이러한 국면은 자본이익률의 급락으로 이어졌고 곧이어 매우 저조한 자산회전율과 낮은 수익성으로 이어졌다. 탈산업화를 멈추기 위해, 일본은 뒤늦게나마 4차 산업혁명에 전념하며 2015년 중반부터 많은 프로그램을 쏟아냈다. 현재 일본의 자동화 수준을 고려할 때, 4차 산업혁명은 일본이 경쟁력과 유연성을 다시 확보할 수 있게 해줄 것이다. 4차 산업혁명은 또한 청년들의 산업 관심 부족 현상을 개선하고, 공장 내 작업 품질을 위한 투자를 회복시켜, 인구 감소의 영향을 보완하는 데도 중요한 역할을 한다. 끝으로 세계적으로 유명한 일본 기업들 입장에서는, 정부가 그들에게 경쟁력 있는 산업 기반을 제공하는 것이 굉장히 중요할 것이다.

중국 : 예외적 산업화

저비용 수출 분야에서 선두를 달리고 있는 중국은 이 모델의 위협과 한계에 계속 주목해왔다. 그리고 특히 제조 부가가치의 성장에 방해가 되는 두 가지 장애 요소가 있다는 사실을 고려할 때, 자국의 산업을 보호할 수 있는 유일한 방법이 업스케일(Upscale)과 프리미엄 서비스로 가는 것임을 잘 알고 있다. 중국은 저가 제품 수요 감소와 무엇보다 경쟁력 측면에서 점점 커지고 있는 여러 문제로 가로막혀 있다. 동쪽 해안선을 따라 생산직과 사무직 근로자의 임금이 상승하고 있고, 에너지와 부지 비용 상승, 그리고 중국 중심지로 노동력을 끌어들이는 데 어려움을 겪고 있다.

따라서 중국은 4차 산업혁명을 이러한 문제 해결의 솔루션으로 여기고 있으며, 언젠가 독일과 경쟁이 가능한 산업 솔루션들의 포트폴리오를 개발하기 위한 수단으로 바라보고 있다. 한국과 일본처럼 전에는 저비용 수출국의 전통적인 청사진을 따르다가 이후 업스케일을 하는 시나리오를 그대로 따를지, 아니면 새로운 예외적인 사례가 될지 궁금하다. 2017년까지 중국은 전부 4차 산업혁명과 관련 있는 금액은 아니지만, 1조 2천억 유로를 산업 혁신과 현대화에 투자하기로 했다. 목표는? 한마디로 '메이드 인 차이나(Made in China)'에서 '크리에이티드 인 차이나(Created in China)'로 탈바꿈하는 것이다.

신흥국을 위한 신성장 모델

4차 산업혁명은 기존의 산업화 모델에 대한 접근과 저가 제품 수출을 거부함으로써 신흥국의 발전 모델에 일대 격변을 일으킨다. 신흥국은 현지에서 제품 생산을 할 필요가 있는데, 보다 유연한 생산 수단, 낮은 투입 자본, 맞춤형 제품의 증가 덕분에 신흥국에서 발생하는 위험을 완화시켜 불안정한 시장에 잘 적응할 수 있다. 4차 산업혁명 모델은 공동 현지화 원칙을 통해 선진국과 신흥국 사이의 윈윈(Win-win) 협력이 가능하게 해준다. 이를 통해 신흥국들은 현지 차원의 산업화를 이룰 수 있다. 공동 현지화는 본질적으로 새로운 것은 아니지만 훨씬 큰 발전 가능성을 지니고 있다. 따라서 해외 파트너들은 생산 수단과 기술을 제공해 제품을 개발하고, 산업 자산의 사용 비용을 받는다. 이로써 주최국은 많은 디자인, 마케팅, 영업, 유통 활동을 둘러싼 새로운 부가가치를 창출해낼 수 있다.

04
4차 산업혁명과
일자리 문제

▶▶▶▶▶

언제나 혁명의 시기에는 새로운 사회 변화의 기회가 온다.

4차 산업혁명이 성장과 고용에 새로운 활기를 불어넣을 것이다.

▶▶▶▶▶

멈춰버린 전통적 일자리 창출의 동력

4차 산업혁명과 관련해 가장 민감한 사안 중 하나가 일자리 문제다. 디지털화와 자동화의 혜택이 사라지고 있는 고용의 수를 보충할 수 있을지 귀추가 주목된다. 결론부터 말하면 4차 산업혁명에는 수많은 일자리가 포함되어 있다. 물론 미래 공장에서의 일자리 감소 충격도 현재와 비교해볼 때 무시할 수 없다.

그러나 다음 산업 변천에서 가치 창출은 양적 크기, 규모 효과, 노동 비용 요인이 아니라, 제품 맞춤화 및 경제적 측면의 투입 자본 감소에 의해 이루어질 것이다. 이러한 새로운 가치 동인에는 새로운 활동과 일자리에 대한 가능성이 잠재되어 있다.

작업 특화와 제품 표준을 꾀하는 테일러리즘(Taylorism, 생산 공정의 과학적 분석을 통해 노동 표준화 및 작업 세분화하여 생산 효율성을 향상하는 과학적 경영 관리법-옮긴이)으로 포드는 자동차 한 대당 걸리는 생산 시간을 12.5시간

에서 1.33시간으로 단축했다. 일반적 환경에서 이것은 고용의 90%
하락으로 이어질 테지만, 대량 생산 방식의 자동차 제조가 비용이 많
이 저렴하다는 점을 고려하면 결국 훨씬 더 많은 사람이 자동차를 살
기회를 얻게 된다. 그것이 결국 시장의 수요를 몰고 왔고, 그 수요는
생산율보다 훨씬 더 빠르게 증가했다. 그 결과, 한 대당 발생하는 일
자리 수가 노동 감소에 따른 고용 하락보다 오히려 많았다. 생산성에
서 구매력으로의 전환 구조는 생산을 유도했고, 또한 프랑스의 영광
의 30년(Les Trente Glorieuses)의 초석이 되었다. 1945년과 1975년 사
이에 해당하는 이 기간은 프랑스 부흥기로 유명하다.

　자동화 물결이 지속하는 동안, 일자리에서의 생산성 향상은 제조
업 크기에 의해 상쇄된다. 아주 최근에, 산업 생산성은 크기 증가에
서 비용 감소로 바뀌었다. 그전에는 산업의 크기가 고객 소비력 향상
으로 촉발된 서비스 시장의 성장을 이끄는 견인차였다. 동시에 선진
국들의 산업 생산성은 신흥국들의 호황을 촉발하는 기폭제였다. 그
들은 자신들에게 옮겨지고 있는 일을 통해 이익을 얻었다.

　지난 15년간, 500만 개의 산업 일자리가 서유럽에서 사라졌다. 그
지역 전체 일자리의 15%에 해당하는 수치다. 자동화 시대를 따랐던
40년 동안, 그런 산업 일자리의 상실은 다음의 세 가지 대안 경제 활
동의 동력에 의해 보상되어 왔지만, 이제 더 이상 그런 경우는 없다.

　1. 아웃소싱 서비스는 물류, 유지보수, 보안 등 서비스 관련 사업 성장
　　에 직접 기여했다. 하지만 지난 15년간 이 특별 동력은 10% 미만의
　　고용 하락을 대변하며 더 이상 고용을 창출하지 않는다.

2. 산업 생산성은 비용 절감을 통해 고객 소비력으로 전환됐다. 이는 서비스 성장에 직접 기여했고 일자리 수를 증가시켰다. 하지만 이런 산업 생산성도 이제 전환점을 맞았다. 디지털 기술 서비스 생산성은 더 이상 산업 일자리 상실을 상쇄할 수 없을 정도로 증가했다.

3. 산업 경쟁력 부족은 비용은 낮으면서 경쟁력은 더 높은 나라로 산업 활동을 옮기는 효과를 낳았다. 또 탈지역화, 대체 불가, 또는 재투자로 인해 수백만 개의 일자리가 생겨났다. 4차 산업혁명은 저비용 모델의 막을 내리면서 고비용 국가들을 다시 경쟁력 있게 해주는데, 특히 노동 비용으로부터 그들을 보호한다. 신흥국의 일자리 창출의 견인이었던 저비용 모델은 쇠퇴할 운명에 처했다. 이제 그들은 다른 성장 모델을 찾아야 한다.

이 세 개의 고용 창출 견인차들은 상승 동력을 잃으며 불평등을 확장했고, 특히 전 세계 중산층을 강타했다. 그 결과, 전체적인 일과 사회의 미래 모습에 대해 미리 알고 대비한 소수는 디지털 경제의 혜택을 즐기는 반면, 대부분 인구는 일자리에서 강제로 쫓겨나는 운명이 될 거라는 비관적 분위기를 부추겼다.

그렇지만, 그동안의 산업혁명으로 인해 발생하는 고용 수치 역시 대부분 긍정적이었지만, 그때도 어떤 직업, 아니 때로 아주 많은 직업은 사라졌고, 그 자리에 다른 직업들이 생겨났다. 이번 역시 크게 다르지 않다. 이전의 모든 산업혁명처럼, 4차 산업혁명은 가치 창출의 상당한 잠재력이 있고, 이는 새로운 활동들로 전환될 것이다. 새로운 점은 가치 창출 구조가 이전 산업혁명들에서 나타났던 것들과는 근본적으로 다르다는 것이다.

고용 평등의 새로운 매개변수

앞으로 4차 산업혁명은 최적화된 산업 자산으로 거의 노동 투입 없이 현지에서 제품이 생산되도록 할 것이다. 현재 관심사는 유연성, 맞춤화, 품질 향상으로, 이제 더 이상 가격이나 양적 개선의 문제가 핵심이 아님을 뜻한다. 시급한 문제는 우리가 지금까지 보아왔던 것과는 매우 다른 구조의 대변혁 속에서 대안 경제 활동과 고용을 어떻게 창출할 것인지 아는 것이다.

3차 산업혁명 기간 자동화, 공장 대량 생산, 탈지역화는 타당한 투자 수준으로 규모를 늘려 원가를 최적화시켰다. 하지만 다음 산업혁명에서 가치를 창출하게 될 것은 양적 크기, 규모 효과, 노동 비용 요소가 아니라, 제품과 서비스의 맞춤화 및 투입 자본의 감소다. 이러한 자본이익률의 경제는 비록 우리가 친숙했던 것과는 다른 방식이긴 하지만, 그로 인한 일자리 창출의 잠재 가능성은 확실히 지니고 있다.

4차 산업혁명 솔루션은 2035년까지 50% 정도 채택될 것으로 추정된다. 우리는 서유럽에서 일자리가 사라지고 대체되는 곳과 완전히 새로운 일자리가 창출되는 곳에 동시에 주목한다. 전체적인 효과는 긍정적일 것으로 예상한다.

유럽의 탈산업화는 2035년까지는 어느 정도 지속할 것이다. 생산성 효과로 270만 개의 일자리, 다른 지역과의 경쟁력 상실로 인해 270만 개의 일자리가 소멸될 것으로 추산된다. 그다음 요인으로 2035년 전에 4차 산업혁명이 점진적으로 도입되는 효과를 반영해야 한다. 기업의 50%만이 4차 산업혁명이 제공하게 될 모든 잠재적 가능성을 활용하고, 나머지 50%는 조금 더 경쟁력을 갖추고자 어떤 기본적 기술 요소만 사용한다고 가정하면, 4차 산업혁명은 약 290만 개의 일자리를 추가로 소멸시키고, 그로 인해 산업 생산성을 배가시키면서, 실업률을 높일 것이다. 오로지 1,670만 개의 일자리가 4.0 일자리가 되거나, 최소한 다시 경쟁력을 회복한 산업 부문에 남게 될 것이다.

한편, 제조업 기반은 4.0 솔루션에 의해 현대화되고, 투입 자본이 더 수익성 있게 쓰이도록 할 것이다. 그 기반을 잘 활용해서 산업은 투입 자본을 덜 요구할 것이다. 수익성과 자본이익률은 신규 투자 기회를 늘리고 창출할 것이다. 이는 신규 프로젝트 자금과 신규 일자리 창출에 있어 중요한 측면이다. 그러한 일자리 대부분이 유럽에서 창출될 것이다. 자본이익률 성장(2015년 18%에서 평균 28%까지 증가)과 연결된 가치 창출은 잠재적으로 4,200억 유로의 초과 이윤과 투입 자본 절감 형태로 나타날 것이다. 그 대부분이 유럽 경제에 재투자된다면, 아마 8,500억 유로 상당의 부가가치가 창출된다.

이것이 노동 시장에는 무엇을 의미할까? 이 모델에서, 제조 분야 일자리는 전체 일자리 수의 12%를 차지하고, 제조업의 부가가치는 전체 부가가치의 15%를 차지한다. 이 수치들은 현재의 수치와 크게 다르지 않다. 그러나 제조업뿐만 아니라 서비스업 분야에서도 다른 일자리들은 4차 산업혁명이 발생시킨 가치의 결과로써 창출될 것이다. 우리는 이런 국면이 잠재적으로 1,000만 개 이상의 새로운 일자리를 창출해낼 것으로 예상한다. 그것은 전체적인 일자리 수 감소를 상쇄하기에 충분하다.

이 중 약 300만 개의 일자리는 제조에서 나올 것이고, 나머지 700만 개는 새로운 서비스 분야에서 나올 것이다. 300만 개의 신규 제조 일자리 중 110만 개는 과거 유럽에 기반을 두었던 활동의 산업 재현지화, 또는 생산 지역 이전을 막 하려고 했던 활동들에서 나올 것으로 예상한다.

중도적 평가임에도 이 수치는 재현지화가 다른 저임금 국가들보다 경쟁력을 가질 수 있도록 새로운 최적화 및 자동화 솔루션이 필요하다는 사실을 암시한다. 새로운 산업 활동으로 창출되는 직업들은 과거와는 거의 유사성이 없는 완전히 다른 비즈니스 모델을 기반으로 한다. 자산은 생산 플랫폼과 서비스 생태계의 형태로 나타나는데, 이것은 맞춤화, 사용자 지향형 서비스, 고객 커뮤니티 인터페이스 관리 등을 제공하는 고도로 표준화되고 효율적인 형태다.

새로운 서비스 세상

4차 산업혁명의 또 다른 특징은 제품 소유보다는 사용을 중시하는 것이다. 일례로, 매칭(Matching) 서비스와 사용한 만큼 지불하는 방식(Pay-As-You-Go)이 있다. 그 결과, 제품 가격은 계속 같지만, 고객의 총 지출은 현저히 낮아진다. 왜냐하면 소유할 필요 없이 사용한 만큼만 지불하고도 고객의 소비력은 해소되기 때문이다. 이 선순환은 지금까지의 핵심 성장 과정과는 근본적으로 다르다. 더 이상 단위당 가격이나 생산 규모가 문제 되지 않는 대신, 늘어나는 사용량과 줄어드는 사용 비용이 중요해진다. 이때 자산과 제품은 일정하게 유지되거나 줄어든다.

우리는 이런 가치 창출이 서비스 분야에서 700만 개 이상의 일자리 창출을 할 수 있는 잠재력이 있다고 판단한다. 소비자 사용의 비용 감소는 바로 다른 추가적인 소비 여력을 충족시킬 수 있기 때문이다. 기본 욕구가 충족되는 방식을 고려해보면, 이 새로운 서비스를 창출하는 어마어마한 잠재력을 이해할 수 있다.

교육과 훈련, 건강, 레저, 지식 접근, 모빌리티, 식품과 인간 교류 분야들은 품질 또는 비용 면에서 유럽인 전체를 만족하게 하는 데는 한계가 있겠지만, 지금도 계속해서 발전하고 있다. 따라서 우리는 숙박, 건강, 교육 분야에 등장하는 다양한 측면의 모빌리티와 접근용 디지털 솔루션을 보게 될 것이다.

무엇보다도 이 수치들이 나타내는 것은 막 일어나려고 하는 고용의 변화 규모다. 제조 분야 종사자 2,500만 명 중 900만 명이 주로 서비스로 이동할 것이다. 나머지 1,600만 명은 자신들의 일이 상당히 바뀌는 것을 목격하게 될 것이다. 이는 그런 변화를 맞이하게 될 모든 분야의 사람들이 시급히 새로운 기술에 대해 준비해야 함을 일깨워준다.

4차 산업혁명은 우리가 새로운 환경의 일부로 우리 산업을 다시 생각해볼 기회를 제공한다. 그리고 확실히 선진국에서 강력할 것이다. 그것은 네 가지 주요 사안, 즉 자산 경쟁력의 향상, 유연성, 수요의 이동과 변화 대응 능력, 그리고 생산의 지역화에 대응한다. 또 그어느 때보다 더 산업 중심에 서고자 하는 인류의 열망에 응답한다. 끝으로 그것은 가시적으로 작은 조직들을 인구 밀집 지역에 더 가깝게 위치시켜 일종의 가내공업 르네상스를 촉진한다.

또한, 4차 산업혁명은 새로운 가치 창출에 기초해 경제적 해석을 제공한다. 새로운 산업은 자산 또는 제품의 사용을 증가시키는데, 이는 고객의 낮은 사용 비용으로 이어진다. 또 생산자를 위해 투입 자본을 감소시킴으로써 가치가 발생한다. 경제 패러다임에서 이런 변화는 새로운 산업 가치를 창출하는 것이라 할 수 있는데, 이는 향후 대안 경제 활동과 일자리를 창출할 요소가 된다.

더 자세하게 이해하고 설명하기 위해서는 이런 변화에 대해 더 잘 이해해야 할 필요가 있다. 그런 다음에야 우리는 이미 상당히 진행 중이고, 다양한 문제를 일으키는 변화에 대해 계획을 세울 수 있을 것이다. 그 단계에서는 실업, 탈산업화, 대그룹 해체, 사회적 긴장, 비

적합 기술 등의 문제가 수반된다. 이 국면을 가능한 한 짧게 가져가기 위해서는 임박해 있는 사회, 고용과 투자 모델의 재구조화를 예측해야 한다. 새로운 세상이 우리를 기다리고 있다.

05
물류 로봇과 인간의
일자리 전쟁

▶▶▶▶▶

물류 로봇의 대량 보급은 이제 시간 문제일 뿐이다.

얼마나 빠르게, 또 어떻게 대비할 것인가가 진짜 문제다.

로봇 솔루션의 경제적 효과가 현실화되다

물류 로봇 솔루션은 대형 인터넷 기업들이 사업 확장의 선봉으로 내세우면서 급격한 속도로 발전했다. 로봇화는 인간 작업자와 함께 기존 인프라에 매끄럽게 통합될 수 있는 유연한 재구성형 솔루션이라는 점에서 기계화나 자동화와 구분된다. 비용이 감소하고 솔루션이 성숙하면서 이제 대부분의 창고로 로봇이 확산될 수 있는 시점에 이르렀다.

직접적인 영향으로, 물류의 로봇화에 미리 대비하지 않으면 향후 10년 안에 수십만 개에 이르는 비전문직 일자리가 사라지고, 때가 되면 유로존에서 최대 150만 개의 직접적인 일자리가 사라진다. 미시적 경제 관점에서는 로봇화에 찬성하는 결정이 불가피해 보이지만 거시적 경제 관점에서는 아직 모든 것이 불확실하다. 가치 사슬의 상류나 하류에서, 그리고 수출에서의 증가한 부가가치가 이러한 고용 손실을 만회할 수 있을지는 과거 제조 산업처럼 분명하지가 않다.

물류는 그 자체로 수출이 불가능하다. 가장 믿을 수 있는 솔루션은 국가가 경쟁력을 강화하고, 대규모 클러스터 내에서 가장 주목할 만한 물류 허브가 되는 것이다. 그렇게 되면 로봇화는 문제라기보다 각 국가의 매력도를 높이는 솔루션으로 인식될 것이다. 역설적으로 사회 규제 강화는 실제 투자자본수익률(ROI, Return on Investment)을 증가시켜 로봇 솔루션 생산을 촉진한다. 그다음은? 앞으로 가장 좋은 방법은 다음과 같다.

1. 유연하고 균일하게 퍼져 있는 로봇화 프로세스 생태계를 구축하여 그 변화를 세밀하게 감독한다.
2. 규제를 단순화해 고된 물류 노동의 예상 추가 비용을 보상한다.
3. 이 새로운 현실을 바탕으로 물류 관리사가 비즈니스 모델을 혁신할 수 있도록 격려하다

물류 자동화 솔루션의 투자자본수익률은 유연한 협업 로봇 솔루션에 힘입어 곧 3년 미만으로 감소한다. 뭘 크게 바꾸지 않고도 인간과 기계가 같은 창고에서 나란히 작업할 수 있도록 해주는 이런 새로운 솔루션은 지난 수십 년 동안 구성해왔던 우리의 작업 방식에 대해 다시 생각하게 했다. 새로운 솔루션의 운영 범위는 팔레트(Pallet)의 이동, 적층(Stacking) 및 분할(Unstacking), 주문 준비, 적재다.

현재 대부분 서유럽에서 로봇 솔루션이 실효성을 갖는 비용 임계치는 단위당 10만~11만 유로다. 이런 투자 수준은 성숙 시장에서의

20~30% 생산성 향상에 힘입어 3년 후 긍정적인 ROI를 만들어낸다. 같은 작업 시간을 기준으로, 로봇의 비용은 시간당 18~20유로며, 인간 작업자의 평균 비용은 유로존 기준으로 시간당 14~15유로다(이 비용은 프랑스에서는 17~18유로, 벨기에에서는 20유로로 상승한다). 단위 비용을 기준으로 한 주장이 가장 정확한 그림을 제시해주진 못하더라도, 설치된 로봇 제품군의 규모에 따라 통합 비용이 감소된다는 점을 고려하면, 좋은 비교가 가능하다. 그리고 이 계산에 로봇에 의한 작업 시간 연장 가능성을 반영하지 않았다는 사실을 고려하면, 로봇화의 타당성은 더욱더 증가한다. 이처럼 장기적으로 생산성 향상, 로봇 솔루션의 수명 증대, 장비 가격의 하락, 인건비의 지속적인 상승은 로봇화에 유리한 요소가 된다.

저비용 로봇의 등장

단위당 총비용은 여전히 120만 유로를 초과한다. 이 비용에는 장비(2만~5만 유로), 환경(창고의 마킹, 보안, 개조 등에 최대 5만 유로), 시스템(4만 5천 유로), 프로젝트 관리(총비용의 약 10%), 유지보수 및 에너지 비용이 포함된다. 대부분의 추정치에는 저장 공간 확보에 필요한 비용 역시 포함된다. 그러나 조명과 난방이 필요 없어 에너지 절약이 되는 현실은 반영되지 않았고, 재고 부족 및 작업 사고의 감소 역시 반영되지 않았다.

로봇 솔루션의 총비용은 급격하게 하락하고 있다. 가격 하락으로 2020년까지 10만 유로 미만의 솔루션이 시장에 대거 출시될 것이다. 연구 기관이나 리싱크(Rethink), 페치(Fetch) 등의 스타트업 스핀오프(Spin-offs) 회사들이 저비용 솔루션을 개발해냈기 때문이다. 이런 회사들은 ABB나 쿠카 등 기존의 산업용 로봇 기업들보다 더 민첩하고 시장 혼란마저 꺼리지 않는다. 1990년과 2005년 사이 산업용 로봇 가격은 절반 가까이 떨어졌고 2010년과 2015년 사이에는 또다시 그 정도가 더 떨어졌다. 이제 2만 유로면 가장 싼 솔루션 이용이 가능하며, 대형 제조사들 역시 4만에서 5만 유로 사이에서 완전한 솔루션을 공급하고 있다.

인간과 기계 사이의 협업을 가능하게 만드는 인지 및 작업 환경 분석 기술이 빠르게 발달하면서 로봇 솔루션의 환경 비용도 많이 감소할 것이다.

그리핑(Gripping) 기술의 발달로 가격은 싸지고 효율은 높아졌으며 통합 시간도 단축되었다. 로봇은 학습 기술을 통해 인간의 움직임을 복제하여 빠르게 준비되거나 자체 실수를 통해 스스로 계속 학습할 것이다. 이러한 학습 기술의 발달로 중소기업도 로봇 솔루션을 쉽게 이용할 수 있게 되어, 로봇화가 빠르게 확산될 것이다.

취급 비용 절감

제조 기업과 연구팀은 당연히 주문 준비에 관심을 쏟는다. 보관 및 취급 비용의 40~50%를 주문 준비가 차지한다. 이 작업은 시간은 오래 걸리고 부가가치는 낮다.

제조 기업은 주문에 따라 물품을 보관 장소에서 찾아내 각 배송처별로 분류하고 정리하는 피킹(Picking) 과정의 생산성 향상을 약속한다. 로봇을 계속 사용한다고 가정하면, 인간보다 4~6배 효율적이기 때문이다. 이는 시간당 최대 800개 품목에 달하는 수치다. 실제 그러한 생산성 비율은 영업 주기가 그만큼 빨라질 때 더 큰 의미가 있다. 하지만 가장 진보한 로봇 솔루션이라고 해도 완전히 자동화되는 경우는 드물다. 자동화의 최대치는 80% 수준으로, 복잡한 형식이나 회전율이 낮은 품목은 여전히 인간이 관리해야 한다.

조심스럽긴 하지만, 초기 피드백에 따르면 처리 비용은 20~40% 감소할 것으로 보인다. 주문 준비 작업의 복잡성, 주문 범위, 창고 배치 등에 따라 이 수치는 달라질 수 있다. 일반적으로 이러한 수준의 생산성 향상은 투자금을 조달하기에 충분하다. 하지만 여러 가지 기술적 장애물에 주의해야 한다. 팔레트의 혼합 구성, 수직 적층 및 분할 작업의 안전성, 가변적이고 유연하고 크기가 큰 패키지 취급 등은 시험 프로젝트에서 꾸준히 어려움을 겪고 있는 부분이다. 아마 이러한 장애는 가까운 미래에 해결될 것이다.

엄청난 무형 이익

이 솔루션들은 단순히 직접적인 생산성 향상만 제공하는 것이 아니다. 사회 및 상업적 이익을 창출하며 기업 이미지도 높인다.

로봇에 투자하면 고용주는 늘어나는 사회적 채무를 미리 줄일 수 있다. 지속적인 인건비 상승 외에도 어려운 작업 여건에 대한 규제 강화와 직접적인 근골격계 질환 치료 증가에 대한 기대가 경제 방정식에 반영된다. 어려운 작업 여건과 관련하여 만들어진 프랑스의 시스템(직원당 2~5%의 추가 비용 지급)이 가장 구체적인 사례다.

로봇화의 결과로 더 빨라진 작업 흐름은 매출에도 영향을 미칠 것이다. 전자상거래의 발달로 거의 24시간 선택적 대량 피킹이 필요해졌다. 24시간 내, 4시간 내, 1시간 내 배송 같은 빠른 대응력은 성급한 고객의 요구에 부응하기 위해서라기보다 온라인 소매상들이 계속해서 전통적 상거래로부터 시장을 빼앗아 점유율을 높이기 위해 더 필요하다. 그러므로 로봇화는 생산성 향상보다 훨씬 더 큰 매출 증가를 제공한다.

또 한 가지 고려해야 할 것은 이러한 기술에 투자하는 브랜드의 이미지 향상이다. 역설적이게도 이러한 기술은 브랜드를 더 인간적으로 보이게 만든다. 로봇화는 소비자 브랜드를 사회적으로 의식 있는 소비자들에 맞춰 조정한다. 그들은 대형 기술 기업이 운영하는 창고와 공장의 근무 환경에 대해 비난 여론을 조성한다. 하지만 지금 누가 로봇을 채용하는 자동차 제조업체들을 비난하겠는가. 따라서 이미지의 중요성은 부분적이기는 하지만, 거대 인터넷 기업이나 소매업체 등이 로봇 산업에 막대한 투자를 하는 이유를 설명해준다.

로봇은 거품인가, 현실인가?

확실히 단기적으로는 거품, 장기적으로는 현실이다.

드론을 포함한 로봇 스타트업에 대한 투자는 2010년 이후 4배 이상 증가하여 2014년에는 거의 5억 7000만 달러에 달했다. 야스카와전기, ABB, GE, 화낙(FANUC) 등의 주요 기업은 잃어버린 시간을 만회하기 위해 그들의 시장 지위를 꾸준히 강화하고 있다. 그중 가장 인상 깊은 활동은 구글이 2012년과 2014년 사이에 8개의 기업을 연속적으로 인수한 것이다. 로봇 회사들의 주가를 추적하는 로보스톡스 지수에 따르면, 2005년 이래 로봇 회사의 주식시장 성과가 S&P 500 성과의 5배를 넘어섰다.

2015년 270억 달러 규모의 전 세계 로봇 시장에서 물류 장비가 차지하는 비중은 비록 2% 미만이지만 언론의 관심은 뜨거웠다. 로봇 투자의 대부분은 제조, 특히 자동차 산업에 계속 집중된다. 다른 각도에서 보면 물류 장비에 대한 투자의 약 80%는 여전히 컨베이어, 리프팅 장비 등 전통적인 기계화 솔루션에 집중되고 있다.

약 140개의 실제 로봇 회사를 대상으로 한 2015년 조사에 따르면, 스타트업의 경우 물류 솔루션을 제안한 곳은 10% 미만이었다. 대부분의 혁신은 헬스케어(25%)와 내수 및 레저 장비(25%)를 대상으로 삼고 있었다.

물류 솔루션 측면에서 대부분의 연구는 그리핑에 초점을 맞추고 있다. 하지만 대대적인 언론 보도에도 불구하고 아직은 개발 초기 단계다. 자동 이동 로봇 등의 모바일 솔루션이 빠르게 성장하고 있지만, 아직은 수만 대에 불과하다. 국제로봇연맹(IFR)에서는 2012년과 2013년 사이에 판매가 40% 증가했다고 발표했고, 2014년과 2017년 사이에는 1만 대 이상의 로봇이 판매되리라 예측했다. 물론 여기에는 아마존이 2014년 말에 발표한 1만 5천 대의 로봇 투자가 반영되지 않았다. 미국에서 창고를 운영하는 기업 중 10% 미만이 이미 이러한 유형의 솔루션을 배포하거나 테스트한 것으로 나타났다.

10년 후 150만 개의 물류 일자리가 유로존에서 사라진다

프랑스에서는 최소 50만 개의 비전문직(지게차 운전자, 포장 담당자, 회사와 물류 서비스 회사에서 고용한 기타 창고 근로자)이 물류와 직접 관련되어 있다. 유로존의 15개 선도 국가들 전체로 보면 그 수치는 거의 360만 명으로 늘어나고, 유럽 28개국으로 범위를 넓히면 440만 명으로 늘어난다.

자동차 산업의 로봇화 과정을 통해 유추해보면, 15년 이내에 유로존에서만 150만 개 이상의 직접적인 물류 일자리(40%)가 사라질 것으로 보인다. 하지만 기술 주기의 가속화는 우리가 10년이라는 더 짧아진 시간 내에 이러한 변화를 경험하게 될 것으로 생각하게 만든다.

국가별 수치는 각국의 아웃소싱 정도에 따라 달라질 수 있으나, 어쨌건 가장 큰 영향을 받는 부문은 유통, 제조 산업, 물류 서비스 공급자다. 오늘날 창고 근로자의 약 10%가 55세 이상인데, 퇴직자가 발생해도 로봇화된 일자리 환경에서는 퇴직자 전부가 아닌 소수의 자리만 충원될 것이다.

이러한 일자리 상실을 만회할 방법이 있을까? 사실 이 질문은 결코 새로운 것이 아니다. 이전의 모든 산업혁명의 과정에서도 제기됐던 질문이다.

자동차 산업의 로봇화 이행 단계와 비교해보면 어느 정도 이 질문에 대한 답을 찾을 수 있을 것이다. 현재 상황은 매우 빠르게 호전되고 있다. 주요 제조사들의 생산성은 1975년부터 1990년까지 2배가 되었고 노동력은 반대로 45% 축소되었다. 그 후 향상된 부가가치를 제공하는 일자리가 빠른 속도로 창출되었다. 노동력은 절반 가까이 감소했으나 감독자 수는 안정적으로 유지되었고 임원 수는 오히려 45% 증가했다. 전체 평균 급여는 약 35% 상승했지만, 특히 높았던 이 시기의 물가 상승률도 고려해야 한다.

작업 현장의 안전이 개선되어 사고가 20% 감소했고, 그 심각성도 줄어들었다. 상대적인 생산 비용이 감소한 것이다. 자동차 산업에서 부가가치의 비중은 1975년 9.5%에서 1990년 7.5%로 2%p 감소했다. 제품 품질이 개선되고 고객층이 더 확대됨은 물론, 이 기간 자동차 소유 가구가 64%에서 76%로 증가하며 제품의 양적 성장에 기여했다.

끝으로, 경쟁 심화로 로봇 업체들이 전 세계로 수출하게 되었다. 예를 들어, 1975년과 1995년 사이에 르노(Renault)의 국내 생산 증가는 거의 전부 수출 물량이었다. 이 마지막 수출 부분만 제외하면, 자동차와 물류 산업 사이에는 비슷한 점이 많다.

로봇화 찬성론자들은 프랑스 자동차 산업이 일정 기간이긴 하지만, 로봇화에 따른 생산성 향상으로 국내 시장과 해외 시장 양쪽 모두에서 경쟁력이 있었다는 사실을 강조하려고 한다. 하지만 자동차와 달리 물류는 수출을 통해 상실된 일자리를 상쇄하는 것이 불가능하다. 현재 급격한 인건비 상승과 싸워야 하는 중국이 이 분야의 최대 투자자라는 사실이 이를 증명한다. 중국의 투자는 전 세계의 17%에 달하며, 이는 독일의 2배에 해당한다. 이처럼 수출을 통한 상쇄 원리는 그 자체로는 수출이 불가한 내수적 성격의 물류 서비스에는 직접 적용할 수 없다.

서비스 품질을 통한 상쇄 역시 충분하지 않다. 건강 부문의 로봇화 성장은 치료 가능한 분야를 점차 확대하고 의료 서비스의 접근성을 높이고 있다. 비슷하게, 더욱 빠르고 정확한 물류 서비스의 품질 개선은 최종 매출을 늘리거나 전체 물류비용을 줄일 수 있다. 하지만 헬스케어의 경우 무한한 진전을 이룰 수 있는 반면, 물류는 결국 현실적인 장벽에 부딪히게 된다. 일단 공급 사슬이 가속화되고 완전히 최적화되면, 로봇화를 통해 창출되는 추가적인 가치는 거의 없기 때문이다.

가장 현실적인 해결책은 국제적 차원으로 물류 경쟁력을 향상해 일자리 상실을 만회하는 것이다. 부가가치를 높이거나 수출을 할 수 없는 유럽의 물류업체들은 유럽 대륙 전체 또는 일부를 담당하는 유통 센터를 자국에 유치할 방법을 찾아야 한다. 그러면 문제가 곧 해답이 될 수 있다. 로봇화로 경쟁력을 강화하면 물류 서비스 업체들이 자국에서 시장 점유율을 높일 수 있기 때문이다. 이런 전문성을 현지에서 발전시키고, 이에 상응하는 서비스와 기술의 생태계를 구축하여 물류 로봇을 수출하면 이를 통해 두 번째 상쇄 방안도 실현될 수 있다.

물류 로봇화로 전환, 스마트하게 관리하기

그렇다면 물류 회사는 무엇을 할 것인가? 우선 새로운 비즈니스 모델을 정의해야 한다. 로봇화와 관련된 혜택은 비즈니스 모델과 물류의 가치 사슬에 영향을 줄 만큼 중요하다. 하지만 특정 업체들이 비밀 수준을 달리하며 시험 프로젝트를 실시하고 있지만 이에 대한 인식은 아직 제한적이다.

일정 규모 이상의 기업들에 유리했던 이전의 산업혁명과 달리 협업 로봇은 소규모 기업들도 이용할 수 있다. 실제 소규모 물류 사업자들은 협업 로봇을 통해 경쟁력을 더 높일 수 있다. 이를 위해, 로봇 총괄책임자, 로봇 트레이너, 원격 플랫폼 관리자와 같은 새로운 직업이 등장해 로봇 기술을 지원하는 전체 생태계를 형성할 것이다. 기술 확산 속도에 따라 생산성 향상 수준도 결정되고, 그에 따라 고객은 최종 가격 하락의 혜택을 누리게 된다. 이는 물류 산업의 전통적인 규칙을 깨는 업체의 등장으로 이어질 것이다.

미국의 콰이어트 로지스틱스(Quiet Logistics)는 2012년에 아마존에 인수되어 일찌감치 수년간 생산을 진행 중인 키바 시스템즈(Kiva Systems) 기술에 접근할 수 있는 몇 안 되는, 혹은 유일한 기업이다. 콰이어트 로지스틱스는 경쟁이 고조된 시장에서 놀라운 성과를 거두었다. 2009년 이후 매출이 매년 2배 이상 성장하고 있다. 이 회사는 가격 전쟁에 참여하기보다는 솔루션의 유연성에 집중했다. 하지만 키

바 시스템즈의 복제품이 더 많이 나올수록 업계에 문제아가 출현할 수도 있다.

게다가 로봇화가 사회적 리스크를 최소화하거나 심지어 무효로 할 수도 있음을 고려하면 물류 전체 또는 부분적인 재내부화를 위한 촉매제 역할을 할 수도 있다. 이것은 특히 프랑스의 르클레르(Leclerc)와 같이 대규모 물량을 처리하는 기업에 해당한다. 르클레르는 현재 네 개의 완전 기계식 창고를 운영하고 있다.

대부분 주요 물류업체는 이 문제에 주의를 기울인다. 가시성을 높이려는 브랜드가 늘어나면서 모니터링, 자동 지게 트럭, 감시 로봇, 재고 드론과 같은 계획이 늘고 있다. 로봇화는 지속적인 개선 수단으로 인식되고 있긴 하지만, 아직은 새로운 서비스 시대를 예고하는 파괴적인 기술로 보이지는 않는다. 하지만 거시적 경제 관점에서 일자리 상실을 만회하고, 물류 회사들이 경쟁력을 유지하려면 그렇게 바라볼 필요가 있다.

규제의 정도를 책임지는 정부의 역할은 무엇인가? 가장 중요한 것은 확실한 일자리의 만회를 위한 신중한 전환 관리다. 2014년 프랑스 물류 협의회에 참가한 업체의 3분의 2가 프랑스 물류 부문의 경쟁력 발전에 있어 가장 큰 장애 요인이 자국의 복잡한 규제라고 했다. 그렇지만 특히 사회 규제의 복잡성 증가는 로봇화의 빠른 확산에 기여한다. 물류직 근로자들을 보호하려는 노력이 오히려 그들의 일자리를 빼앗는 형국이다.

로봇화의 방법 및 속도 관리에 대한 결정은 조속히 이뤄져야 한다. 속도가 너무 빠르면 로봇화 전환은 사회적으로 재앙이 될 것이고, 너무 느리면 중장기 투자 여력이 있는 대형 업체들만 그 기술을 누리게 될 것이다. 이는 전체적으로 로봇 생태계와 관련된 잠재적 가치와 고용 창출을 억제한다. 새로운 로봇 관련 직업에 대한 연구, 훈련 지원, 재정 확보 역시 중요하며, 이 부분은 지금 당장 조속히 시행되어야 한다. 그렇지 않으면 한국, 일본, 중국산 로봇이 유럽 전체를 장악하게 되어 유럽의 일자리 상쇄는 다른 데서 알아봐야 할 것이다.

THE FOURTH

INDUSTRIAL

REVOLUTION

2 부

4차 산업혁명의 현장

"모든 혁명처럼, 4차 산업혁명 역시 부의 재분배를 가져올 것이다."

– 톰 콤스탁(Tom Comstock, 에디슨에너지 최고마케팅책임자)

01
4차 산업혁명과
스마트 공장

▶▶▶▶▶

아마존과 지멘스와 포드가 힘을 뭉칠 때

비로소 새로운 산업 지도가 만들어진다.

▶▶▶▶▶

디지털화에 자동차 제조업의 생존이 달려 있다

점점 많은 자동차가 구매자에게 새로운 디지털 세상을 선사한다. 커넥티드 차량(Connected Vehicle), 자율주행차, 우버 등으로 촉발될 새로운 비즈니스 모델들에 대한 논쟁도 뜨겁다. 그런데 차세대 디지털 혁명은 소비자가 아닌 생산자 측면에서 훨씬 더 많이 일어날 것이다. 제조 프로세스의 디지털화는 효율성과 비용 절감 측면에서 엄청난 효과를 불러일으킨다. 미국 자동차 산업은 이 디지털화를 통해 세 가지 시급한 난제들의 상당 부분을 해결할 수 있다.

첫 번째 난제는 파생상품, 틈새상품, 옵션상품이 계속 늘어난다는 점이다. 플랫폼 숫자 자체는 2015년 500개에서 2020년 460개로 줄어드는데, 그 플랫폼을 공유하는 빈도는 상당히 더 늘어난다. 미국의 자동차 시장조사 기관 IHS에 따르면 전체 경차 시장 역시 2015년 8,800만 대에서 2020년까지 약 1억만 대로 성장한다. 이에 따라 하나의 플랫폼과 이를 뒷받침하는 모든 표준 제조 프로세스는 전보다 더 많은 차량 모델과 옵션상품을 지원해야 한다. 시장 평균 한 대의 자동차 생산 주기는 북미 OEM 회사의 경우 2020년까지 5년 이하로 줄어들 것이다. 이에 대한 해답은 제조업이 더 빠르게 생산 라인을 전환하고 시장화 속도를 개선하여 대응하는 것이다.

두 번째 난제는 시장의 변동성이다. 사실 전체 자동차 시장의 성장 예측은 그리 어렵지 않지만, 모델별 구성품에 대한 수요나 새로운 틈새상품의 성공에 대해서는 그 어느 때보다 예측이 어려워지고 있다. 이런 환경에서 고정 자본 지출은 위험하다. 각 모델이 기대 시장에서 성공하지 못할 경우 제조 장비는 그 결과에 따라 곧바로 조정할 수 있어야 한다. 차량 형태와 옵션상품 사이의 수요 패턴이 변하고 있으므로, 해결책은 역시 유연하고 확실한 생산 프로세스를 구축하는 것이다.

세 번째 난제는 노동 집약적이고 값비싼 고정 생산이다. 미국 디트로이트 지역의 자동차 제조사들은 극심한 비용 압박에 시달리고 있다. 미시간 공장에서 생산되는 모든 차의 인건비 비중은 상당히 크다. 제품 생산성에 불리한 조건이다. 다른 OEM 회사들이 자회사의 근거지로 삼고 있는 미국의 다른 지역도 상황은 마찬가지다. 해답은 미국 내 공장들이 경쟁력을 꾸준히 향상시켜야 한다. 이때 수동적인 작업량 역시 그 비중을 줄여야 한다.

스마트 공장의 매력 포인트는 속도, 맞춤, 비용으로, 바로 이런 난제 해결에 초점을 맞추고 있다. 스마트 공장에서는 더 많은 파생상품, 더 적은 부품 고장(PPM), 더 빠른 시장화 속도, 그리고 가장 중요한 저비용 고품질 제품이 생산될 것이다. 이러한 야심 찬 목표는 4차 산업혁명으로 알려진 트렌드를 따름으로써 달성될 수 있다.

물리적 객체가 부드럽게 정보 네트워크 속에 통합되고 있다. 인터넷은 지능형 기계, 시스템 생산, 프로세스를 결합해 정교한 네트워크를 형성한다. 현실 세계는 거대한 정보 체계로 변한다. 예를 들어 가상 프로토타이핑과 테스팅, 3D 프린팅 등의 공급자 관리, 물류와 기타 분야의 엔지니어링 및 제품 개발이 시작되면서, 생산 공장의 가동 시간뿐만 아니라 가치 사슬 전반에서 생산성 향상을 기대할 수 있다. 이러한 변화를 통해 개선된 생산력으로 공장과 직원을 균형 있게 배치할 수 있다. 더구나 알맞은 가격으로 구입할 수 있는 제품의 다양성, 즉 '제품 하나의 비용 = 제품 천 개의 비용'까지 거의 현실화되고 있다.

이를 실현하기 위해서는 세 분야의 주요 기업이 뭉칠 필요가 있다. 먼저 통신사와 아마존 같은 인프라 공급자는 클라우드 컴퓨팅이나 빅데이터 스토리지 등의 구조와 서비스에 대해 지원해야 한다. 그리고 GE, 지멘스, ABB와 같은 기술 기업은 협업 로봇 또는 원격 유지보수 시스템을 제공할 필요가 있다. 마지막으로 포드와 GM 같은 글로벌 제조 기업은 소비자를 위한 혁신적인 제품을 생산함으로써 4차 산업혁명의 중심에 설 수 있다. 이 세 분야의 기업들에 의해 새로운 산업 지도가 만들어질 것이다. 이를 통해 개별 요구 사항에 부합하는 더 좋은 제품이 탄생한다.

스마트 공장의 가장 매력적인 점은 역시 괄목할 만한 생산성 향상을 기대할 수 있다는 점이다. 독일 프라운호퍼 제조 엔지니어링 자동화 연구소(IPA)는 그 이점에 대해 자세하게 분석했다.

IPA의 전문가들은 제조, 물류, 재고, 품질, 복잡성 관리 등의 항목에 대해 전반적으로 10~20%의 비용 절약이 가능하다고 밝혔다. 미국의 자동차 부문에서 이런 비용들이 대략 총 1,600억 달러에 달한다는 사실(미국 통계국)을 고려하면, 160억~320억 달러의 비용이 절감되는 것이다. 이는 누구에게나 해당할 수 있는 이야기다. 더구나 이 수치에는 아직 수입재와 수입 부품에 대한 절약 효과도 반영되지 않았다. 내용을 더 자세히 살펴보면, IPA가 생산 기능별 절약 효과를 어떻게 추정하고 있는지 알 수 있다.

효율성 향상에 대한 전망

제조

스마트 공장은 디지털 이전의 수준과 비교했을 때 10~20% 정도 제조 비용이 절감될 것으로 보인다. 점차 증가하고 있는 첨단 로봇 및 기계가 이런 개선을 이끄는 하나의 요소가 될 것이다. 자가 변경(Self-Reconfiguring) 기계와 협업 로봇처럼 인간과 로봇의 협업 기술이 점차 주류를 이룬다. 다른 비용 절감 요소는 자율 최적화 시스템의 개발과 가상 공장 및 제품의 활용에 있다. 비용 절감을 이끄는 또 다른 동력은 직무 기능이 새로운 요구사항에 맞춰 조정되고 있는 인력의 유연성이다. 이런 부분들이 실현되면 운영 장비 효율성 증가, 기계 유휴 시간의 감소, 생산 준비 시간 단축, 전환 시간 단축, 프로세스 제어 루프 향상에 이르기까지 다양한 범위에 걸쳐 긍정적 효과가 나타날 것이다.

물류

일반적으로, 공급 사슬의 통합과 고도화된 자동 인프라 및 공장 물류를 통해 향후 몇 년 내 물류 효율성은 점차 지속적으로 향상된다. 이와 같은 전반적인 변화는 내부 물류 계획을 최적화할 수 있는 스마트 물류 창고와 수요 중심의 소재 및 상품 준비에 의해 추진될 것이다.   이러한 영역의 발전은 제조 물류비용을 10~20% 정도 감소시킬 것이다.

재고

미래의 스마트 공장은 제조업체들이 현재의 재고 수준과 미래에 필요한 재고 물량을 더 잘 파악하고 관리할 수 있게 해줄 것이다. 이 분야의 새로운 기술은 제조업체가 재고 비용을 점차 30~50% 감소해나갈 기회를 제공한다. 제조업체와 고객 간 인터페이스와 공급자 네트워크의 연결성을 개선하는 가상 물리 시스템 같은 솔루션은 제조업체가 안전 재고를 줄이고 채찍 효과(Bullwhip Effect, 수요 정보가 공급 사슬상의 참여 주체를 하나씩 거쳐 전달될 때마다 계속 왜곡되는 현상-옮긴이)를 관리할 수 있도록 해줄 것이다.

품질

스마트 공장은 제품 품질 수준과 관련 프로세스에 큰 영향을 미칠 것이다. 게다가 비용 절약의 10~20%가 품질 개선에서 나올 것으로 기대된다. 스마트 공장 기술은 점차 제조업체가 언제 어디서 품질상의 문제가 생기는지 모니터링하고, 심지어 예측까지 할 수 있도록 도울 것이다. 이 예측 품질 제어와 함께 실시간 품질 테스트 보급 증가와 강화는 제조 결함 및 다른 품질 관련 비용을 줄이는 데도 효과가 있다.

복잡성

새로운 기술은 제조상 복잡성과 관련된 비용 절감 효과를 일으킬 것이다. 스마트 로봇, 스마트 제품, 모듈 방식의 생산 등은 복잡한 생산 프로세스를 효율적으로 처리할 수 있게 해준다. 이런 방식으로 스마트 공장은 가능한 한 빠르게 생산 문제와 다른 제조상 복잡성 관련 문제를 해결할 것이다. 복잡성 해결을 통해 얻을 수 있는 잠재적 비용 절감 효과는 60~70% 사이로 추정된다.

유지보수

끝으로 유지보수는 이전 제조 시대와 비교할 때 효과성과 총비용 수준 양쪽 모두에서 엄청나게 개선될 것이다. 많은 기술이 공장을 최적의 가동 작동 상태로 유지하고 운영 업무를 능률화하여 결국 10~20% 사이의 유지보수 비용 절감 효과를 축적할 것이다. 이미 예지 정비, 예비 부품 재고의 최적화, 그리고 유지보수 업무의 역학적 우선순위 지정 등에 활발히 적용되고 있다. 생산 비용 절감 외에도 스마트 공장은 고객에게 상당한 혜택을 가져다주고 이로써 매출에도 긍정적인 영향을 미친다. 예를 들어, 제조업체들은 정확하게 고객이 온라인으로 자신의 차를 구성하고 설계한 요구사항들을 충족시키는 진짜 맞춤형 주문 제작 자동차를 제공하게 될지 모른다. 이미 지금도 가능한 이야기이긴 하지만, 아직 그 수요는 제한적이다.

스마트 공장 투자 전성시대

주요 글로벌 시장에서 지정된 이산화탄소 배출 목표는 하이브리드 자동차와 전기 자동차의 확산을 부추길 것이다. 이로 인해 전기 엔진과 같은 새로운 자동차 구동장치에 대한 상당한 투자와 자동차 비용의 상승이 불가피하다. 미래에는 얼리 어답터(Early Adaptor)가 심취한 몇 개의 기술 말고는 최종 소비자들이 그에 대한 지불을 꺼릴 것이다. 결국, 전기화 비용은 제조 회사와 공급자가 부담해야 한다. 스마트 공장을 통한 비용 절감은 이를 만회해줄 제때 찾아온 이상적인 기회다. 구동 장치의 완전한 재구성을 통해 새로운 제조 체제가 탄생할 것이다.

현재 미국 자동차 생산력은 거의 한계 상태다. 90% 활용률에 도달해 사상 최고치에 이르렀다. 반면 전 세계 자동차 시장은 계속해서

4차 산업혁명 생태계

사이버 보안
- ▲인터넷 기반 제조에 대한 보호 강화
- ▲수명 주기가 길어진 기술 제품

클라우드 컴퓨팅

센서
- ▲자료 디폴트/편차
- ▲반응성
- ▲추적 기능성
- ▲예측 기능성

작동 기공 (3D 프린터)
- ▲잔여물 제거
- ▲대량 맞춤 생산
- ▲래피드 프로토타이핑

공급자 클러스터

물류
- ▲완전히 통합된 공급망
- ▲서로 연결된 시스템
- ▲완벽한 조정

나노기술 및 신소재
- ▲부가가치가 높은 스마트 제품
- ▲기술 차별화
- ▲연결성

빅데이터

첨단 제조 시스템
- ▲가상 물리 시스템
- ▲숫자로 된 명령어
  - 완전 자동화
  - 안전히 서로 연결된 시스템
  - 사물 통신(M2M)

- ▲독창성에 의미 부여
- ▲창의성
- ▲협력적 제조

로봇
- ▲실시간 – 자율성 – 생산성
- ▲데이터 보고에 대한 완벽한 투명성

자율주행차
- ▲흐름 최적화
- ▲향상된 보안
- ▲저렴한 비용

미래 공장 클러스터

미래의 자원

- ▲동력
- ▲비전통적 자원
- ▲태양열
- ▲지력

대량 맞춤 생산
- ▲고객 및 마케팅 친밀도
- ▲유연성
- ▲고객의 요구와 생산의 완벽한 일치로 효율성 확대
- ▲주문형 제조

고객

사물인터넷
- ▲물건에 태그 지정
- ▲자동화 전개를 통한 개체 간 커뮤니케이션
- ▲실시간 데이터 포착
- ▲재고 최적화
- ▲폐기물 감소

- ▲깨끗하고 재생 가능한 에너지
- ▲에너지 저장소
- ▲대체 원자재

106

성장하며, 미국 OEM 회사들에 매출 기회를 제공한다. 이는 자동차 제조사들이 조만간 더 높은 생산력에 투자할 필요가 있다는 것을 의미한다. 많은 OEM 회사는 자동차를 포함한 내구재의 주기적 호황에 힘입어 현재 건전한 재무실적을 나타내고 있다. 미국의 자동차 판매는 2009년 이후 매년 8.6% 상승했다. 포드와 GM은 수년간 최고 수준의 수익성을 달성했고, 투자가 가능한 높은 현금 보유율을 자랑했다. 디트로이트의 포드, GM, 피아트크라이슬러, 이 3대 자동차 기업만 합쳐도 당장 현금과 단기 투자 형태로 총 700억 달러를 동원할 수 있다. 미국 회사채 시장은 2015년 대출 부분에서 1조 달러를 뛰어넘으며 사상 최고치를 기록했다. 미국 연방준비은행을 포함해 많은 중앙은행이 2008년 경제위기 이후로 거의 제로에 가까운 기준금리를 유지하고 있다. 적극적인 대출 기관들과 저금리의 결합은 스마트 공장을 위한 자본 투자를 훨씬 더 구미 당기게 만든다.

02
스마트 공장을 위한
최적의 나라 미국

▶▶▶▶▶

과연 미국은 저비용 국가와의 경쟁에서 이길 수 있을까.

미국은 스마트 공장 설립에 필요한 모든 것을 갖춘 나라다.

▶▶▶▶▶

스마트 공장 생태계

미국은 스마트 공장 설립에 강력한 경쟁적 우위를 유지하고 있다. 가장 명백한 강점은 기존 기술 클러스터다. 미국은 10대 정보기술 기업 중 인텔, 마이크로소프트, 구글을 포함한 여덟 개 기업의 본고장이다. 미국에는 샌프란시스코, 시애틀, 보스턴을 포함한 소수의 기술 클러스터도 있다. 이곳들을 통해 스마트 공장 생태계에 있는 모든 기업이 우수한 인재 풀을 형성한다. 스탠퍼드, MIT, 카네기 멜론과 같은 세계적인 교육 기관이 현재 이 기술 클러스터를 지원한다.

벤처 캐피털은 연구 보조금과 기업 자금 조달 이외에도 실험과 탐구 기회를 제공한다. 스타트업과 기존 기업의 R&D 리스크를 분담하는 현재의 벤처 캐피털 산업은 미국 시장의 주요 특징이다. 2014년 미국 벤처 캐피털 산업은 500억 달러 이상의 자본을 투입했다. 이는 유럽과 중국과 인도를 합친 금액보다 큰 규모다. 미국에서 제공된 벤처 캐피털 자금 중 240억 달러는 실리콘밸리에, 50억 달러는 뉴욕에 투자됐다. 더욱이, 소프트웨어는 그 확장성과 강력한 잠재적 이익으로 인해 벤처 캐피털 투자자들의 투자 대상 1순위 산업으로 꼽혔다. 비즈니스 중심형 소프트웨어는 미국 투자의 42%를 받았다.

이는 스마트 공장과 미국 경쟁력 사이의 높은 상관성을 시사한다. 제조 장비와 인터넷을 연결하고 공급 사슬을 통합할 수 있는 소프트웨어가 투자 대상에서 빠진다면 미국의 경쟁력 저하와 직결될 수밖에 없다. 소프트웨어는 확실한 플랫폼이 등장하기 전까지는 초기 실패 가능성이 있는 실험들을 통해 발전할 공산이 크다. 미국의 강력한 벤처 캐피털의 존재는, 특히 그것이 교육 인프라 및 IT 혁신 기업과 결합하였을 때는 다른 국가들이 따라 하기 어려운 독특한 인프라와 역량을 제공한다.

스마트 공장의 필수 기반은 탄탄한 IT다. 왜냐하면, 생산 프로세스를 초기에 디지털화하고 유지하기 위해서는 IT 역량이 절대적이기 때문이다. 인터넷으로 생태계와 제조 기계 사이를 연결하고, 소프트웨어를 통해 공급 사슬을 조정하는 일 등에 산업 기계 제조업체와 IT 공급자의 협력과 조정을 요구할 것이다. 어떤 부분이 혁신을 이끄는 추진동력이 될지는 아직 모른다. 하지만 IT가 선도적인 혁신을 제공한다는 사실은 분명하다. 그 어떤 다른 산업의 기업들보다 소프트웨어 기업의 비즈니스 혁신 및 재정의의 사례가 더 많다. 애플이 핸드폰 시장을 재정의하고 구글이 광고를 재정의한 방법을 생각해보라.

그렇지만 과거에 그랬다고 해서 미래에도 꼭 그럴 거란 법은 없다. 많은 산업 기업이 소프트웨어와 인터넷 회사의 비즈니스 모델 혁신을 지켜보면서 스마트 공장으로의 전환을 통해 시장을 선도해나가기로 했다. GE는 소프트웨어가 혁신을 이끌게 될 것을 깨닫고 기업 인수와 지능형 광고 캠페인을 통해 소프트웨어 역량에 활발히 투자한다. 소프트웨어 지식이 상용화되면서 현재 기업들의 핵심 역량이었던 생산 시스템과 프로세스 지식은 핵심 차별화 요소가 될 것이다.

일단 생산이 전체적으로 디지털화되어도 투자를 유지해야 할 강력한 IT 인프라는 여전히 필요하다. 기계의 기능성과 원활한 운영 유지를 위해 제조 시설 내에 네트워크 연결성을 감독할 새로운 고급 사무직 인력도 필요하다. 그러므로 제조업체들은 기존의 기술 생태계 가까이에 뿌리를 내리며 기술 파트너들과 협업하는 것이 중요하다. 협업은 이미 제조 회사와 IT 공급자 사이에서 진행되고 있으며, 이러한 기술 클러스터들의 장점은 자동차 산업으로 점차 확장되고 있다.

자동차 분야의 스마트 공장 전략 추구 방식은 많다. 하지만 분명한 점은, 기술 클러스터의 지식을 활용하고 협업 파트너십을 맺는 것이 핵심이고, 미국이 그런 환경을 갖춘 최적의 나라라는 사실이다.

현대적 인프라와 근접성

확실한 인프라, 공급자와 OEM 위치의 초근접성은 스마트 공장 생태계에 결정적 요소다. 로트 사이즈(Lot-size, 1회에 생산되는 특정 수의 제품 단위 크기-옮긴이)에 따른 주문 제작과 결합하면 공급자 부품은 생산 후 적시에 딱 맞춰 조립되도록 OEM 공장으로 보내진다. 자동차 산업에는 새삼스러울 일이 아니지만, 이러한 부품들은 스마트 공장의 혜택을 촉발하는 데 중요한 역할을 한다. 재고가 최소한으로 유지되려면, 생산 위치 사이의 교통이 짧고, 시간이 정확해야 한다. 그렇게 되면 공급자와 OEM 로봇과 공급 사슬 소프트웨어가 가상으로 연결되고 그에 따라 거대한 가상 공장이 출현한다.

인프라 품질은 기업들이 관리할 수 없는 국가별 특유의 위험 요소다. 하지만 물류 위험은 공급자와 OEM 사이의 근접성과 충분히 잘 개발된 도로망을 통해 어느 정도 완화될 수 있다. 본질적으로 스마트 공장은 제조 클러스터의 가치를 높인다. 미국에는 독특한 자동차 클러스터 조합, 확실한 교통 인프라, 인터넷 통합이 있다.

미국은 자동차 제조와 공급 사슬의 통합에 있어 굉장히 오래된 역사를 가지고 있다. 이는 1920년대의 헨리 포드의 수직 통합된 루지강 공장으로 거슬러 올라간다. 미국 자동차 생산의 100년 유산은 고도로 전문화되고 강력한 공급사슬의 발자취를 가진 지역에 자동차 클러스터를 확립시켰다. 미국 자동차 클러스터는 디트로이트에서 앨라배마로 뻗어 나가 사우스캐롤라이나에서 미시시피에 이르는 남쪽으로 확장하고 있다. 이곳의 OEM 회사들은 자원을 쉽게 공유할 수 있다.

간판방식 등 도요타로부터 촉발된 생산 방식의 도입은 자동차 분야의 공급 사슬 통합의 필요성을 강하게 불러일으켰다. 노동 자본은 낮추고 생산 품질 개선에는 성공한 도요타는 경쟁 OEM 회사들을 자극해 비슷한 제조 정책과 기술을 재빨리 채택하게 했다. BMW는 연속 생산을 미국으로 옮기면서 공급자들의 제조 역량도 끌어와 전체 공급 사슬을 지원해야 한다고 주장했다. 이러한 일련의 지속적인 생산 증가와 공급자 통합 상황은 공급자 사슬 통합에 대비한 환경을 구축했고, 그에 따라 제조 디지털화의 혜택을 맞이할 수 있는 장이 마련된 것이다.

이러한 자동차 클러스터를 함께 모아둔 것이 현재 미국의 물리적 인프라와 디지털 인프라다. 인프라가 단순히 위생 요인(Hygiene Factor)으로 보일 수도 있겠지만, 스마트 공장을 운영하기 위해서는 정확한 타이밍과 그에 따른 뛰어난 인프라 네트워크가 필요하다. 이런 측면에서, 미국은 확실히 적합한 나라다. 마세라티와 BMW의 사례를 확인해보자.

마세라티는 지멘스와 한 팀으로 2013년 마세라티 기블리(Ghibli)를 출시했다. 이들은 시뮬레이션과 트래킹 솔루션을 이용해 생산과 디자인을 단순화했다. 복잡한 생산 프로세스가 소프트웨어를 이용해 계획되고 모니터링 및 최적화되었다. 마세라티는 또한 생산 라인에 유연성 높은 자동화 소프트웨어를 도입하여 실제 생산 라인 설치 전 생산 프로세스를 시뮬레이션했다. 끝으로 마세라티는 설계 단계에 NX 소프트웨어를 적용해 디지털화하고 전 과정에 걸친 커뮤니케이션 속도를 향상했다.

또 사우스캐롤라이나에 있는 BMW 스파턴버그(Spartanburg) 공장은 다른 유형의 스마트 공장을 추구한다. 생산 라인의 생산성과 생산품의 품질을 향상하기 위해 인체공학적 로봇의 이점에 처음 주목했다. BMW는 2013년 덴마크 기업 유니버설 로봇(Universal Robots)이 만든 로봇을 설치해 협업 로봇 시범 프로그램을 시작했다. "로봇은 부상 위험 감소와 더불어, 프로세스 안정화에 더 많은 기여를 하며 더 좋은 품질을 보증한다"고 BMW 그룹 하랄드 크루거(Harald Kruger) 회장은 말한다. 품질은 소비자 만족뿐 아니라 기능상 안전에도 중요하다. 항공우주 산업과 비슷하게 자동차 산업은 첨단 운전자 보조와 자율 운전을 향해 나아가고 있다.

미국은 대륙횡단 고속도로와 철도망과 함께 그 지역에 대규모 선적항을 운영하고 있다. 더욱이, 미국 IT 인프라는 미국 대다수 지역에 서비스를 제공하고도 남을 무선 데이터를 전국 어디에서나 이용할 수 있을 정도다. 「세계 경제 포럼 2014~2015 글로벌 경쟁력」 보고서에 따르면 이러한 집약적 요소들로 인해 미국의 인프라 역량은 자국 경쟁력 부문 1위, 전 세계 상위 10% 안에 들었다.

숙련된 노동력

스마트 공장은 조립 라인에 있는 로봇으로부터 정보를 수집하고 저장할 것이다. 따라서 로봇들은 소프트웨어 패치를 통해 업그레이드될 뿐만 아니라 실제로 잘 유지될 필요가 있다. 이를 위해서는 생산 요건과 일일 정비 요구사항에 맞게 공장을 조정할 수 있는 협업 가능한 기계공학 엔지니어와 소프트웨어 엔지니어가 모두 필요하다. 제조 공장의 각 구역은 작업 계획, 물리적 생산, 모니터링과 유지보수에 따라 변형될 것이다. 이는 각 영역에서 변경된 요구사항을 충족시킬 수 있는 숙련된 근로자들에 대한 수요로 이어진다.

스마트 공장에서 작업 계획은 실제 실행 전에 가상 환경에서 먼저 설계된다. 여기에는 운영, 기계공학, 소프트웨어 설계에 적합한 자격을 갖춘 공장 관리자가 필요하다. 이러한 전문가들은 협업을 통해 첨단 알고리즘을 분석하고, 머신 러닝(Machine Learning)을 통해 제조 공장을 가상으로 설계하고 최적화해야 한다.

다음으로 공장이 가동되면, 공장 근로자들의 역할 역시 진화할 것이다. 오늘날의 생산직 근로자가 조립 라인에서 작업 구역 한 곳만 맡아 일을 했다면, 미래에는 얘기가 달라진다. 기계와 일을 하던 근로자들은 스마트 공장에서는 로봇을 모니터링하고 정비함과 동시에 다양한 작업 장소와 조립 단계를 관리 감독하는 역할로 변할 것이다. 때문에 더 폭넓은 기술 능력과 다양한 상황에 신속히 대응할 수 있는 능력이 요구된다.

스마트 공장에서의 기계 및 로봇 모니터링과 정비 역시 변모할 것이다. 현재는 장비가 실시간 모니터링되고 예지 정비 일정대로 정비되는 일이 드물다. 스마트 공장 환경에서는 원격 모니터링과 빅데이터 분석을 이용해 현재의 단순한 예방 정비 일정을 예지 정비로 바꾸어 놓을 것이다. 정기적 기계 수리 수준을 뛰어넘어, 고장이 나거나 정지 사고가 발생하기 전에 미리 수리되어야 할 시점까지 정확히 예측할 수 있을 것이다.

또한, 스마트 공장에서는 과학(Science), 기술(Technology), 엔지니어링(Engineering), 수학(Mathematics), 즉 STEM 분야의 전문 인력이 많이 필요하다. 미국은 이러한 수요를 충족시킬 수 있는 최고의 노동력을 보유한 나라다. 미국에는 STEM 분야의 학위를 수여하는 3,200여 개 이상의 대학 기관이 있다. 이 대학들은 매년 57만 명 이상의 졸업생을 배출한다.

스마트 공장의 실행을 모색하고 있는 자동차 OEM 또는 공급업체들에 미국은 그 수요를 충분히 충족시킬 수 있는 우수 인재를 보유한 나라인 셈이다. 신흥 시장과 비교하면 특히 그렇다. 스마트 공장에 투자하는 기업이라면, 앞으로 더 거세질 우수 인력 전쟁에 대비하여 인적 자원을 미리 잘 계획하고 이에 투자해야 한다.

정부 지원

스마트 공장 투자에 있어 미국은 매력적인 나라다. 미연방 정부 및 지방 정부 모두 이러한 기술과 미래 제조업 기반을 구축하는 투자 장려책을 쏟아내고 있다. 미국 정부의 첨단기술자동차제조(ATVM) 융자 프로그램은 자동차 및 자동차 부품 제조 회사들에 필요한 자금을 대출해준다. 이 프로그램은 첨단 기술 자동차 혹은 고품질 부품 생산을 도모하기 위해 미국 내 장비 재배치 및 확장, 그리고 제조시설 설립 비용과 그와 관련한 엔지니어링 통합 비용을 지원한다. 총기금은 250억 달러 규모이며, 대상 기업은 5000만 달러에서 59억 달러 범위에서 저금리로 대출받을 수 있다.

예를 들어, 포드는 일리노이, 켄터키, 미시간, 미주리, 뉴욕, 오하이오 지역의 공장을 업그레이드하기 위해 최대치인 59억 달러를 융자받았다. 그 자금으로 포드는 최첨단 조립 및 제조 공장을 구축하여 유연성을 강화하고 멀티 플랫폼의 연비 효율이 좋은 첨단 자동차를 생산할 수 있었다. 닛산은 14억 달러 규모의 융자를 받아 테네시주 스머나(Smyrna) 공장의 생산 시설을 재정비하고 미국 최대 규모의 첨단 배터리 제조 공장 중 하나를 건설했다. 그 공장은 연간 20만 개의 첨단 기술 배터리를 생산해낼 수 있다.

지방 정부 차원에서 보면 일자리와 혁신을 가져올 제조업체들에 세금 우대 조치를 제공하는 정부 후원형 경제 개발 단체들이 많은 주에 분포해 있다. 예를 들어, 미시간 경제성장위원회(MEGA)는 경제 성장과 일자리 창출을 촉진하고 미시간주의 재개발 지역을 재건할 수 있는 광범위한 권한을 가지고 있다. 이 위원회는 첨단 기술의 세금공제와 다른 우대 정책들을 승인하고 재가할 수 있다. 미시간 경제성장위원회는 1995년 설립 이래 경제 성장과 개발에 박차를 가하기 위해 세금공제에 120억 달러 이상을 지원했다. GM과 포드, 그리고 피아트크라이슬러 모두 합쳐 45억 달러의 세금공제를 받았다. 그들이 미시간주에서 2032년까지 8만 6천 개 이상의 일자리를 유지하고 조립 공장과 다른 시설들을 업그레이드하는 데 55억 달러를 사용할 것으로 기대하기 때문이다.

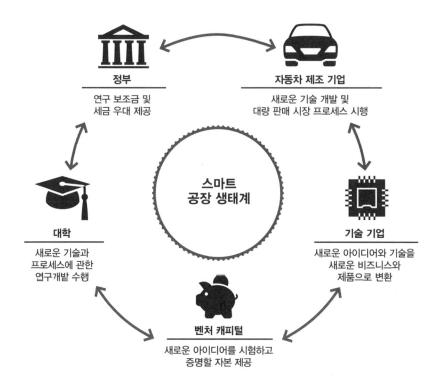

정부
연구 보조금 및
세금 우대 제공

자동차 제조 기업
새로운 기술 개발 및
대량 판매 시장 프로세스 시행

대학
새로운 기술과
프로세스에 관한
연구개발 수행

스마트
공장 생태계

기술 기업
새로운 아이디어와 기술을
새로운 비즈니스와
제품으로 변환

벤처 캐피털
새로운 아이디어를 시험하고
증명할 자본 제공

더 남쪽에 있는 조지아주의 경제 개발부처는 자동차 회사의 생산성 강화, 화물 운송 간소화, 경쟁우위 확보를 위해 다년간의 산업 모범 사례, 숙련된 노동력, 강력한 세금 우대정책, 그리고 우수한 화물 운송망 구축 등의 조치를 취해왔다. 광범위한 세금 혜택이 무엇인지 강조하기 위해 사우스캐롤라이나 주 정부는 조지아에 있는 그들의 동료들에게 유사한 서비스 패키지를 제공할 뿐만 아니라, 법인세를 낮추고 세금공제도 대폭 실시한다. 그 결과 여러 기업들이 낮은 비용으로 운영할 수 있는 경쟁력 있는 비즈니스 환경이 만들어졌다. 더 구체적으로 말하면, 고용 감세, 본사 법인세 공제, 투자세액공제, 고용 창출 공제, 그리고 재산세 경감 등의 우대 정책이 마련되었다.

미국 국세청(IRS)은 연구개발 세액공제 법률을 2014년 6월 개정해 기업들이 현행 및 개정된 법률에 따라 세금 신고 시에 연구개발 세액공제를 요청할 수 있도록 했다. 이를 통해 기업들은 간소한 절차만 밟으면 새로운 기술에 대한 순수 투자 비용을 절감할 수 있게 됐다.

연방 정부 및 주 정부의 계획과 장려책으로 자동차 OEM 업체와 공급업체는 디지털 제조 역량에 투자하는 것에 매력을 느낀다. 일례로, 자동차 부품 공급업체는 미국 첨단기술 자동차 제조 융자 프로그램에 저금리 대출을 신청해 기존 시설을 가상 물리 시스템, 스마트 로봇, 연결성 및 빅데이터 분석으로 업그레이드할 수 있었다. 그 후 국세청에 신청해 투자비용을 더 줄이고 연구개발과 일자리 창출 분야에서 국가 차원의 세금공제도 받을 수 있었다.

새로운 '메이드 인 USA'

산업 디지털화는 혁명적 방식보다 진화적 방식으로 발전할 가능성이 더 크다. 지금까지 우리는 대개 쇼케이스 사례를 수행한 기업들을 보아왔다. 개발 가능한 스마트 공장은 아마 초기에 개발될 것이고, 2020년까지 기존 공장에 대한 종합적인 시범 솔루션이 기대된다. 표준 솔루션들의 광범위한 적용을 통해 대부분의 기계를 차츰 대체하는 것은 2025년 즈음에 일어날 공산이 크다. 4차 산업혁명과 스마트 공장으로의 완전한 전환은 대략 2030년으로 전망된다.

이와 같은 전망은 전 산업에 침투하는 스마트 공장에 초점을 맞춘 관점인데, 결국 자동차 산업이 그 선두주자가 될 것은 분명하다. 특히 자동차 물류 애플리케이션이 신속하게 구현될 가능성이 크다. 사율 최적화 시스템과 자가 변경 기계는 5년에서 10년 사이의 길지 않은 시간 내에 완전히 구현될 것으로 보인다. 끝으로, 셀프러닝(Self-learning) 로봇과 가상 프로세스 최적화는 오랜 기간에 걸쳐 천천히 일어날 가능성이 크다.

물론 이러한 성공은 갑자기 일어나지는 않는다. 적극적인 행동으로 제조업의 디지털화를 시작해야 한다. 자동차 회사들은 자신들의 스마트 공장 생태계를 개발하고 발전시켜야 한다. 이를 통해 많은, 아마도 전 분야에 걸쳐 그 기능이 변할 것이다. 스마트 공장으로 가는 길은 일반적으로 3단계 접근법으로 통한다.

① 이용 가능한 노하우 확인

자동차 회사들, 특히 대규모 OEM 회사와 중대형 공급업체는 자사의 경쟁력과 사업 기능 및 부서 전반에 흩어져 있는 인재들을 살펴보고 스마트 공장 전문가 그룹과 태스크포스(TF) 부서에 통합시켜야 한다. 탄탄한 인적 네트워크는 결코 없어서는 안 될 필수 요소다. 스마트 공장 장비 공급업체에서 IT 기업과 독립적인 싱크탱크는 외부 파트너들로 활용한다. 간단히 말해, 스마트 공장 팀은 가장 적합한 인재로 구성되고 그들에 의해 운영되어야 한다.

② 기업 역량 파악

스마트 공장 팀은 회사의 4차 산업혁명 비전과 전략을 형성하고 수익을 계산하고 우선순위를 정하는 데 기여한다. 해당 팀은 스마트 공장 역량과 기업 내 활용과 더불어 가치 사슬의 상류와 하류에 관한 상황 분석을 시작한다. 스마트 공장은 대부분 생산과 공급 사슬 관리에 영향을 미칠 것이다. 그 말은 조달, 엔지니어링, 판매 및 일반 관리 프로세스 모두에서 영향을 받게 될 것이란 의미다.

③ 계획 수립

끝으로, 실행 로드맵이 나올 수 있다. 이는 부가가치와 시장화 속도에 따라 달라지는 애플리케이션을 기준으로 하는데, 많은 분야에서 순차적으로 활용될 것이다. 활성화 계획은 가치 사슬에 따라 조직 전반에 걸쳐 수립되어야 한다.

디지털 변화의 가장 중요한 교훈은 통제력 상실에 대비한 계획의 필요성이다. 그러나 미국 자동차 산업은 국가에서 제공되는 독특한 자원과 역량을 활용하여 경쟁에서 앞서 나갈 기회를 얻게 될 것이다. 미국은 스마트 공장 기반의 더 강력해진 국내 생산으로 미국 및 글로벌 시장의 미래 수요를 고품질, 저비용, 저위험 요소로 충족시키며 '메이드 인 USA'로 다시 한 번 실제 경쟁 우위에 설 수 있을 것이다.

"지금이 스마트 공장을 활용할 적기다.
미국은 자동차 제조의 미래가 될 수 있는 모든 것을 다 하고 있다."
– 슈테판 키이스(Stephan Keese, 롤랜드버거 시카고 선임 파트너)

03
자율주행차가 만드는
새로운 생태계

▶▶▶▶▶

진화를 통해 적응하지 못하는 기업은 도태된다.

반드시 차세대 주자 중 하나가 되어야 한다.

▶▶▶▶▶

자동차 산업을 이끌어 갈 세 가지 지배적인 트렌드

완전 자율주행차를 준비하는 세계의 움직임이 분주하다. 미국 고속도로교통안전국(NHTSA)은 최근 컴퓨터를 새로운 자동차 운전자로 인정했다. 1세기가 흐른 뒤에는 인간의 운전은 완전히 기계로 대체되어 도로상에서 사람을 대신해 운전하는 기계를 보게 될지도 모른다. 이미 자동차 업계는 자동차에 대한 소비자의 태도가 근본적인 변화에 직면해 있다는 데 모두 동의한다.

하지만, 지금은 정확히 누가 어떤 제품과 서비스를 팔아서 돈을 벌게 될지 아무도 모른다. 명확한 답보다는 질문이 더 많은 것이 사실이다. 어쨌건 산업을 이끌어 갈 세 가지 지배적인 트렌드는 이미 나와 있다. 대체 추진 시스템과 무인 커넥티드 차량과 공유 경제가 각각의 수익원을 보장하는 새로운 비즈니스 모델을 탄생시킬 것으로 모두 예상한다.

2016년 1월 마크 필즈(Mark Fields) 포드 CEO는 이 운송사업 부문 규모를 연 매출 5조 4000억 달러로 평가했다. 이는 전통 자동차 시장을 넘어서는 규모다. 이 수요를 진작시키는 정확한 방법과 그 미래가 가져올 결과는 뜨거운 화두다. 기업 경영자나 임원들은 아직도 이에 대한 합의점을 찾지 못하고 있다.

배터리로 움직이는 전지식 전기 자동차나 수소 연료전지 자동차 혹은 그 두 종류의 자동차 모두 장기적으로 운송 사업에 큰 영향을 미치는 기술이 될 것이다. 그에 따라, OEM 회사와 공급업체는 위험에 대비하기 위해 그들의 한정된 자원을 위 세 분야에 지속적으로 투자해야 한다.

앞으로 전지식 전기 자동차는 에너지 수요의 절정과 최저점 사이에서 균형을 이루는 수많은 분산된 소형 발전소 역할까지 해낼 것이다. 소비자들은 운행 중에 이산화탄소를 전혀 배출하지 않는 '제로 에미션(Zero Emission)' 자동차를 타고 이동할 수 있다. 그리고 자동차들은 주차 시 전력망에 연결되어 재생 에너지원으로부터 여분의 전기를 충전하고 필요하면 전력망으로 남은 전기를 다시 되돌려 보낼 것이다.

이러한 구조적 변화를 현실화하기 위해서 자동차 생태계가 맞고 있는 변화를 정량화해볼 필요가 있다. 전 세계 주행거리, 고객 선호도, 특정 조건을 전제로 한 기술 이용 가능성 등 일부 가치를 글로벌 자동차 생태계 매출 흐름 및 수익 총액 모델에 대입시켜 수요의 이동 지점 예측과 다른 시나리오상의 수요 정도를 계산해볼 수 있다.

이 특정 관점의 접근은 실질적으로 시장 상황을 정량화하기 위한 이전의 시도와는 다르다. 현재까지는 유독 자동차 판매 수량에만 관심이 집중되어 있었다.

자동차 업계의 보물 지도 만들기

오늘날 자동차 사용은 주로 개인 소유 중심이었다. 하지만 이제 그럴 이유가 사라질지도 모른다. 자율주행이 가능한 무인택시, 전기 로보캡(Robocab) 사업자가 2030년까지 전 세계 자동차 모빌리티 시장의 3분의 1 이상을 장악할 거라는 시나리오도 있다. 아직 먼 이야기처럼 들릴지 모르겠지만, 자동차 산업의 일반적 기간을 고려해보면 두 제품의 수명 주기에도 못 미치는 시간이다. 기술이 이용 가능해지는 즉시 고객 수요는 매우 차별화되고, 서비스 제공자가 다양한 모빌리티 요구에 맞는 다양한 범위의 맞춤형 서비스를 제공하는 곳에서 새로운 시장은 탄생할 것이다. 시뮬레이션 결과에 따르면, 개인 소유의 자동차 수요는 2030년에 거의 30% 하락한다. 기존의 차량 공유와 개인 대 개인(P2P)으로 이동 수단을 연결해주는 서비스 수요는 2025년까지 증가하다, 그 이후에는 자율주행 로보캡으로 대체될 것이다.

로보캡은 콜택시와 같은 '라이드 헤일링(Ride-Hailing)' 서비스와 최근 높은 인기를 구가 중인 '카 셰어링(Car-sharing)' 서비스 시장을 완전히 사라지게 만들 수도 있다. 일부 자동차 렌트 수요는 남겠지만, 대부분 더 큰 모빌리티 서비스 패키지 형태가 될 가능성이 높다. 그 결과로써 많은 지역에서 자동차 2대를 소유하는 가구 역시 사라지게 될 것이다. 생태계 내에서 일어나는 그 변화는 매출 및 수익 흐름을 보면 명확해진다. OEM과 OES(Original Equipment Supplier, 생산자 상표 부착 생산-옮긴이) 업체의 전체 매출 비중은 줄어들 것이다. 소매점, A/S, 금융 서비스도 상황은 마찬가지다.

이들 전통적 영역의 수익 전망은 한층 더 암울하다. 그런 시나리오로 볼 때 2030년 무렵이면 OEM 업체는 16%, OES 업체는 17% 정도 수익이 하락한다. 많은 근거 자료가 해당 업체들에 과감한 재포지셔닝의 필요성을 강조한다. 시장 참여자들은 가장 유망한 분야로 판단되는 비즈니스에 과감히 자본 재할당을 고려해야 한다. 대중 시장에서 자동차 제조 회사들은 대량 판매를 통해 낮은 이윤의 자동차 판매를 상쇄하려고 하지만 그때가 가장 큰 도전에 직면하게 되는 순간이다.

시작은 쉽지 않다

당연히 행동하는 것보다는 듣는 게 더 쉽다. 사실 자동차 산업은 지난 100년 동안 파괴적인 변화를 겪은 적이 없다. 지금은 특히 제조업 측면의 과잉 생산능력과 계속 증가하는 비용 문제 등 오랫동안 지속된 구조적인 문제와 씨름하고 있다. 다른 산업에 비해 자동차 회사들의 마진이 상대적으로 작아 보인다는 것은 잘 알려진 사실이다. 특히 주요 자동차 회사들이 자본 비용 회복에 실패한 것으로 드러났다. 2014년 자동차 회사들이 달성한 투하자본수익률(ROIC, return on invested capital)은 약 8%에 불과한 반면, 다른 중공업 제조 회사들은 이보다 훨씬 좋은 수치를 보인다.

예를 들어 화학 회사는 13%, 의약품 제조 회사는 19%다. 자동차 회사의 비즈니스 마진 역시 다른 부문의 마진보다 뒤떨어진다. 이런 낮은 수익성은 장기적 기준에서 다른 유사 부문과 비교할 때 기본적으로 덜 매력적인 가치 평가를 받게 될 것이다. 대중 시장을 대상으로 하는 자동차 제조 기업은 기본적으로 자본 시장과 사모펀드 투자자가 흔히 쓰는 지표를 기준으로 할 때 낙제점이다. 평균적으로 그들의 기업 가치는 에비타(EBITDA), 즉 세금·감가상각·이자지급전 이익의 4배로 평가된다. 화학과 의약품 산업 부문의 가치는 그들의 에비타의 11배 혹은 13배에 가깝게 그 시장에 따라 제각기 평가된다. 다른 말로 하자면, OEM 회사들이 자금 조달 계획에서 추가로 자기자본을 높이려고 애쓴다면, 의약품 제조 회사만큼의 투자를 그 어디에서도 받지 못하게 될 것이다.

거센 파도가 기다린다

자동차 제조사들은 자금 여력이 충분하지 않다. 그래서 투자 우선순위 결정은 시장 생존 전략에 절대적으로 필요하다. 마치 수익 전망이 충분한 것처럼 보이는 현재의 경기 순환은 문제를 더 악화시키고 있다. 무엇보다 오랫동안 자동차 제조업체의 이상향이었던 중국의 경기 둔화는 그들에게 엄청난 영향을 미치고 있다. 일반적으로 자동차 제조 회사의 이익 대부분은 중국에서 발생했다. 자동차 제조 회사는 다음 제품의 주기를 뛰어넘는 근본적 질문에 해답이 될 수 있는 계획을 세우고 미래에 적합한 위치를 확보해야 한다.

지금으로부터 15년 후 누가 고객이 될 것인가? 그들은 무엇을 필요로 할 것인가? 자동차 산업은 긴 제품 수명 주기로 인해 급속히 변하는 소비자 선호에 일반적으로 느리게 적응해왔다. 디자이너가 처음 새 모델을 스케치하기 시작해서 마지막으로 시장에 출시되어 이전 모델을 대체하는 날까지 5년의 세월이 걸린다.

전통적으로 자동차 산업은 시장 진입 장벽이 높은 비즈니스로 분류됐다. 제조업은 자본 집약적이고 막대한 고정비용이 수반되었다. 그러면서도 이윤 폭은 한 자릿수로 낮았다. 고객 제품 배송은 광범위한 유통망 구축과 유지를 필요로 했다. 그 결과, 과거 수십 년간 급성장했던 대부분의 자동차 제조 회사는 재정상의 이유로 그에 부응하지 못했다. 그래서 때로 중앙 정부는 항공사를 직접 운영하는 것처럼 자동차 산업을 직접 보유하는 것이 전략적으로 낫다고 판단하기도 했다.

전기 자동차와 자율주행차의 도래는 이러한 장벽을 허물며, 전에는 집이나 사무실에서 정보 유통을 통해 이익을 추구했던 새로운 기업들이 이제는 자동차를 또 하나의 미개척 분야로 바라본다. 일단 겉으로 보기에 자동차 제조 회사들은 새로운 많은 프로젝트를 발표하면서 스스로 미래에 대한 채비를 단단히 하는 것처럼 보인다.

생태계에 적응하는 다섯 전형

산업의 거물로서 OEM 회사와 그들의 전문 공급업체는 모두 현재와는 매우 다른 역할을 하게 된다. 시뮬레이션을 통해 얻은 숫자 활용, 다양한 자동차 고객들과의 대화 참작, 그리고 다른 산업 발전과의 비교를 통해 다섯 개의 주요 전략적 전형에 관한 전망이 가능하다. 이는 미래의 자동차 산업의 특징이 될 수 있다.

떠오르는 그림은 통신과 가전제품 산업에서 이미 지켜본 것과 다르지 않다. 서비스 제공업자는 가치 사슬을 지배하고 기기 제조사들을 후방으로 물러나게 한다. 우리가 현재 알고 있는 OEM 회사의 대부분이 아마 단순한 기기 제조 회사가 될 것이다. 그들의 비즈니스 모델은 자동차 개발, 제조, 판매로 제한될 것이다. 그러나 미래에는 그들 전부가 우리가 현재 알고 있는 복잡한 자동차 소매 시스템을 유지하지 못할 것이다. 그들 중 대부분이 고객에게 직접 접근할 수 있는 모빌리티 서비스 제공자에게 제품을 팔거나 임대를 할 가능성이 높다.

이 시나리오는 브랜드 기기 제조 회사의 강력한 브랜드만이 모빌리티 서비스에서 좋은 위치를 점할 수 있을 것을 의미한다. 화이트라벨과 위탁 계약 제조 회사들은 다양한 요구와 고객층에 맞춰 상용 자동차를 제공할 것이다. 이러한 전형적인 사례들이 제공하는 모델 범위는 현재 포트폴리오와 비교하면 꽤 협소할 수 있다.

설계 사양은 모빌리티 서비스 제공자에 의해 정의된다. 어느 정도까지는 화이트 라벨 제조 회사의 비즈니스에도 혁신이 일어나겠지만, 혁신은 브랜드 기기 제조 회사의 비즈니스 일부가 될 것이다. 위탁 제조 회사는 예외다. 미래 자동차 생태계에서 우리는 가치 사슬의 끝에서 왕성한 활동을 펼치는 모빌리티 서비스 제공자들을 보게 될 것이다. 이는 그들이 모든 유형의 모빌리티 고객들과 관계를 맺고 있는 기업이라는 의미다. 법인 소유의 로보캡, 차량 공유, 재정 서비스, 위치 기반 서비스, 오락 모두 맞춤형 패키지로 조직하여 고객에게 제공하는 것이다. 그들은 수입과 이익에서 가장 큰 몫을 차지하게 될 것이다.

그러나 누가 이러한 계획들을 핵심 비즈니스에 진중하게 통합시켰는가? 누가 자원을 충분히 동원했는가? 그중에서 누가 현재 비즈니스 모델을 단순히 최적화하기보다 산업에서 진행되고 있는 변화에 맞서 기존 비즈니스 모델을 처음부터 다시 해석할 준비를 하고 있는가?

지금까지는 자동차 제조 회사들이 핵심 제품을 중심으로 구축한 신규 서비스 테스트를 시작한 단계다. 일례로 다임러 자동차 회사를 살펴보자. 다임러는 차량 공유 제공자 카투고(Car2Go)를 출시했고 글로브셰르파(GlobeSherpa), 플릭스버스(FlixBus), 라이드 스카우트(RideScout)와 마이택시(myTaxi)의 소규모 인수를 통해, 이동 수단 추천 및 결제 서비스 플랫폼인 무블(Moovel)을 꾸준히 확장해왔다.

현재 슈투트가르트 지역의 고객들은 현지 지하철 시스템상에서 차량을 예약하고, 지하철에서 내린 후 스마트 포투(FORTWO, 2인승 초소형 자동차 브랜드-옮긴이)를 이용한다. 모든 결제는 무블 앱을 통해 디지털로 이뤄진다. 아우디는 아마존 프라임 및 DHL과 협력하여 고객의 자동차로 바로 택배를 배달하는 솔루션을 테스트하고 있다. 우버의 치솟는 인기에 자극받은 GM은 주문형 자동차 통합 네트워크를 구축하기 위해 최근 미국에서 가장 빠르게 성장하고 있는 자동차 공유 회사 리프트(Lyft)에 5억 달러를 투자했다.

패러다임 이동의 또 다른 징표는 경쟁이 치열한 독일 고급 자동차 분야에서 일어난 공동 인수 사례다. 아우디, BMW, 메르세데스 벤츠 3사가 고정밀 지도 제작업체 히어(HERE)를 공동 인수하기로 했다. 표면적인 이유는 시험 자동차 운전을 위한 정밀 지도가 필요한 날에 대비하는 것이었지만, 사실 노키아의 자회사였던 히어를 우버와 같은 기업의 손에 넘어가는 것을 막고 싶어 한 것이 더 컸다. 실리콘밸리와 경쟁을 고려하는 자동차 제조사들 역시 좀 더 수평적인 계층구조를 위해 그들의 경영 모델을 조정하고 있었다. 폴크마 데너(Volkmar Denner) 보쉬 CEO는 특히 새로운 제품이나 서비스를 시장에 더 빨리 출시해 트렌드에 대응하기 위해서는 더 작고 민첩한 팀이 필요하다고 강력히 주장한다.

현존하는 기업들은 처음에 테슬라와 같은 새로운 기업들의 출현을 과소평가했다. 매우 낮은 생산 규모에도 불구하고 일론 머스크(Elon Musk)가 경영하는 그 회사는 이미지와 혁신 양 측면에서 독일의 고급 브랜드 시장의 만만치 않은 경쟁자가 되고 있다. 테슬라는 아무런 사전 준비 없이도 짧은 개발 기간 내에 경쟁력 있는 전기 자동차 구축이 가능하다는 것을 보여주며 기존 기업들의 역량을 능가하고 있다.

미국에서 테슬라 모델 S의 매출은 2015년 메르세데스 S-Class를 앞질렀다. BMW 7시리즈의 2배 이상, 아우디 A8의 4배 이상으로 가뿐히 추월했다. 테슬라는 2015년 첫 9개월 동안 5억 달러 이상의 손실을 보았고 유가 폭락의 여파로 주식은 2년 사이 최저치로 떨어졌지만 주식 시장은 여전히 테슬라로부터 많은 것을 기대한다. 이는 200억 달러라는 가치평가로 증명된다.

주식시장에 상장된 몇 안 되는 고급 전통 자동차 제조 회사 중 하나인 BMW는 같은 기간 50억 달러 이상을 벌었지만, 시가총액 가치로는 약 500억 달러에 불과하다. 더구나 2015년의 가치평가를 달성하기 위해 테슬라는 5만 대만 팔아도 되는 것으로 추정되지만 BMW는 220만 대 이상의 차를 팔아야 했다. 만약 테슬라의 혜성 같은 등장이 다가올 도전을 암시하는 거라면, 거의 무한한 재정 자원을 가지고 있는 구글이나 우버 같은 실리콘밸리의 주요 기업들의 진출은 자동차 산업을 완전한 혼돈 속으로 몰아넣을 수도 있다.

변화 마스터 전략

현재 대부분의 OEM 회사가 일정 활동들을 통합해 모빌리티 서비스 제공자 방향으로 움직이고 있다. 동시에 그들은 브랜드 기기 제조사라는 기존 비즈니스 모델을 흔들지 않기 위해 주의를 기울인다. 그러나 느린 움직임은 어느 한쪽의 접근도 결코 완전히 수용하지 못하는 위험성을 갖는다. 그 서비스 산업에서 진정한 챔피언이 되려면 대부분의 자동차 제조 회사가 가지고 있는 DNA를 버려야 한다. 이 산업의 문화적 변화가 어떤 의미를 지니게 될지 알아보는 것은 흥미로운 일이 될 것이다.

민첩성을 다시 깨워라

모빌리티 서비스 제공 분야의 경쟁은 험난할 것으로 예상한다. 기존 업체보다 더 잘 준비된 주자들이 새롭게 나타날 것이다. 여기엔 두 가지 이유가 있다.

첫째, 그들의 자원은 고정 자산과 생산 설비에 지장을 받지 않는다. 기존 업체들이 여전히 제품 수명 주기를 생각하는 동안, 그들은 소비자 행동 변화에 재빠르게 반응할 수 있다. 반면 전통적 제조 비즈니스와 모빌리티 서비스의 결합은 성장 가능성과 민첩성에 지장을 주며, 어쩌면 실패할지도 모른다. 통합 업체들이 기기 제조업체와의 경쟁에서 밀릴 수밖에 없는 한계가 있으므로, 처음에는 자사의 생산능력을 최대한 활용해야 한다. 기존 업체들이 더 민첩해지기를 원한다면, 기존의 조직적 구조를 깨야 한다. 수행 기능 단절 및 NIH 증후군(Not Invented Here, 직접 개발하지 않은 기술이나 신제품에 대해 적대시하거나 위협으로 느끼는 배타적 조직문화 또는 태도-옮긴이)에서 벗어나야 하고, 협력과 부가가치 생태계에 대해서도 개방적 태도를 가져야 한다.

둘째, 현존하는 기업들은 디지털 지식과 구조가 부족하다. 경쟁자들은 연결된 세상에서 서비스를 파는 데 익숙한 디지털 네이티브

(Digitial Native)가 대부분일 것이다. 그들의 조직은 서비스 비즈니스에 종사하며 기존 업체들이 처음부터 수립해야 하는 분석 도구 설계를 이미 마친 상태일 것이다.

고객 경험을 재창조하라

자율주행차가 발달한 세상에서 운전은 오락이 될 것이다. 따라서 개인 소비자들이 각종 규제를 수용하면서 자동차 구매는 점차 줄어들 것이다. 이미 싱가포르는 개인의 자동차 소유를 원하지 않는다고 확실히 공표한 바 있다. 노르웨이 오슬로 시 역시 2020년부터 디젤, 가솔린 등 내연기관 차량의 시내 진입을 금지할 계획이다. 스모그 퇴치를 위해 베이징은 자동차 2부제로 도로 교통량을 제한할 때가 많다. 다른 대도시 관계기관 역시 교통 혼잡을 줄이고 대기 환경을 개선하기 위해 여러 방법을 강구 중이다. 일상적 이동성의 효율성과 편리성은 생태계의 새로운 패러다임이 될 것이다.

혁신에 다시 집중하라

미래의 자동차 생태계에서 부가가치가 제품이 아닌 서비스에서 비롯된다면, 당연히 혁신 활동 방식에도 반영되어야 한다. 혁신적 모빌리티 서비스는 그 발생 과정에 따라 자연스럽게 요구된다. 이는 데이터 과학에 대한 이야기다. 데이터 과학을 통해 새로운 앱, 빅데이터용 지능형 알고리즘, 다양한 모빌리티와 인프라 제공자 사이의 재정의된 인터페이스가 생겨날 것이다.

제조 프로세스를 재구성하라

이 부분에서 기기와 서비스 비즈니스가 가장 명확히 구분된다. 기기 비즈니스의 혁신 계획은 보통 프로세스 효율성과 제조 최적화에 맞춰져 있다. 이것은 자동차 자체의 특징 개발보다는 기계 엔지니어링에 관한 문제다.

우수 인재들을 재편하라

엔지니어링은 오늘날 자동차 제조 기업과 공급업체의 핵심 경쟁력이지만, 미래의 모빌리티 서비스 비즈니스의 성공을 보장하는 기술은 아닐 수 있다. 그보다는 고객 지식이 더 중요해질 것이다. 전문가들은 이동성에 대한 요구, 다양한 경로의 경험, 모바일과 디지털 마케팅 환경에 따라 고도의 커뮤니티를 구축할 것이다. 새로운 비즈니스에는 데이터 소유 및 빅데이터 분석에 정통한 전문가들이 필요할 것이다. 현재 전통적인 자동차 회사는 우수 인재들이 가장 열망하는 매력적인 기업이 아니다.

이제 기업들은 앞으로 어떤 전형이 가장 유망한 미래 전망을 제공할지 알아낼 필요가 있다. OEM 회사의 의사결정권자들은 스스로 자신들이 기꺼이 모빌리티 서비스 제공자가 되고, 또 될 수 있는지 물어야 한다. 문제는 그들이 실제로 이런 변화가 그들의 자원 기반에 미칠 영향에 대해 정확히 이해하고 있는가 하는 점이다.

제품 비즈니스와 모빌리티 서비스 사이의 차이점을 메우기보다는 가능성이 훨씬 더 많은 틈새 전략을 세우는 것이 유리할 수 있다. 가령, 개발과 제조만 하는 순수 기기 제조업체가 되는 전략은 뭘까? 아니면, 자동차 산업의 폭스콘(Foxconn) 역할을 하는 것이 더 합리적일까? 이미 다른 산업 거인들은 완전히 새로운 전략 방향이 어떻게 효과를 발휘하는지 보여주고 있다.

이처럼 산업 역학의 변화는 전략적 사고를 통해 이루어져야 한다. 로보캡 세상에서 확실한 수익과 생존을 보장받기 위해서는 핵심 역량과 그 적합성을 재검토해야 한다. 언젠가 자동차 제조 회사들도 애플처럼 막대한 고정 비용 기반의 생산 운영을 나누고, 수익성이 더 높은 제품 개발, 디자인, 마케팅 등에 집중할 수 있을까? 사실 GM과 포드도 예전에 한번 그들의 부품 사업을 분할하여 델파이(Delphi)와 비스테온(Visteon)같은 독립기업을 만들어 제조 과정을 재고하려는 의지를 보여준 적이 있었다.

2030년에도 자동차 산업의 선두주자로 여전히 남고 싶다면 기업들은 모두 2017년 투자 계획에 과감한 변화를 꾀해야 한다. 지금은 근본적으로 기존 구조에 대해 다시 생각해보고 레거시 비용에 대해 고심해보아야 할 때다. 그렇지 않으면 더 민첩한 경쟁자들이 자동차 산업 경쟁에서 앞서 나가게 될 것이다.

"우리에게 필요한 것은 과학적 우수성이나 잡다한 해결책이 아니라 돈을 벌 수 있는 아이디어다."

– 데틀레프 츌케(Detlef Zuhlker, 독일 연방지능연구소 소장)

04
디지털 헬스케어의
미래

▶▶▶▶▶▶

헬스케어 시장의 추진 동력은 모바일과 무선 애플리케이션이다.

2015년부터 2020년까지 디지털 헬스케어 시장은 매년 20% 이상 성장한다.

공상과학 소설이 현실이 된다

8시 30분.

케냐 키탈레(Kitale)에 있는 한 초등학교에서 영어 수업이 막 시작되었다. 카디리(Kadiri) 선생님은 칠판에 글을 쓰는 데 한창이지만, 아홉 살 초등학생 프라빈(Pravin)은 글자를 알아볼 수 없어 안절부절못하고 있다. 수업 후반에 카디리 선생님은 프라빈을 한쪽으로 데려가 스마트폰 기반의 이동용 시력 검사 세트로 시력 검사를 한다.

인간의 망막을 고화질 이미지로 보여줄 수 있는 스마트폰 앱은 백내장 외에도 눈의 또 다른 상태를 확인할 수 있다. 앱을 통해 근시를 확인한 결과, 프라빈은 다행히도 교정용 안경 하나만 필요할 뿐이다.

스마트폰 앱은 보는 것이 믿는 것이란 말을 잘 증명해준다. 시력 상실의 80%는 어쩔 수 없다 해도 시력 보호용 도구는 전 세계 더 많은 빈곤층에게 전파될 수 있다. 이름을 참 잘 지은 이동용 시력 검사

앱 피크(PEEK)는 스마트폰에서 실용적인 다용도 시력 검사 도구로 변모한다.

아마 단순한 이야기겠지만, 이는 디지털 혁신의 사례로 오늘날 이미 일어나고 있는 일이다. 헬스케어 분야의 판도를 바꾸는 계기가 될 수도 있다.

2030년 어느 저녁을 상상해보자. 갑상샘 기능 항진증으로 고통을 겪고 있는 파울라(Paula)는 스마트폰으로 메시지 하나를 받는다.

"안녕, 파울라, 심장박동이 불규칙하고 심장 두근거림이 심한 상태야. 잠도 잘 못 자고 예민해져 있어. 의사에게 진찰을 받아 보는 것이 어때?"

무슨 일이 일어나고 있었던 걸까? 파울라의 스마트폰은 일반 센서로 그녀의 모든 움직임, 수면 패턴, 식사 습관과 다른 일상생활을 추적한다. 이로써 그녀의 스마트폰은 그녀의 일과표에서 갑상샘 기능 항진증 증상과 관련 있는 변화를 인지했다. 그녀의 헤드폰은 항상 그녀의 신체 온도를 측정하고 건강 팔찌는 맥박과 혈압을 모니터링한다. 파울라는 원격 진료를 위해 자신의 의학 정보를 이용할 수 있는 선견지명이 있었다.

공상과학 소설이 아니냐고? 당분간은 그럴지도 모른다. 하지만, 엑스버드(Xbird), 오라라이프(AuraLife), 핏비트(Fitbit), 브래기(Bragi)와 미독(MeeDoc)과 같은 디지털 헬스케어 스타트업이 이미 제공하고 있는 제품으로 판단해보면, 이 디지털 의학 소설이 일상적 의학 현실의 진짜한 사례가 되는 것은 시간문제이자, 어쩌면 소소한 의료 규제 개혁의 문제일 뿐이다. 곧 고객에게 직접 적합한 의료 정보, 제품과 서비스를 제공하고, 그래서 환자와 의료 전문가를 장소에 상관없이 연결해주는 그런 의학적 현실이 일상이 될 것이다.

디지털 헬스케어 시장은 엄청나게 커질 것이다. 롤랜드버거는 디지털 헬스케어 제품과 서비스의 가치는 매년 20% 이상 성장해 2020년까지 2천억 달러를 초과할 것으로 전망한다. 모바일 헬스 애플리케이션이 다양한 세분 시장에서 성장을 이끌 것이다.

환자의 새로운 역할과 시사점

지금까지 헬스케어 시스템에서의 상호작용은 명확히 규정되어, 특별히 바뀐 적이 없었다. 헬스케어 서비스와 환자의 인터페이스는 주로 의사였다. 질병과 치료에 관한 의학적 지식은 의사들에 의해서만 정의되고 전파되었다. 좀 더 건강한 사람들 역시 건강에 관한 결정을 할 때는 약사나 환자 커뮤니티의 조언을 구하려는 경향이 강했다. 반면 제약회사와의 상호작용은 들어본 적이 없다. 병력 기록은 환자와 주치의 외의 사람은 접근할 수가 없어 분실되기 일쑤이며 그로 인해 다른 의료 전문가들에게는 아무짝에도 쓸모가 없는 자료였다.

그런데 광범위한 이용이 가능한 디지털 정보가 환자의 역할에 큰 변화를 불러일으키고 있다. 현재 환자들은 광대역 의학 정보 네트워크에 접근해 교육을 받을 수 있고, 건강상태 및 치료 방법과 관련하여 다양한 온라인 커뮤니티를 통해 다른 환자들과 교류할 수 있다. 자신의 건강 상태에 대한 인식이 증가하면서 라이프스타일에 변화가 생기고 적극적으로 질병을 예방하려는 움직임도 늘고 있다. 하지만 그런 변화에 비해, 헬스케어 시스템 이용 자체에 극적인 변화가 있는 것은 아직 아니다.

여전히 환자의 접점은 의사고, 그가 결정하는 치료 과정을 따른다. 디지털 솔루션과 전자 진료기록은 아직도 광의적으로 사용할 수 없으며 전반적인 라이프스타일 행태 파악에 제한적으로만 사용되고 환자의 질환 및 질병을 완전히 문서화하지 않는다.

하지만 환자의 역할과 정보 접근성에 변화가 나타나고 있다. 환자는 자신의 건강 문제에 스스로 더 많은 책임감을 느낀다. 이로 인해 전체 헬스케어 생태계에 근본적인 변화가 일고 있다. 미래에는 대다수의 환자가 자신의 진단과 치료에 있어 훨씬 더 적극적으로 참여하게 될 것이다. 의료 관련 데이터는 클라우드에 저장될 것이고, 이는 관련 의사들 및 보험회사와 공유된다. 전통적인 환자와 의사 관계는 더 이상 여태까지 누려왔던 중심적 역할을 하지 못할 것이다. 대신, 모바일 온라인 플랫폼과 대행사들이 환자와 의학 전문가 사이의 핵심 인터페이스가 될 것으로 예측된다.

우버와 같은 다른 혁신적 개념이 우리의 모빌리티에 관한 인식을 변화시켰던 것처럼 독일의 스타트업 메드레인즈(Medlanes) 같은 대화형 접근 방식이 기존의 의료 체계를 파괴하는 것은 당연하다. 환자들은 더 이상 한 명의 현지 의사에게 의존하지 않고 특정 의학적 요구에 따라 메드레인즈 같은 플랫폼을 이용할 수 있을 것이다. 플랫폼에 연결된 의사 네트워크는 초기 진료 및 자문을 제공한다. 그다음 전문의를 조회해 선택 진료나 병원 진료 예약을 잡는다. 원격 진료는 점차 국경을 없애고 훨씬 더 먼 곳에 있는 환자들이 최고의 전문가로부터 최고의 의료 서비스를 받게 해준다.

전자 건강기록과 의사와의 디지털 커뮤니케이션은 전자 정기진료비(E-subscriptions)에 힘을 더 실어준다. 또한, 약국의 전통적 비즈니스 모델에 도전이 될 것이므로 디지털 이용과 약국의 개념에 대해 다시 생각해볼 필요가 있다.

더불어 환자는 또 다른 치료에 대해 더 좋은 정보를 얻고, 의사, 보험회사, 제약회사로부터 좀 더 총체적인 관점을 제공받을 수 있다. 환자, 의사, 제약회사 사이의 직접적인 커뮤니케이션도 가능해질 것이다. 이때 제약회사는 더 복잡해진 다중채널 환경에 적응하기 위해 마케팅과 영업에 보다 다양한 기술이 필요할 것이다.

미래에는 많은 진료 도구와 스마트 약, 센서, 신진대사 물질 관련 환자 프로파일링을 통해 의학 치료가 이루어질 것이다. 치료 성공률에 있어 실제 생활 데이터는 잠재적으로 치료 수급률을 높일 수 있기 때문에 환자와 보험회사 그리고 제약회사의 성과에 많은 영향을 미친다. 점차 투명해지는 헬스케어 업계에서 다른 제공자들과의 더 치열한 경쟁 환경을 고려할 때, 성공적인 치료법은 주치의의 중요한 성과지표가 될 것이다.

생명과학 이해 관계자, 파괴에 직면하다

고객 중심적 헬스케어 시스템과 새로운 치료법의 개발은 전체 헬스케어 생태계를 파괴할 가능성이 있다. 각 이해 관계자는 점차 예측(Predictive), 예방(Preventive), 맞춤(Personalized), 환자 참여(Participatory)를 뜻하는 4P 의학 개념으로 변하는 의료 환경에서, 현행 비즈니스 모델과 자신의 위치를 철저히 재고해야 한다. 건강은 더 이상 질병의 부재로 정의되지 않고 개인의 안녕이라는 총체적인 맥락에서 이해될 것이다. 이런 접근 역시 범학문적 연결과 다양한 헬스케어 기업들의 협력을 요구할 것이다. 롤랜드버거는 미래의 헬스케어 시스템에서 주요 이해 관계자의 역할을 다음과 같이 전망한다.

제약회사 : 기초실험 연구에서 환자 옆으로

제약회사들은 헬스케어의 디지털 변화에 따라 파괴될 것이다. 신생 기업들의 파괴적 비즈니스 모델은 이미 현존하는 제약회사들에 큰 도전이 되고 있다. 엄선된 지시사항과 질병, 디지털 치료법은 기존의 약물치료와 경쟁할 것이다. 심지어 오늘날에도 미국 식품의약품안전청(FDA)과 유럽의약품청(EMA)이 우울증과 같은 중증 치료를 위해 소프트웨어 솔루션을 승인하는 것을 볼 수 있다. 스마트 약과 센서 지원형 치료 프로그램들은 기존 제약회사들의 비즈니스를 더욱 잠식할 것이다. 아니면 그들이 로슈(Roche)와 파운데이션 메디슨

(Foundation Medicine)에서 제공하는 것과 같은 정보 가이드 치료 프로그램들에 따라 스마트 약이나 센서 지원형 치료법을 수용하게 될 것이다.

더욱이, 최근 개발된 생체의학 약품은 기존의 제조 의약품의 범위를 훨씬 뛰어넘어 치료의 개념에 일대 혁신을 일으키는 힘으로 작용한다. 그 약으로 인해 환자의 유전자 정보를 직접적이고 개별적으로 사용할 수 있어 줄기세포 공학과 유전자 가위(Genome Editing, 유전체 편집-옮긴이)를 통한 맞춤형 치료 프로그램이 가능하다. 하지만, 그것은 미래의 의약 제품의 모습이자 제약회사가 제약 환경과 상호작용하는 방식이기도 하다. 현재 주요 회사들은 고객과 총체적인 상호작용을 겨냥해 다중채널 접근을 받아들이고 있다.

이는 의사와 약사와 다른 의료 전문가에게 영향을 미치고, 더 나아가 제품 수명 주기에 환자의 통합을 용이하게 만들 것이다. 제약회사들은 약품을 평가하고 승인하고 가격을 정하는 데 사용되는 실생활 데이터를 활발히 수집하고 해석하기 위해서 환자에게 도달하는 '라스트 마일(Last Mile, 제품이 최종 고객에게 전달되는 마지막 유통 경로 혹은 구간-옮긴이)'을 잘 마무리해야 한다. 그때부터 제약회사들은 임상실험을 가속화하고 신약 개발 비용을 현저히 줄이고 혁신 성향을 개선할 수 있을 것이다. 그런 데이터 이용은 여전히 법률로 제한되겠지만, 환자 다이렉트(Direct-to-Patient) 모델에는 자율적인 데이터 수집이 필요할 것이다. 물론 데이터 접근과 이용은 엄격하게 규제하면서 말이다.

의료 기기 회사 : 환자 데이터 문지기

환자 데이터와 통찰이 점차 중요해지면서 환자 인터페이스는 미래 헬스케어 환경에서 디지털 비즈니스 모델의 핵심 성공 요인이 될 것이다. 스마트폰과 앱은 계속해서 환자의 안녕을 모니터링하는 편리한 도구가 될 것이고, 의료 기기는 인간 몸속에서 더 많은 의학적 통찰을 얻고 건강 문제를 해결할 것이다. 디지털화를 통해 향상된 연결 의료 기기들은 실시간 임상적 매개변수를 모니터링할 것이다. 약과 기기의 결합은 당뇨병과 같은 질환에만 국한되지 않고, 첨단 치료법과 약품 수용에 힘입어 온갖 형태의 의료 치료에서 훨씬 더 중요한 역할을 하게 될 것이다. 이미 환자 인터페이스 역할을 하며 미래를 준비하는 의료기기 회사들이 여럿 존재한다. 그러나 많은 의학기술 기업에 어떻게 디지털로 전환하고 디지털 시대의 승리자가 될 것인가 하는 문제는 여전히 숙제로 남아 있다.

병원과 의사 : 새 시대의 서비스 제공자

병원과 의사 등 기존의 헬스케어 제공자는 극심한 파괴를 경험하게 될 것이다. 환자와 의사의 전통적 관계는 사라지고 지역 보건의는 데이터 분석의 도움을 받아 치료 관리자로서의 새로운 역할을 맡게 될 것이다. 환자들은 온라인 플랫폼에서 제공하는 편리한 도구를 이용해 특정 의사나 병원을 비교하고 선택할 수 있을 것이다. 따라서 의사와 병원은 그들의 가치 제안을 재고하고 지역 및 국제 경쟁자들과 차별화할 수 있는 개별 비즈니스 모델을 수립해야 한다. 이는 IBM의 왓슨 헬스(Watson Health)와 같은 빅데이터 시스템이 오로지 디지털 환자 정보에 따라 질병을 진단하는 세상에서 유일한 선택지가 될 것이다.

의사는 점차 환자의 말에 귀를 기울이고 치료는 의사와 환자가 함께 결정한 대로 진행될 것이다. 그 치료는 이전과는 달리 환자들의 치료 준수 및 유지율이 훨씬 높으므로 큰 효과가 있다. 동시에, 세계화된 헬스케어는 늘어나는 진료비 자기 부담금에 대한 책임과 지불 의사에 따라 새로운 지불 모델을 탄생시킬 것이다. 전자 건강기록의 이용 가능성 역시 환자와 의사와의 전통적 관계를 해체할 것이다. 환자 진료기록 이용은 더 이상 데이터 발생과 직접적으로 관련 있는 개인들로 제한되지 않는다. 게다가 원격 환자 모니터링은 외래환자 시설로 치료의 대이동을 촉진하여 병원의 역할에 도전하는 또 하나의 방아쇠가 될 것이다.

보험회사 : 최상급 헬스케어 서비스에 관한 전망

진단이 내려지면, 오늘날 보험회사는 가능한 가장 포괄적인 의료 건강기록에 접근한다. 특정 진단뿐만 아니라 보험 가입자의 전체적인 건강 상태에 대해서도 종합적인 데이터 분석과 통찰이 더해진다. 동시에 전자 건강기록의 도입으로 의사들은 환자의 전체 병력을 이용할 수 있게 된다. 이는 최초의 온라인 환자 진료 정보와 결합하여 진료실과 응급실 방문을 줄이고 전반적인 의료 비용을 감소시킨다.

환자의 치료 지속 이행을 증가시키는 혁신적 치료는 의료 서비스의 제공 결과나 품질 저하 없이도 보험회사의 잠재적 비용을 절감시켜줄 것이다. 실시간 데이터는 예측 모델링 알고리즘을 촉진해 사례

관리에 혁신을 일으킬 것이다. 게다가 신진대사 물질 관련 환자 프로파일링 활용이 증가하면서 보건 경제학은 더 심층적이고 정확한 치료 선택을 할 수 있을 것이다. 규제라는 장애까지 극복된다면 환자와 특정 위험 간의 관계에 따른 보험료 결정까지도 실현 가능하다. 거기에 멈추지 않고 전 세계로 연결된 헬스케어 공급은 보험회사들이 환자들에게 글로벌 최고 수준의 헬스케어 서비스를 이용할 수 있도록 하는 새로운 비즈니스 모델을 개발하게 할 것이다.

더불어 이 매력적인 비전은 미래에 다루어야 할 복잡성 역시 증가시킬지 모른다. 손쉬운 헬스케어 서비스 앱 사용으로 의사 진료 요청이 엄청나게 늘어나고, 좀 더 자세하고 정확한 진단 및 치료법은 가격이 올라갈 것이다. 보험회사는 좀 더 환자 중심의 진단과 치료 절차에 개방적이어야 하고, 그에 맞게 서비스 포트폴리오를 조정해야 할 것이다.

약사 : 새로운 역할에 적응

약사는 오랜 기간 제약 산업과 환자 사이에서 핵심적인 역할을 담당해왔다. 미래에 그들의 역할이 더 중요해질지, 덜 중요해질지는 약사의 서비스 변화, 적응, 디지털화할 수 있는 능력에 따라 달라질 것이다. 앞으로 환자들은 치료법에 대해 더 많이 배우기 위해 제약회사와 직접 접촉할 것이다. 디지털 의사 진찰과 전자 처방은 치료에 있어 오프라인 약국의 영향을 감소시키고 온라인 약국을 활성화할 것이다.

게다가 3D 프린팅과 같은 기술은 새로운 기회를 제공하여 기존 비즈니스 모델에 혁신을 일으킬 수도 있다. 2015년 8월, FDA는 3D 프린팅 기술을 활용한 간질 치료용 신약, 스프리탐(Spritam)을 승인했다. 이런 종류의 기술은 환자 맞춤형 약물 복용량과 약물치료상의 혁명적 프레임워크를 제공한다. 그런 약들을 자체적으로 제조할 수 있는 약국은 전통적인 가치 사슬에서 자신들의 비즈니스 모델을 확보할 수 있을 것이다.

약사의 기술 역량과 이력 역시 크게 바뀐다. 제약회사의 스마트 데이터를 이용할 수 있게 되면 자문 역할이 훨씬 더 강조될 것이다. 환자와는 지금보다 더 친밀한 관계를 맺게 될 것이다.

3D 프린팅은 약품 도매상들의 비즈니스 모델에 영향을 미칠 가능성이 크지만, 3D로 프린팅된 맞춤형 약들은 일반화되기보다는 틈새 품목으로 남을 가능성이 더 크다. 도매상들의 역할은 미래의 헬스케어 생태계에서도 계속된다. 하지만 연결된 헬스 시스템과 전자 처방의 이용 가능성으로 약은 더 계층화되고 맞춤화되어 고객에게 직접 전달되므로, 도매상들은 더욱 열성적으로 새로운 기회를 찾아야 한다. 이와 같은 새로운 비즈니스 모델은 매우 경쟁적인 환경에서 결과적으로 이윤을 증가시킨다. 도매상들은 생존과 번영을 위해 B2C 비즈니스에서 헬스케어 경영, 마케팅, 영업을 중심으로 전문 지식을 쌓아야 할 것이다.

정부와 관련 기관 : 혁신 프레임워크 제공

지금까지 정부는 헬스케어 지출 비용을 통제하고, 승인 및 이용 절차 시스템을 이용해 시장을 규제해왔다. 그런데 눈부시게 발전한 보건 정보과학은 환자들이 건강을 회복할 수 있는 권리를 침해당하지 않아야 한다고 역설한다. 누구든 최고의 가능성 있는 치료를 받을 수 있도록 보호받아야 하기 때문이다. 그래서 아날로그 기반의 규제가 변화의 이상적인 기초가 아니라는 점을 깨달은 정부는 디지털 적응 프로세스를 신중하게 고려하기 시작했다.

물론 이미 닥터 구글(Dr. Google, 구글 검색 엔진을 통해 의학적 증상과 치료를 진단받는 서비스-옮긴이)은 그 규정들보다 앞서 나가고 있으며, 그때 이후 시계는 계속 더 빨리 돌아가고 있다. 헬스케어의 잠재적 비용 절감 효과를 고려할 때, 정부는 인프라와 규제의 초석을 세워 이 산업 변화의 길을 열고 적극적으로 이끌어 나가야 한다. 안전한 데이터 관리, 글로벌 헬스케어 서비스 이용과 혁신 문화 조성이 국가 체계에서 굉장히 중요한 도전 과제로 떠오를 것이다.

헬스케어는 디지털 준비가 되었는가?

디지털화는 오늘날 헬스케어 분야에서 아마 가장 분명한 트렌드일 것이다. 새로운 디지털 제품과 기술은 지배적인 구조와 습관을 완전히 바꾸고 있다. 그렇지만, 전통적 제약회사들은 이제야 이 변화의 본질을 인식하고, 이에 대응하기 위해 여러 계획과 파트너십을 검토하기 시작했다.

이와 관련해 눈에 띄는 사례들이 있다. 노바티스와 구글이 파트너십을 맺고 스마트 렌즈를 개발하고 있고, 로슈는 파운데이션 메디슨과 공동으로 암 면역치료 분야에서 유전자 프로파일링을 하고 있다. 좀 더 최근에는 일본 다이치산쿄 제약회사가 심방세동 원격 환자 모니터링 시범 프로젝트를 위해 파트너즈 헬스케어(Partners HealthCare)와 파트너십을 맺었다. 글락소 스미스클라인과 베링거인겔하임은 프로펠러 헬스(Propeller Health)와 제휴해 스마트 흡입기 개발을 추진 중이다. 오츠카 제약은 프로테우스(Proteus Digital Health)와 함께 항우울제 아빌리파(Abilify)에 소형 센서를 내장하는 연구를 진행했다.

제약회사들이 마침내 디지털 약품과 솔루션이 지니는 경제적 가치를 알아본 것이다. 이로써 그들의 첫 디지털 약품의 상용화가 이제 막 시작된 것처럼 보일 수도 있겠지만, 많은 계획은 여전히 종합적이고 통합된 디지털 접근 사례라기보다는 외딴 등대와 같은 것이다. 디지털 의약의 설계와 개발은 제약회사들에게 미래의 헬스케어 시스템을 고찰하고 이런 변화와 관련된 각 이해 당사자의 새로운 역할을 요구할 것이다.

변하는 제약과 의학 기술

제약회사의 핵심 경쟁력은 강력한 의학적 요구를 해결하고 사람들의 건강 상태를 개선하는 최신 치료법을 소비자, 환자, 의사에게 제공하는 것이다. 의학 기술은 그에 상응하는 진단을 제공한다. 이는 대체 치료 솔루션에서뿐만 아니라 맞춤형 의료계에서도 그 어느 때보다 중요하다. 공급자들은 디지털화를 어떻게 활용해야 이런 가치

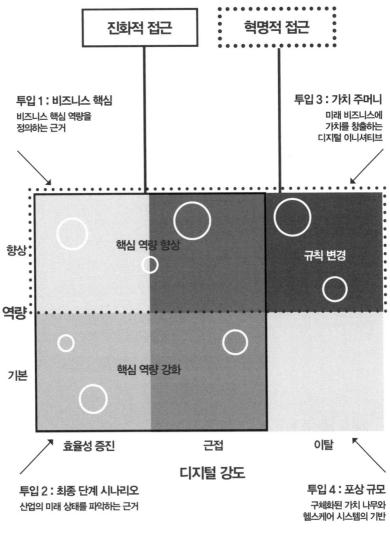

디지털 핵심 매트릭스

진화적 접근

혁명적 접근

투입 1 : 비즈니스 핵심
비즈니스 핵심 역량을
정의하는 근거

투입 3 : 가치 주머니
미래 비즈니스에
가치를 창출하는
디지털 이니셔티브

향상

핵심 역량 향상

규칙 변경

역량

기본

핵심 역량 강화

효율성 증진   근접   이탈

디지털 강도

투입 2 : 최종 단계 시나리오
산업의 미래 상태를 파악하는 근거

투입 4 : 포상 규모
구체화된 가치 나무와
헬스케어 시스템의 기반

디지털 가치 주머니. 원의 크기는 포상의 규모를 나타낸다.

제안을 강화하고 완전히 디지털화된 사회에서 성공할 수 있을까?

롤랜드버거에서는 기업들이 대대적인 활동을 이끌어 나가고 디지털화의 잠재적 가능성을 적극적으로 이용하도록 지원하기 위해 '가치 주머니(Value Pocket)' 개념을 제시한다. 이 개념을 통해 기업은 해당 시장이 어떻게 변할지, 수익성을 높이기 위해 무엇을 기반으로 삼아야 할지, 구체적인 비즈니스 핵심과 수익을 위해 어디에 얼마나 투자해야 하는지를 이해할 수 있다. 최종 단계 시나리오, 비즈니스 핵심, 가치 주머니, 포상 규모라는 네 가지 기본 골격에 대한 엄격한 분석은 올바른 결정을 내릴 수 있도록 명확한 청사진을 제공할 것이다.

공급자 가치 사슬로 번역되는 디지털 가치 주머니는 각 가치 사슬의 단계에서 현저히 달라진다. 반면 데이터 분석은 R&D, 생산, 디지털 헬스케어 서비스를 지원할 수 있고, 예지 정비는 확실히 제조업을 지원할 수 있으며, 폐쇄 루프 시스템(Closed-Loop Systems)과 전자 환자 기록 기술은 환자의 질병 관리를 지원할 수 있다.

디지털 변화의 가치 정량화

결국, 각 기업들에는 변화가 재정적 핵심성과 지표에 어떻게 영향을 미치는지가 중요하다. 따라서 모든 투자는 반드시 긍정적 효과가 있어야 하며, 금융 역학과 기회의 크기를 이해하기 위해서는 기본 전제가 중요하다. 가치 나무 기법을 활용해 재무 효과 및 디지털 헬스 변화 프로세스의 기회와 위험을 평가하고, 경영자들이 이를 바탕으로 올바른 결정을 내릴 수 있다면, 디지털 헬스는 분명 경쟁적 지위를 개선하고 좀 더 효율적이고 적합한 방향으로 수익성을 강화하는

가치 사슬에 따른 디지털 가치 주머니

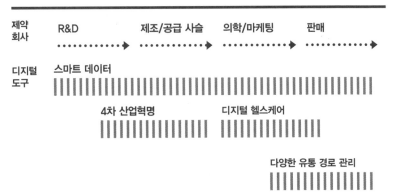

가치 나무에 영향을 미치는 디지털 헬스케어 솔루션

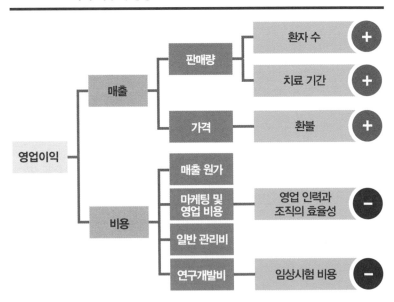

데 기여할 수 있다.

디지털화는 디지털 서비스의 시장 점유율 증가와 약값 인하와 환불 강화 등의 합의, 즉 '약값 합의'를 통해 수익 흐름 증가에 기여할 수 있다. 약값 합의는 이미 영국과 독일 등의 헬스케어 시스템에서 채택되어 총매출 안정화에 기여하고 있다.

질병 관리용 디지털 솔루션은 제너릭(Generic)이나 바이오시밀러 (Biosimilar) 등의 핵심 비즈니스에 힘을 실어주게 될 것이다. 또 머크 그룹(Merck Group)의 다발경화증 치료제 레비프(Rebif) 스마트 흡입기, 영국의 다양한 칩 내장용 알약과 같이 약물의 복용 준수와 지속 복용을 돕는 앱들은 단기간에 5~10% 정도의 매출을 올릴 수 있는 저력을 가지고 있기 때문에 제약회사들은 점진적 성장보다는 달 착륙과 같은 획기적인 솔루션을 찾고 있다.

맞춤 의료 분야에서 혁신의 경계를 허물고 있는 로슈는 미국의 환자 유전체 빅데이터 분석에 집중하고 있는 파운데이션 메디슨을 인수해 맞춤형 의료 분야에서 선두 지위를 강화하고 있다. 스위스 경쟁회사인 노바티스의 CEO 조셉 지메네즈(Joseph Jimenez)는 '볼트온 (Bolt-on, 시너지를 창출할 수 있는 연관 기업들을 추가 인수하는 전략-옮긴이)' 인수합병에 20억~50억 달러를 투자했다. 여기에는 제약 분야에서 두 주요 혁신 분야인 재생의학과 디지털 헬스 관련 기업이 포함되어 있다.

그의 평가에 의하면, 오늘날 헬스케어 투자의 25%는 낭비고, 그러므로 새로운 기술이 더욱 필요하다. 제약과 의학 기술 기업들의 디지털화는 R&D 또는 일반 관리 항목의 비용을 상당히 줄여줄 것이다. 혁신적인 제약회사들은 매출의 15~20%를 R&D에 투자한다. 아마존 데이터 서비스는 R&D 지출 비용이 가장 높은 임상 개발에 있어 45만 달러를 절감시키고, 환자 수와 더불어 비용이 많이 드는 임상 기간을 30% 줄일 방법을 제시한다.

전통 비즈니스 모델에 큰 도전이 될 새로운 기업의 등장

새로운 기술이 환자의 의학 상태에 훨씬 더 훌륭한 통찰력을 제공함에 따라 전문 지식은 이제 더 이상 전통적인 헬스케어 기업들의 전유물이 아니다. 전자 건강기록과 신진대사물질 프로파일링은 새로운 비전문 헬스케어 기업들에도 데이터를 개방한다. 헬스케어 스타트업 업계는 전통적 접근 방식에 도전장을 내밀었고, 나아가 고도의 혁신 비즈니스 모델과 아이디어로 이 산업의 변화를 이끌어가고 있다.

미국만 보더라도 디지털 헬스케어 스타트업 업계는 2015년 자금 조달 규모에서 45억 달러를 기록했다. 이는 의료기기를 넘어서고 바이오기술 분야와의 격차를 없애는 규모다. 자금의 대부분은 전통적 제약회사들이 여태까지 소홀히 해온 소비자 참여 솔루션과 맞춤 건강 도구에 투자됐다. 아마존, 구글 등의 거대 기술 기업은 이미 헬스케어를 미래 핵심 투자 분야로 선정했고, 앞으로 훨씬 더 파급력이 큰 혁신을 제시할 것이다. 일례로 당뇨병 측정용 구글 콘택트렌즈나 구글과 아마존이 제공하는 데이터 분석 서비스는 제약 및 헬스케어에 대한 새로운 데이터 통찰을 도출해낼 것이다.

디지털 변화의 핵심 : 디지털 목표를 이해하고 달성 방법을 확인하라

많은 기업이 이미 변화에 대한 준비를 시작하고 있다. 원하는 전진

방식을 결정하고 실패 위험을 최소화하기로 했다. 동시에 디지털 헬스 스타트업에 투자하는 벤처 캐피털 접근 전략을 세우거나 파트너십 구축과 같은 새로운 선택사항을 활용하고 있다. 하지만 헬스케어의 미래와 변화 과정은 여전히 불분명하다. 문화적이고 과정적이며 구조적인 혁신을 달성하기 위해 폐쇄적인 조직을 개방하는 일은 계속해서 큰 도전 과제가 될 것이다. 기업들은 미래의 디지털 헬스 환경에서 그들의 지위를 유지할 올바른 운영 모델을 선택해야 한다. 롤랜드버거는 제약회사들의 디지털 미래 여행에 도움이 될 수 있는 두 가지 색다른 접근법을 제시했다.

경험에 비추어 볼 때, 제약 산업에서 디지털 전략이 겪고 있는 두 가지 전형적인 어려움이 있다. 첫 번째는 기업의 디지털 목표에 대한 이해고, 두 번째는 구체적인 가치 활동의 확인과 정량화다. 따라서 롤랜드버거는 기업들이 디지털 목표를 좀 더 분명하게 정의하고, 모든 관련 조직이 명확한 그림을 그릴 수 있도록 디지털 변화 접근법을 제시한다.

이 접근법은 3단계로 구분되는데, 우선 잠재적 격차를 확인하고 해소하기 위해, 기업의 핵심 역량에 대비한 미래의 디지털 목표를 반영한다. 그다음 디지털 계획을 확인하고 그것의 경제적 가치를 평가한 뒤, 마지막으로 래피드 프로토타이핑(Rapid Prototyping, 시제품을 중간 과정 없이 신속하게 만들어내는 기술-옮긴이)과 디자인 씽킹 워크숍(Design Thinking Workshop) 등 혁신적 접근법에 접목한다. 이 3단계 접근법이 미래의 헬스케어 환경을 향한 제약 산업의 유일한 길은 아니겠지만, 강력한 디지털 기술의 종합적인 실행만큼은 확실히 지원할 것이다.

05

로봇, 빅데이터, 클라우드, 3D 프린터

▶▶▶▶▶▶

빅데이터는 21세기의 원자재다.

과연 빅데이터가 공공의 문제까지 해결할 수 있을까.

▶▶▶▶▶▶

일본의 4차 산업혁명 양 날개는 로봇과 빅데이터

일본은 미래 기술의 땅이다. 연료 전지, 센서, 나노기술 등 뭐든 상관없다. 섬나라 일본은 많은 부문을 선도하고 있다. 하지만 디지털화에 관해서 만큼은 오랫동안 관찰자 역할에 머물러 있었다.

물론 지금은 변하고 있다. 지난 2년 동안 사물인터넷, 빅데이터를 포함한 4차 산업혁명의 지원은 일본 정부의 최우선 과제였다. 도쿄에서 2020년 하계 올림픽을 개최할 때까지, 4차 산업혁명은 일본 GDP의 5% 정도를 발생시킬 것이다.

이 목표 달성을 위해 수많은 계획이 진행되고 있다. 우선 일본은 일부 분야의 규제를 완화하려고 한다. 대표적인 예가 드론의 상업적 활용 촉진과 2020년까지 도쿄 시내에 자율주행차를 도입하는 것이다. 비즈니스, 과학, 정치 사이에 긴밀한 협력 역시 촉진될 것이다. 이를 위해 기업들이 2025년까지 대학교와 다른 기관들에 제공하는 연구 기금을 지금의 3배 수준인 2,400억 엔으로 만들 것이다.

게다가 유망 산업 부문의 기금 조성 계획을 위해 기업 대표자, 과학자, 공무원이 함께 일할 수 있는 플랫폼과 위원회가 새롭게 설립되었다. 일명 '스마트 일본 ICT 전략'이다. 이 전략을 통해 일본은 2020년까지 정보통신 분야에서 '세계에서 가장 활발한 나라'가 되고자 한다. 광의적 측면에서는 범학문적인 전략적 혁신 프로그램(SIP)이 있다. 이 프로그램을 통해 2017년 3월까지 500억 엔이 열 개의 산업 부문 프로젝트에 투입될 것이다.

정부는 특히 로봇 기술에 높은 기대를 걸고 있다. 일본은 로봇 부문에서 세계 선두주자다. 일본 경제부에 의하면, 일본은 2011년에 전 세계 총 산업 로봇의 50% 상당을 생산했다. 이 점유율은 도중에 바뀌었다 할지라도, 화낙, 야스카와, 가와사키 중공업과 같은 제조 기업은 여전히 연간 두 자릿수 성장률을 자랑하고 있다. 국제로봇연맹(IFR)에 따르면, 2014년 연간 매출액이 107억 달러에 달했다.

"로봇의 인기는 4차 산업혁명의 실행에서 가장 중요한 이정표다." 국제로봇연맹의 조 젬마(Joe Gemma) 회장은 최신 자료를 인용하며 이와 같이 말했다. 디지털 인터페이스를 갖춘 일본 산업용 로봇들은 스마트 공장의 네트워크 구조에 매끄럽게 통합될 수 있다. 구매 서비스용 로봇 숫자 역시 증가하고 있다. 일본은 이 추세에서 한 걸음 더 나아가 소위 '휴머노이드(Humanoids)'라고 하는 인간 신체와 유사한 로봇 등의 첨단 모델을 개발하고 있다.

일례로 2000년 이후 혼다는 다정하게 인사를 하고, 소다 캔을 열고, 계단을 오를 수 있는 로봇 아시모(Asimo)를 개발하고 있다. 소프트

뱅크는 터치스크린과 언어 시스템을 갖춘 서비스 로봇 페퍼(Pepper)를 마케팅하고 있다. 도시바는 언뜻 보기에 표정과 몸짓 등이 젊은 여성처럼 보이는 접수원 로봇과 통역을 할 수 있는 로봇을 개발하고 있다. 그중 일부는 이미 활용 중이다. 나가사키 부근의 한 호텔에서는 안내, 접수, 짐 운반 그리고 모닝콜 서비스까지 모두 로봇들이 제공한다.

로봇과 로봇의 디지털 네트워크의 확산을 더 빠르게 촉진하기 위해서 2015년 5월 일본 정부는 도시바의 전 사장이었던 오카무라 타다시가 이끄는 로봇혁명선도위원회(Robot Revolution Initiative Council)를 발족했다. 300개 이상의 기업이 회원으로 활동하고 있는 이 위원회는 간호 및 재난 통제 분야의 로봇 확산을 중점적으로 추진하고, 다른 한편으로는 사물인터넷, 빅데이터, 인공지능 등을 포함한 일본 전체 산업의 현대화에 힘을 쏟고 있다.

정부와 전문가 양쪽 모두 일본이 로봇 애플리케이션 증가를 통해 이익을 창출할 수 있다는 데 동의한다. 일본 경제는 노령화와 인구 감소로 골머리를 앓고 있다. 경제학자들은 이런 인구 변화가 성장률에 부정적인 요인으로 작용한다고 본다. 많은 부문에서, 특히 건설과 케어(Care) 분야의 노동력 부족은 이미 큰 문제가 되고 있다. 이에 하라야마 유코 일본 국무조정실 기술정책위원은 "우리의 임무는 노동 생산성 감소로 인해 발생하는 GDP 하락을 상쇄하는 것이다"라고 말했다.

그렇다면 일본의 문제점을 한번 살펴보자. 일본 사회는 창조성보다는 순응을 가치 있게 여긴다. 조직들은 개방에 인색하고 위계질서에 엄격하다. 게다가 IT 전문가도 부족하다. 도쿄 대학교 정책 대안 연구소 책임자 사카타 이치로 교수는 다음과 같이 말한다. "우리는 데이터 과학자뿐만 아니라 데이터를 제품과 서비스에 녹여 실행하는 기획자도 부족하다." 이는 곧 데이터 사용의 최적화 방안에 대한 기업들의 관심 부족으로 이어진다. 데이터가 수집되고 기록이 되었을 때조차 그것을 결정을 내리는 근거로 활용하지 않는 것이다.

전통적으로 일본 기업은 고객과의 소통을 매우 중시한다. 그런데도 소셜 미디어와 인공지능의 활용은 아직 불충분하다. 사카타 교수는 일본 기업들이 혁신 기술을 이용해 고객의 요구를 더 잘 이해하고 비용까지 낮출 수 있다고 확신한다. 예를 들어, 인공지능을 통해 구축된 개인 특성에 관한 프로필은 어떤 직원이 어떤 고객과 판매를 위한 대화에 적합한지를 제시할 수 있다. 효율성이 극대화되는 것이다.

그러나 개인정보 이용은 일본에서 논쟁 중이며 많은 사건 사고에서 보듯 보안은 불충분할 때가 많다. 빅데이터의 유용성을 보장하기 위해 일본 정부는 리사스(RESAS)와 같은 플랫폼을 구축했다. 리사스는 휴대폰 사업자, 운수 회사와 공공기관의 데이터베이스를 결합하여 모든 사람에게 개방한다. "예를 들어 어느 가정주부는 그 데이터를 이용해 특정일, 특정 시간에 도쿄 디즈니랜드가 얼마나 붐비는지를 예측해 블로그에 올린다"고 리사스 개발 책임자인 소다 고우는 말한다. 리사스 덕택에 어떤 지방자치단체든지 처음으로 지역 회사의 경제 교역량을 분석할 수 있게 됐다.

이처럼 일본은 로봇과 빅데이터라는 4차 산업혁명의 양대 축에서 많은 진척을 이루고 있다. 아직 놓치고 있는 것은 국제 협력 강화다.

해외 시장 확대만큼 표준 설정 분야의 국제 협력이 중요해질 것이다. 일본과 독일은 2016년 4월 양해각서(MOU) 체결에 따라 4차 산업혁명 분야에서 양국이 좀 더 긴밀히 협조하기로 합의했다. 미쓰비시와 지멘스 같은 기업은 표준 호환성 작업을 진행하고 있다. 그리고 일본의 주요 기업들 역시 사물인터넷 기술 투자에 있어 점점 더 해외로 눈을 돌리고 있다. 이런 개방성 증가는 일본 경제뿐 아니라 아시아 지역의 강력한 파트너를 찾고 있는 독일 기업 모두에게 큰 기회가 될 것이다.

비즈니스는 물론 공공 부문의 문제까지 해결하는 빅데이터

일단 유행어가 된 빅데이터는 다양한 비즈니스 활용을 통해 그 가치를 증명해왔다. 하지만 공공정책과 관련해서는 아직 매우 제한적인 수준에서 활용되고 있다. 롤랜드버거는 글로벌 벤치마킹과 프로젝트를 바탕으로 빅데이터가 공공정책에서도 그 효율성을 개선하여 공익을 도모할 수 있다고 판단한다.

비즈니스 분야에서는 이미 성공적인 빅데이터 활용 사례가 많다. 통신, 에너지, 보험 등 많은 기업이 빅데이터를 통해 목표 고객을 더 잘 이해하고, 비즈니스 프로세스를 최적화하고, 제품을 맞춤 제작하며, 고객의 행동을 예측하고자 한다.

가령, 자동차 보험회사는 주행거리나 운전 습관의 안전성 등을 바탕으로 보험료를 산정하는 운전 습관 연계형 보험 상품(UBI)을 개발하기 위해 빅데이터를 활용한다. 주행 속도, 차선 변경 빈도, 급제동 등의 주행 정보로 운전자의 안전 운행 수준을 평가해 보험료를 할인해준다. 주행거리만 따져 보험료를 청구하는 기존의 '운전한 만큼 보험료 지불(Pay-As-You-Drive)' 방식에서 '운전 행태에 따른 보험료 지불(Pay-How-You-Drive)' 방식으로 전환되고 있는 것이다.

맥도날드는 안면 인식 기술을 활용한 비디오로 고객의 매장 내 움직임을 분석해 매장 내 구조를 개선한다. 대기 시간은 줄었고 직원 스케줄과 업무는 최적화되었으며, 이는 비용 절감과 고객 만족도 증가로 이어졌다. 이런 맥도날드 사례를 통해 빅데이터가 제공하는 진정한 가치에 관해 재확인할 수 있다.

이런 민간 부문에서의 성공 사례는 공공 부문에서도 주목을 불러일으키기 시작했다. 미국 공공기관 정보 목록 사이트 'data.gov.be'와 같은 개방형 데이터 실행 계획은 데이터의 무료 이용과 새로운 서비스 개발 기회를 극대화하지만, 여전히 많은 공공기관은 그들의 데이터를 숨긴다. 공공정책과 서비스의 효율성 개선에 엄청난 영향을 미칠 수 있음에도 아직은 빅데이터 활용에 대한 관심이 제한적이다.

기존 비즈니스 인텔리전스(BI) 분야는 한계에 도달했다. 계속 발생하는 대용량 데이터를 수집, 분류, 처리하기가 어렵다. 인터넷을 통한 전자상거래, 소셜 네트워크, 커넥티드 기기 등에서 발생하는 데이터의 양도 10년 후 44배 늘어난다. 2020년까지 전화, 자동차, 가전, 안경 등 200억 개의 기기가 인터넷에 연결되고 문자, 그림, 목소리, 온도, 위치 등 다양한 형태의 데이터를 발생시킬 것이다. 이 온갖 종류의 비정형 데이터는 전통적 시스템으로는 처리될 수 없다.

빅데이터는 흔히 용량(Volume), 다양성(Variety), 속도(Velocity)를 뜻하는 3V로 정의된다. 더 현실적인 정의는 전통적 비즈니스 인텔리전스를 구식으로 만드는 기술 혁명에 초점을 맞춘다.

빅데이터는 세 분야의 주요 혁명이 융합되면서 등장했다. 인공지능은 비정형 데이터 처리를 가능하게 하고, 분산 컴퓨팅(다수의 컴퓨터에 데이터 분할 저장과 병렬 연산 처리-옮긴이)은 데이터 처리 능력을 획기적으로 개선하고, 머신 러닝은 데이터 학습이 가능한 스마트 알고리즘을 개발한다.

다양한 연구가 빅데이터 경제의 성장이 앞으로 매년 40%에 달할 것이란 예상 지표를 내놓고 있다. 그러므로 대부분의 선진국 정부 역시 국가적인 차원에서 데이터 가치 사슬의 개발을 지원하고 있다.

실질적으로, 빅데이터 산업을 지원하려는 공공 부문은 구조적 지원책과 재정적 지원책을 모두 취하고 있다. 가령, 유럽연합 집행위원회는 데이터 관련 프로젝트 투자 활성화를 위해 공공과 민관 협력(PPP, Public-Private Partnership) 사업에 5억 유로를 예산으로 출자했다. 벨기에는 디지털 마인즈(Digital Minds) 계획을 통해 민관 관계자들이 자국의 디지털 부문 개발을 위해 협력하도록 장려한다.

최근 연구들은 공공 분야의 책임자들이 기업보다는 빅데이터에 덜 친화적이라는 사실을 보여준다. 하지만 그것이 공공 서비스의 품질을 개선하는 데 빅데이터의 영향이 비즈니스 분야에 비해 작다는 걸 의미하지는 않는다. 이에 롤랜드버거는 전 세계 공공 부문의 빅데이터 활용 사례를 살펴보았다. 현재 가장 많은 실행 계획이 일어나고 있는 5가지 영역은 건강, 고용, 사회적 통합, 교통, 보안이다.

가령, 미국 세튼 병원은 심혈관질환 후 재입원 가능성을 평가하기 위해서 환자의 입원 기록, 지불 등과 같은 정형 데이터와 가족 지원, 의료 기록과 같은 비정형 데이터를 결합하고 있다. 사실 환자 데이터의 80%를 차지하는 건 비정형 데이터다. 이 정보를 활용할 수 있다는 건, 곧 사망자 수와 비용을 상당히 감소시킴과 동시에 환자의 삶의 질을 개선할 수 있다는 걸 의미한다.

교육과 고용 분야에서는, 독일 라이프치히 전자통신 학교가 노동 시장의 동향을 알아보고 관련 과정을 늘렸다. 그들은 시장에서 요구하는 역량과 장기적 목표를 알아보기 위해 구인 정보에서 지속적으로 비정형 데이터를 다운로드해 시맨틱 분석 알고리즘을 사용했다.

공공 서비스를 개선하기 위해 프랑스 툴루즈 시는 실시간으로 공공 문제에 대한 시민들의 의견 추세를 확인했다. 공공 문서는 검증된 후 소셜 미디어 게시 글, 서베이, 의견 조사 등과 통합된다. 이는 툴루즈 시가 더 신속하고 적합한 방식으로 정책들을 조정할 수 있도록 돕는다. 대중교통 영역에서는 US레일이 맞춤형 예지 정비를 완전히 실현하기 위해 빅데이터 프로젝트를 수행했고, 그 결과 기계 결함을 75%, 유지보수 비용을 20% 감소시켰다.

빅데이터 솔루션의 실행 논리는 CRM이나 ERP와는 사뭇 다르다. ERP처럼 바로 구매할 수 있는 패키지 솔루션은 수백 또는 수천 유로에 구매할 수 있다. 빅데이터 접근법은 완전한 맞춤형 솔루션 설계를 위해 공공정책 이슈 분석에서 시작된다. 그러므로 그 접근은 크게 생각하고, 작게 행동하고, 빠르게 배우는 것으로 특징지을 수 있다.

크게 생각하기는 빅데이터의 본질이자 공공정책의 개선으로 이어진다. 작게 행동하기는 클라우드나 오픈소스 솔루션의 지원으로 시행되는 시범 사업에 대한 시행착오 접근법을 뜻한다. 그리고 빠르게 배우기는 강력한 생태계, 경험, 기술 역학을 발판으로 빅데이터 솔루션을 지속적으로 개선해나가는 중요성에 역점을 둔다.

하늘이 내려준 비즈니스, 클라우드

클라우드는 산업 자동화의 규칙을 바꾼다. 새로운 기업들은 다시 생각할 시간이 많지 않다. 최고경영자가 반드시 적극적으로 관여해야 한다.

현장, 기계, 공장, 기업……. 많은 엔지니어가 전통적인 자동화 피라미드 맥락에서 영역을 구분한다. 하지만 IT 산업에서 온 새로운 경쟁자들은 다소 다른 관점을 갖는다. 클라우드에 대해 생각한다는 것은 물리적 객체 대신, 새로운 비즈니스 모델이 등장할 수 있는 디지털 계층을 이해한다는 의미다.

가장 아랫부분인 물리적 층에는 센서, 작동장치, 임베디드 컴퓨터, 네트워크 구성요소(생산 측정기준 제공, 활동 수행, 연산과 정보 릴레이)가 있다. 여기에는 거의 변화가 없다. 그러나 물리적 계층의 바로 상위층, 즉 클라우드 서비스 층에서 4차 산업혁명의 새로운 솔루션 경쟁이 시작된다. 이는 기계 예지 정비와 공장의 현재 성능에 대한 최고의 투명성을 보장하는 솔루션이다.

새로운 서비스 제공자들은 이미 다양한 비즈니스 모델로 시장 점유율 확보를 위해 고군분투 중이다. 그런 회사는 간단한 모델로 고객을 클라우드와 회사가 제공하는 많은 서비스에 연결할 수 있다.

미국 뉴욕의 템부(Temboo)와 같은 회사는 클라우드를 통해 사물인터넷 센서와 다른 하드웨어를 온라인 서비스와 데이터베이스에 연결한다. 템부는 중개자 역할을 한다. 데이터 전송과 더불어, 인증과 같은 중요한 보안 기능을 수행한다. 템부는 심지어 간단한 피드백과 제어 방안도 제공한다. 예를 들어, 템부의 고객사는 클라우드 서비스를 이용해 물탱크의 수위를 결정하고 누수 부분을 탐지해 신속히 처리한다.

의학 임상시험을 감시하거나 데이터 분석을 강화하는 회사도 있다. 이러한 회사들은 고객사에 데이터 전송과 간단한 평가를 제공하는데, 이는 모든 애플리케이션에 적용된다. 따라서 고객들은 데이터 저장, 관리, 분석을 스스로 해야 한다.

다른 클라우드 서비스 제공자들은 그들의 고객을 대신해 데이터 저장, 관리, 분석 업무를 수행한다. 대표적인 예가 자이블리(Xively)나 아마존웹서비스(AWS)를 제공하는 아마존이다. 순수 연결성 외에도 그들의 고객은 실시간 스트리밍 데이터 분석에 필요한 수학 도구를 이용할 수 있다. 여기에는 많은 기업이 클라우드에 아웃소싱하는 것이 합리적이라고 생각할 만큼 충분한 컴퓨터 연산력이 필요하다. 대용량 환자 데이터와 측정량을 저장하고 분석하기 위해서 나사(NASA)의 화성 로버(Mars Rover, 화성탐사로봇-옮긴이)의 제공물을 수용하는 회사도 있다.

전체 산업용 클라우드 솔루션 제공자들은 한 걸음 더 나아가고 있다. 전통적 산업의 중견기업들은 다년간에 걸쳐 쌓은 산업 지식과 새롭게 개발된 IT 노하우를 결합해 이 세분화된 시장에서 기반을 확보하고 있다. 자동화 외에도 그들은 일정 애플리케이션을 제어한다. 가령, 지멘스 마인드스피어(MindSphere)와 같은 플랫폼은 안전한 데이터 전송과 저장 외에도 기업들의 산업 자산을 최적화할 수 있도록 돕는다. 마인드앱(MindApp)은 공장 예지 정비 제공 및 미리 정의된 기준에 따라 에너지와 자원 소비의 최적화를 돕는다. GE의 프레딕스 클라우드(Predix Cloud) 역시 그와 비슷한 산업용 사물인터넷 플랫폼이라고 할 수 있다. 이런 플랫폼을 통해 풍력발전용 터빈 예지 정비용 앱들이 개발된다.

가공 기계 기업 트럼프 역시 클라우드의 잠재력을 알아봤다. 그 기업은 자회사 AXOOM을 통해 고객들이 가치 사슬의 모든 단계를 쉽게 네트워크화할 수 있는 디지털 플랫폼을 제공한다. "수평적 가치 사슬의 일관성은 현재 산업에서 가장 중요한 문제다"라고 AXOOM의 CEO 플로리안 비그만(Florian Weigmann)은 말한다. "기업들은 입찰, 물자 조달, 생산 계획, 자재 관리, 생산, 운송, 심지어 송장 작성까지 최고의 투명성을 원하고 있다"는 게 그의 의견이다. 각 고객은 저마다 구체적인 요구를 가지고 각각 다른 소프트웨어 시스템을 사용한다. 따라서 서비스 상품은 모듈 방식으로 구조화될 수 있다. 그런 방식은 ERP 솔루션이 있어야 하는 고객사뿐만 아니라 제조실행시스템(MES)을 찾고 있는 기업들에도 적합할 수 있다.

인터넷을 통해 제조 회사별로 생산되는 각 기계는 암호화되어 AXOOM 클라우드에 연결된다. 유럽 고객을 위한 인프라는 독일에 위치하며 데이터 보안을 보장한다. "우리 고객들은 현재 대시보드를 통해 생산 데이터의 흐름을 파악한다"고 비그만은 말한다. "여기에는 기계 상태와 활용에 대한 정보가 포함된다. 다른 고객들의 허가하에 다양한 기업들 사이의 벤치마킹 수행도 가능하다."

독일 도이치텔레콤(Deutsche Telekom)은 고객들에게 사물 클라우드(Cloud of Things)로 이와 같은 서비스를 제공한다. 다시 말하지만, 기업들은 자신들의 데이터를 클라우드로 전송하고 평가할 수 있다. "이 서비스는 사물인터넷에 필요한 기본 기능을 갖춘 일종의 도구상자다." 마케팅 매니저 크리스티앙 크레프스(Christian Krebs)는 말한다. "가령, 사물 클라우드는 솔루션 및 필수 IT 인프라와 보안대책 개발에 드는 고객들의 많은 노력을 상당히 줄여줄 것이다." 그 밖에도 사물 클라우드 서비스는 위치정보시스템(GPS)을 기반으로 특정 영역에 가상 울타리를 설치하여 기계의 위치 파악, 데이터 도난 방지, 펌웨어(Firmware) 자동 업데이트 등을 지원한다.

많은 경쟁자와 달리 도이치텔레콤은 자사 네트워크를 보유하고 있다. 앞으로 도이치텔레콤은 이 네트워크를 통해 새로운 모바일 통신 표준 5G를 이용하는 기기들의 무선 네트워킹을 지원할 수 있을 것이다. 또는 고객과 최대한 가까운 위치에서 데이터가 처리되는 '엣지 컴퓨팅(Edge Computing)'을 이용해, 1,000분의 1초의 속도로 대응하기 위한 로컬 데이터 분석을 수행할 수도 있을 것이다.

클라우스 서비스 제공을 목표로 하는 회사들은 네 개의 핵심 경쟁 분야로 차별화될 수 있다. 앞서 설명한 산업 솔루션 제공 서비스 외에도, 지불 모델, 기술 플랫폼, 가치 창출 수준이 핵심 차별요소가 될 수 있다.

지불 모델에 있어, 사용량에 따라 요금을 부과하는 PPU(Pay Per Use)는 고객들에게 많은 유연성을 제공하고 클라우드 제공 회사에도 비교적 높은 이윤을 보장한다. 가령 요금은 사용한 컴퓨팅 시간이나 데이터 트래픽 용량을 근거로 계산될 수 있다. 완전한 산업 솔루션 제공 회사는 기본요금을 부과하는 일이 많다. 그런데 이는 사용자 수에 따라 달라질 수 있다. 프리미엄(Freemium) 모델에서는 고객들이 일정 서비스는 무료로 사용할 수 있지만, 기본 서비스 외에 추가로 제공되는 고급 서비스에는 요금을 지불해야 한다.

기술 플랫폼은 또 다른 차별화 분야다. 서비스 사업자들은 경쟁자들과 차별화하기 위해 그들만의 서비스를 결정해야 한다. 특히 시간이 중요한 애플리케이션들은 클라우드와 엣지 컴퓨팅을 결합할 수 있다. 그에 따라 데이터는 발생 현장에서 우선 처리되고, 그 후 클라우드로 보내질 것이다. 다양한 사업자에 의해 제공되는 그 서비스들은 네트워킹을 이용해서 쉽게 결합한다.

이로써 각 회사는 자사의 제공 서비스에 따라 가치 창출 수준을 간단히 조정할 수 있다. 그들은 제공하고 싶은 서비스가 무엇이고, 어디에 파트너사들의 서비스를 포함하는 것이 더 적합한지 결정한다. 따라서 파트너사들은 클라우드 산업에 있어 중요한 역할을 할 것이다. 전문 솔루션을 공급하는 기업들은 가령 자사의 핵심 역량에 집중하면서 기본 기능은 아마존에 협력을 구할 수 있을 것이다. 아마존은 그들이 핵심 역량에 집중할 수 있도록 도울 것이다.

지멘스와 GE 등 글로벌 대기업은 물론 많은 스타트업 역시 이미 클라우드 시류에 편승했다. 새로운 신생 기업이 빠르게 성장하고 있는 클라우드 시장에서, 자사의 상품을 포지셔닝하는 데 남은 시간은 많지 않다. 그러므로 최고경영자가 직접 나서야 한다. 신규 서비스는 신속히 개발되어야 하고, 기업의 장기 전략의 일부로 자리 잡아야 한다. 특히 대기업은 클라우드 서비스를 단순히 기업의 전통적 비즈니스의 연장 정도로 바라봐서는 안 된다. 좀 더 효율적인 접근법은 스타트업처럼 유연하게 활동할 수 있는 새로운 단위조직에 이러한 활동을 맡기고, 그들이 직접 CEO에게 보고할 수 있도록 하는 것이다.

덧붙여 기업들은 처음부터 사이버 보안에 더 세심한 주의를 기울여야 한다. 알려진 IT 표준 기반의 네트워킹이 증가할수록 산업 공장들은 더 공격받기 쉽다. 끝으로, 기업들은 유연한 개발 접근법을 추구하고 제품 및 서비스에 대한 시범 테스트를 원하는 고객들과 함께 연구해야 한다. 그들이 완벽한 솔루션을 찾을 때까지 가만히 기다리기보다는 기업의 제품을 조금씩 개선할 수 있는 방향에 초점을 맞춰야 한다.

새로운 사고방식은 산업의 기존 습관들에 맞서는 것이다. 그러나 회사가 적시 적기에 적응하지 못한다면, 클라우드는 전통적 자동화 기술 공급회사들에 위협적이기는커녕 그 기회의 빛마저 잃고 말 것이다.

역동적인 틈새시장을 노리는 3D 프린팅

일명 3D 프린팅이라 불리는 적층 가공은 그 어디에서도 찾아볼 수 없는 생산 방법으로 많은 주목을 받고 있다. 가장 매력적인 비즈니스 모델은 대량 생산에서 비롯되는 것이 아니라 역동적인 틈새시장에 뿌리를 둔다.

특히 2013년 뉴욕과 프랑크푸르트 증권 거래소의 대대적인 선전은 대단했다. 그때 이후 3D 프린터 제조사들에 한껏 실렸던 기대감은 한층 누그러지면서 좀 더 현실적으로 되었다. 주가는 낙관적으로 봐도 박스권에 갇혀 있다. 그럼에도 향후 10년 동안 3D 프린팅 시장은 4배 이상 증가할 것으로 예측된다. 특히 공장, 재료 및 부품 제조 매출에 의해 80억 유로가 발생할 것으로 전망한다. 협의적 기반 측면에서는 고속 성장이 기대되지만, 3D 프린팅 기계는 가공 기계 시장에서 1.5% 미만을 차지한다. 긍정적인 예언이 실현된다 하더라도 이러한 기계들은 중단기적으로는 기존의 어떠한 생산 기술도 대체하지 못한다.

금속이나 플라스틱의 대량판매 시장은 대개 유망 분야가 아니다. 생산 기술자들에게 적층 가공으로 불리는 3D 프린팅은 소량 생산을 해야 하는 틈새시장에서 엄청난 이익을 창출하며 새로운 비즈니스 모델의 문을 연다.

이 새로운 비즈니스 모델은 세 개의 파괴적 분야에서 파생된다. 개별 제품의 저비용 고속 제조, 새로운 기하학, 재료 및 프로세스, 그리고 분산 생산이다. 세 분야 모두 생산 산업, B2B, B2C 비즈니스 모델에 지대한 영향을 미칠 것이다.

전통적 방법론과 비교할 때, 적층 가공은 일련의 이점을 갖는다. CAD 데이터가 부품이나 구성요소로 바로 전송되어 프로세스 사슬이 매우 축소된다. 생산품 배포에도 상대적으로 적은 투자 비용이 발생한다.

배치(Batch, 한 번에 물건을 만드는 양의 단위-옮긴이) 크기는 부품 비용과 관계가 없다. 이는 매우 전문적인 소형 시리즈 생산과 프로토타입에 유리하다. 비용은 기하학적 복잡성과도 무관하고, 단지 제조 구성품의 중량과 관련 있다. 가상의 무제한 디지털 디자인 옵션으로 고강도 소재의 기하학적 형태를 만들 수 있다. 이는 전통적 생산 방법으로는 결코 처리할 수 없는 것이다. 따라서 새로운 기능이 실행되어 제품 수명 주기 비용을 감소시킨다. 고가 부품에 대한 새로운 수리 전략은 시간과 돈을 절약한다. 생산이 완성된 부품 중량에 맞춰 원재료의 수량이 더도 말고 덜도 말고 정확하게 소비됨에 따라, 자원 효율성 역시 개선된다.

하지만 적층 가공 업계에 드리운 몇몇 어두운 그림자도 여전히 존재한다. 비용과 배치 크기 사이의 연결고리를 끊는 것은 축복이자 저주일 수 있다. 현재 중대형 시리즈로 생산되고 있는 부품들이 3D 프린팅 기술을 이용해 '있는 그대로(As is)' 제조된다면, 그 단위 비용은 10배에서 50배까지 증가할 것이다. 물론 그 비용은 곧 떨어지겠지만, 차이를 해소할 정도로 충분히 떨어지는 않을 것이다. 왜 그럴까? 이유는 3D 프린팅이 규모의 경제를 무시하기 때문이다. 첫 구성요소는 10만 번째 구성요소만큼 비용이 든다.

3D 프린팅은 소형 시리즈와 프로토타입 생산에서 더 빛을 발한다. 강력한 프로토타입들이 복잡한 도구가 없어도 하룻밤 사이에 나올 수 있다. 그것은 정교한 산업 개발 프로그램에서 개발과 테스팅 주기를 몇 개월 단축한다. 치관(Crown), 의료용 임플란트, 심지어 고가의 보석 등 고도의 맞춤형 제품들은 이미 3D 프린팅을 통해 경쟁적 생산을 하고 있다.

도구가 필요 없다면, 산업 제품들은 수요에 맞춰 제조를 할 수 있다. 심지어 필요 시에는 파트너사에 아웃소싱할 수도 있다. 금속 부품용 3D 프린터는 품질 및 출력률에 따라 4억에서 150만 유로 사이의 비용이 든다. 플라스틱 부품 생산 전문 시스템은 수만 유로로 시작하여 수십만 유로까지 높아질 수 있다. 이러한 전문 시스템의 품질은 수백 유로에 팔리는 가정용 프린터보다 월등히 우월하다. B2B 시장에서는 고도의 전문 인프라가 서비스 제공자들이 고객 부품을 최적화하고 실제 생산을 처리하는 곳에서 생겨나고 있다. 쉐이프웨이즈(shapeways.com)와 머티리얼라이즈(manufacturing.materialise.com)와 같은 웹 플랫폼 역시 B2C 시장을 공략한다.

적층 가공 이용은 제품 비용이 전체 수명 주기에 걸쳐 감소할 수 있는 분야에 특히 유리하다. 일례로 지멘스는 낡은 가스 터빈 버너를 갈아 가루 형태로 만든 후, 다시 적층공법을 활용해 재건한다. 더 가벼운 설계와 더 효율적인 연소 과정은 항공기, 스포츠카, 레이싱 카 등에 더 낮은 연비 혜택을 제공한다. 일례로, GE는 이를 통해 항공기용 연료 주입 노즐을 개선했다.

고객들은 제품 수명 주기 동안 연료 절약이라는 훨씬 중대한 요소에 있어 생산 비용을 만회할 수 있다. 따라서 모든 주요 항공 그룹들이 새로운 유동 성질과 연소 최적화를 갖춘 효율적인 엔진을 포함해 3D로 출력된 구성 부품에 대해 연구하고 있다는 것은 놀랄 일도 아니다. 그리고 그 첫 번째 시리즈 생산이 2015년에 이루어졌다.

R&D 부서의 실정도 이와 비슷하다. 그들은 이 새로운 기술에 맞는 작업 방식을 채택해야 한다. 개발 기간은 수개월에서 며칠로 줄어들 것이다. 창의적인 아이디어는 짧은 주기를 통해 실행될 수 있다. 소프트웨어는 개발과 생산을 지원하는 도구로써 뿐만 아니라 제품 자체의 일부로써 그 어느 때보다 중요해지고 있다. 따라서 선도적인 독일 제조 기업들은 소프트웨어 거인들이 어떤 경험적, 점진적, 반복적인 스크럼 프레임워크(Scrum Framework, 제품을 생산적이고 창의적으로 배포하기 위해 복잡하게 얽힌 문제를 다루는 프레임워크-옮긴이)를 통해 개발 프로세스를 통제하고 복잡성을 줄이는지 그 창의적인 민첩성을 자세히 살피고 있다.

더 나아가 3D 프린터는 항공기 날개와 같은 더 크고 복잡한 구조의 제품이나, 금속과 합성화학 등 소재가 결합한 제품 등을 생각해볼 수 있다. 생산 목적의 적층 가공은 디지털 변화에서는 그 다음 단계다. 하지만 산업화한 틈새 기술이 전통적 방법을 모두 종식하지는 못할 것이다.

적층 가공은 원재료를 여러 층으로 쌓아 3차원 물체를 출력해낸다. 플라스틱, 도자기, 유리, 모래, 그리고 금속은 엔지니어가 CAD

환경에서 만들어낸 부품의 3D 데이터에 따라 처리된다. 설계부터 생산에 이르는 과정은 좀 더 유연하고 효율적이며 비용은 저렴하다. 이는 4차 산업혁명의 프레임워크 내에서 발생하는 디지털 변화의 좋은 사례다.

예를 들어, 에어버스 A350 항공기에는 가루 상태의 티타늄으로 만든 생체 공학적 객실용 선반 받침이 사용됐다. 이러한 선반 받침은 이전 모델보다 30% 더 가벼울뿐더러 원재료를 90% 그대로 사용할 수 있어 낭비가 적다. 결과적으로 생산과 운영 비용 모두 절감된다. GE는 항공기 엔진의 연료 주입 노즐을 3D 프린터로 출력하는데, 이 연료 노즐은 가루 형태의 코발트-크롬 합금으로 제작된다. 경주용 자동차도 그 덕분에 경량화가 가능해졌다.

THE FOURTH

INDUSTRIAL

REVOLUTION

3 부

이미 미래에 도착한 사람들

"당신은 변화의 일부가 될지 아니면, 스스로 탈바꿈할지 결정해야 한다."

— 조 케저(Joe Kaeser, 지멘스 그룹 회장)

01
로봇은 사람을 대체하지 못한다

BMW 그룹 회장

하랄드 크루거
HARALD KRÜGER

▶▶▶ BMW는 전 세계 30개의 공장과 12만 명의 직원을 둔 세계적인 고급차 제조업체다. 회사의 핵심 비즈니스는 럭셔리 세단을 포함해 컨버터블, SUV, 스포츠카, 모터사이클 등이다. BMW는 Bayerische Motoren Werke의 약자이고, 본사는 독일 뮌헨에 있다.

▶▶▶ 하랄드 크루거는 1965년 프라이부르크에서 태어나 브라운슈바이크와 아헨에서 공부하고 1991년에 아헨 공과대학에서 기계공학 학위를 받았다. 1992년 BMW 그룹에 기술계획 및 생산 연수생으로 입사한 뒤, 1993년에 미국 스파턴버그 공장 건설에 프로젝트 엔지니어로 참여했다. 1997년부터 뮌헨과 영국에서 다양한 관리직을 맡았고 2008년 12월 경영진으로 임명됐다. 초기에는 인사 및 사회 부분을 담당했고 나중에는 Mini, BMW 오토바이, 롤스로이스 브랜드 및 애프터서비스를 담당했다. 2013년 4월 1일부터는 BMW 그룹의 최고생산책임자로서 생산 전체를 책임졌으며, 2015년 5월 13일 BMW 그룹 회장에 취임했다.

사우스캐롤라이나 스파턴버그에 있는 미국 BMW 공장에서는 도어 조립에 협업 로봇을 사용한다. 이 로봇은 정확하고 빠르며 필요할 때마다 인간 노동자를 지원한다. 하랄드 크루거는 인터뷰에서 4차 산업혁명의 약속, 가치 사슬의 변화 가능성, 인간과 기계 사이의 상호작용에 등에 대해 이야기한다.

어떤 사람들은 4차 산업혁명이 유행어에 불과하다고 생각한다. BMW에서는 이 용어를 어떻게 정의하는가?

디지털 세상과 실제 세상의 연결이라고 생각한다. 즉, 스마트한 제품과 그것을 연결하는 시스템이다. 이것이 우리가 지금까지 4차 산업혁명을 정의하는 방법이다.

4차 산업혁명의 핵심을 잘 짚어낸 것 같다. 이 주제에 대해 특별하게 생각하는 점은 무엇인가?

BMW 그룹에서는 항상 사람을 생산 시스템의 중심에 둔다. 4차 산업혁명은 결국 사람을 지원해야 한다. 이것이 절대적인 가치다. 4차 산업혁명은 사람을 대체하지 않을 것이다. 사람 없이 방치된 공장을 떠올리게 하는 과거의 컴퓨터 통합 제조와는 다르다. 인류의 기술과 역량은 여전히 핵심적인 성공 요인으로 남을 것이다. 사람은 4차 산업혁명의 호위를 받으며 특정 사물의 인체공학적 측면을 향상하고, 프로세스를 강화하며, 종전에 이용할 수 없었던 정보를 제공할 것이다. 우리는 완전한 자동화를 추구하지 않는다.

그 말은 생산의 진화를 의미하나, 아니면 혁명을 의미하나?

내게 4차 산업혁명은 거대한 디지털 진보가 수반되는 혁명이 아니다. 현재 유용한 것이 갑자기 쓸모없어지는 것을 의미하지 않는다. 그러나 한 가지는 크게 변할 것이다. 시스템과 전체 라인의 통합에 더욱 초점이 맞춰지고, 개별 작업이나 단계적인 프로세스만이 아니라 전체 시스템이 통합될 것이다. 그래서 BMW도 다른 회사와 마찬가지로 시스템 관련 지식에 정통한 사람이 필요하다.

전체적인 관점에서 4차 산업혁명이 과장된 주장이라고 생각하나, 아니면 과소평가되었다고 생각하나?

나는 모든 회사가 4차 산업혁명 안에 내재한 잠재력을 찾아야 한다고 생각한다. 물론 4차 산업혁명은 만병통치약이 아니다. 하지만 4차 산업혁명의 기술로 사물들이 조금 더 긴밀히 연결되어 린 프로세스(Lean Process, 생산 원가 절감 및 낭비를 없애기 위한 제조 프로세스-옮긴이)가 적용되면, 생산성 향상과 우수한 품질을 달성할 기회가 올 것이다. 그러나 그것만으로는 산업 경쟁력을 높일 수 없다.

최근 BMW는 생산성을 향상하여 칭찬을 받고 있다. BMW에서 4차 산업혁명의 세계를 적극적으로 수용하는 이유는 무엇인가?

원자재에서 최종 상품으로, 즉 완성된 자동차에 가치를 더하려면 아직 개발되지 않은 잠재력이 필요하다. 예를 들어 BMW에서는 전기차 모델 i3와 i8에 탄소 섬유를 사용하는 등의 혁신을 추진한다. 이런 식으로 제품을 혁신하려면 프로세스 자체를 혁신해야 하는데, 4차 산업혁명은 그 혁신을 돕는다. 예를 들면, 하드웨어와 관련된 테스트 횟수를 줄여 생산 속도를 높일 수 있다. 경쟁 상황에서 시간은 매우 중요하다. 우리는 이미 프로토타입 구성과 제품, 프로세스 개발에서 디지털 모델링을 향해 나아가고 있다.

시장 도달 기간의 단축은 4차 산업혁명의 주요 이점 중 하나다.

그것이 바로 우리가 4차 산업혁명에 관심을 두는 이유다. 우리는 스파턴버그 공장에서 수행한 것처럼 작은 파일럿 프로젝트로 시작했다. 이 공장에서는 도어 조립 파트에 배치된 협업 로봇이 필요할 때마다 정확하고 빠르게 사람을 지원한다. 충돌이 일어나지 않도록 사람과 로봇의 움직임을 최적화하여 조화를 이루고 있다. 이것이 바로 인텔리전트 네트워킹이다. 미래의 생산이며 인간과 기계 사이의 상호작용이다. 더불어 우리는 연구 파트너로서도 로봇과 함께하고 있다. 사람이 대체된 것이 아니다. 로봇을 통해 공정 과정의 안정성을 향상하고 훨씬 높은 품질 보증을 제공하기 위함이다. 이러한 인체공학적인 지원은 생산 시스템의 지속가능성을 높인다. 이 연결성 덕분에 효율성과 품질의 진보가 촉진된다. 이것이 4차 산업혁명이 제공하는 기회이자, 전체 결과를 개선하는 연결성이다. 우리는 다른 상황에서도 유사한 요소를 시험하고 있다.

4차 산업혁명은 부품 공급업체와의 관계를 어떻게 변화시키나? 가치 사슬의 일부가 변하나?

우리는 OEM이기 때문에 앞으로도 차량 조립과 자동차 자체에 중점을 둘 것이다. 그렇지만 디지털 프로세스를 통해 보다 많은 '선조립 모듈'을 구축할 것이다. 조립 시뮬레이션을 활용하여 자체적으로 디지털 도어의 일부 부품을 개발하고, 공급업체는 나머지 부품을 개발하는 것이다. 이렇게 되면 전체 개발과 생산 시스템을 시뮬레이션할 수 있으며, 공급업체와 더 간결하고 빠르게 협력하여 안정적인 제품을 만들 수 있다. 해외 설비에서도 마찬가지다. 이러한 상호작용은 더 최적화되어야 하겠지만, 가치 사슬 구성 요소의 근본적 변화로는 이어지지 않을 것이다.

연결성 증가로 인해 부품 공급업체의 중요성이 더 높아지는 건 아닐까?

부품 공급업체는 이미 충분히 중요하다. 제조 사슬의 부가가치는 대부분 이미 부품 공급업체에 반영되어 있다. 특히 프리미엄 세그먼트에서는 공급업체와 OEM이 원활하게 협력해야만 자동차 생산이 가능하다. 확실히 온갖 종류의 공급 체인과 다양한 공급업체가 있으며 일부는 개발을 비롯한 전체 시스템에 기여한다. 몇 업체는 도어 패널을 개발하고 테스트도 수행한다. 그리고 여기에도 별도의 부품 제조 및 공급업체가 있다. 우리는 연결된 생산체라는 맥락에서 시스템 공급업체와의 협력을 더욱 강화할 것이다. 앞으로 제품 개발의 초기 단계가 더욱 중요해지기 때문이다. 그래서 가능한 한 4차 산업혁명 초기에 통합이 이루어지기를 원한다. 이런 식으로 인터페이스를 조정하는 것이, 초기 단계부터 빠르게 최적화하고 연결성을 향상할 수 있는 방법이다. 4차 산업혁명이 부품 공급업체의 중요성을 근본적으로 변화시키지는 않을 것이다.

구체적으로 어떤 연구 프로젝트를 수행 중이며, 그 목표는 무엇인가?

주로 소프트웨어를 연결하는 프로젝트를 수행하고 있다. 프로젝트 팀은 물론 체계화되지 않은 조직과도 함께 작업한다. 4차 산업혁명 시대의 목표는 다음 세 가지다. 첫 번째는 연구와 개발 프로젝트다. 새로운 경량 생산 라인, 다른 유형의 자동화, 재료의 새로운 조합, 손쉬운 조임 방식, 생산 리드 시간 단축 등을 꾀하고 있다. 두 번째로 반복적인 대량 생산에 적용할 아이디어를 개선하고 향상하고자 한다. 품질과 비용, 일회성 지출 요건 발생 가능성 파악 등에 활용할 스마트 네트워크를 구축하여 미래 모델 시리즈와 제품에 적용할 방법을 연구하고 있다. 세 번째로는 신제품 프로젝트 및 새로운 생산 구조에 대한 계획 수립과 이와 관련된 4차 산업혁명의 적용 가능 요소들을 연구하고 있다.

좀 더 자세히 설명해줄 수 있나?

현재 브라질과 멕시코 공장을 비롯하여 해외 생산 네트워크를 확장하고 있다. 스파턴버그의 공장도 크게 확장되고 있다. 4차 산업혁명의 새로운 생산 구조가 모습을 드러내면 우리는 생산부터 완성까지 걸리는 시간을 단축하고 온라인 시뮬레이션의 수준을 더 끌어올릴 것이다. 이를 위해 기존의 전통적 기술 계획 특성들을 초기 단계부터 디지털 기반의 계획 방식으로 받아들이면서 부품 공급업체와 협업한다. 예를 들어 도색 공장을 만든다면, 대규모 공장 엔지니어링 회사가 이와 관련된 모든 것을 제공하도록 의뢰한다. 다른 예로, 조립 공정도 있다. 협업 로봇을 다른 지역에도 적용하여 조립 생산성을 높일 것이다. BMW는 OEM이므로 리드 타임과 냉각 시간, 전체 생산 라인의 안정성이 중요하기 때문이다.

성과가 있나?

스파턴버그의 예를 살펴보면 확실히 성과가 있다. 생산 작업자도 만족한다. 4차 산업혁명에서는 지속적인 진전과 향상이 가장 중요하다. 초반이지만 초기 징후는 매우 긍정적으로 보인다.

로봇이 도어를 나른다면 작업자는 확실히 만족할 것이다. 그런데 판매 담당자도 마찬가지로 만족하나?

물론 만족한다. 효율성과 생산성은 늘 중요하다. 이 기술에는 만족할 만한 측면이 여러 가지 있다. 첫째로 우리는 60초마다 한 대를 생산하므로 가동 정지가 일어나면 매초 손실이 발생하는데, 그런 점에서 로봇 기술은 매우 믿을 만하다. 둘째로 모든 것이 전보다 훨씬 빠르게 구현된다. 로봇은 작고 유연하다. 대형 상부 구조물이 덜 필요하고 안전 바와 케이지가 필요 없다. 또한, 통합하고 전환하는 데 시간이 덜 소요되므로 새로운 생산 환경에 신속하게 배포된다.

4차 산업혁명의 전반적인 잠재력에 점수를 준다면?

디지털화를 한다고 해서 생산성이 한 번에 20~30%씩 도약할 것 같지는 않다. 그러나 연간 200만 대를 생산한다고 했을 때, 단 5%만 증가해도 적은 수치가 아니다. 매일 약 8,000대의 자동차를 생산하는 우리의 책임은 효율성을 유지하는 것이기 때문에 생산성이 조금씩 향상되는 것이 굉장히 기쁘다.

최고생산책임자로서 봤던 4차 산업혁명 도입의 긍정적인 면은 무엇인가?

세 가지가 있다. 하나는 독일 인구 구조의 변화다. 4차 산업혁명의 인체공학적 편의는 사람의 건강을 향상해 효율성을 높인다. BMW의 경우에도 만 50세 이상의 직원 수가 꾸준히 증가하고 있다. 두 번째는 속도다. 오늘날 우리는 신속하게 제품을 시장에 내놓고 시장의 요구에 따라 빠르게 생산량을 확대해야 한다. 4차 산업혁명으로 인한 디지털 연결성의 향상 덕분에, 협력업체와 시스템 공급업체, OEM 간의 조율이 원활해짐으로써 시간을 절약하고 경쟁 우위를 차지할 수 있다. 그리고 세 번째는 품질 및 신뢰성의 향상이다.

4차 산업혁명의 맞춤화된 대량 생산은 새로운 것이 아니다. BMW에서 지금까지 판매한 것보다 더 다양한 모델이 모든 차종에서 나올 가능성이 있다.

그렇다. BMW에는 차종별로 매우 많은 모델이 있고 4차 산업혁명을 통해 훨씬 유연하게 변할 수 있다. 우리는 BMW 3시리즈를 남아프리카, 중국, 뮌헨, 레겐스부르크에서 조립한다. 이들 공장에 새로운 기술을 신속하게 최적화하고 전 세계와 연결하여 운영하면 대단한 가능성이 열릴 것이다. 생산뿐 아니라 물류와 배송 등 모든 상품의 흐름도 마찬가지다. 예를 들면, 만약 도어 패널이 추가로 변형됐을 때 새로운 물류 과정과 더 큰 창고가 필요한지를 빠르게 파악할 수 있다. 전체 시스템 측면에서 효율적인 판단을 할 수 있게 된다. 4차 산업혁명은 이를 더욱 활력적으로 만들 것이다. 그래서 우리는 IT 관련한 다양한 기술을 가진 직원과 이러한 관계 형성을 좋아하는 직원이 필요하다.

얘기가 나왔으니 말인데, IT가 점점 더 4차 산업혁명에서의 생산을 제어하는 것 아닌가?

4차 산업혁명은 IT의 중요성을 증가시키지만, 근본적인 변화를 주도하지는 않는다. IT가 기존 생산 시스템과 연결되는 지점에 이미 많은 직원이 일하고 있다. BMW 그룹은 이를 항상 핵심 역량으로 여겨왔다.

필요하다면 BMW는 IT 전문가를 채용할 것인가?

그렇다. 우리는 IT 관련 대학 졸업생 및 연구원 모집에 우선순위를 둘 것이다. 소프트웨어 지식을 가진 직원의 비율은 차량 내부에 전자기술의 적용이 많아질수록 증가한다. 국제화도 훨씬 많은 연결성을 촉진한다. 다수의 현장에서 한 가지 종류의 차량을 만드는 경우에는 보다 효율적인 연결 기반이 구축되어야 한다. IT 전문가가 많이 필요할 수밖에 없다.

BMW에서는 누가 이 사안을 추진할 책임이 있나? 비용 절감을 고려하는 최고재무책임자? 자신의 직위가 더 중요해질 것으로 생각하는 최고정보관리책임자? 아니면 최고생산책임자인가?

각자의 영향권 내에서 이 사안을 추진할 것이다. 동료로서 협력하여 수행할 사안이다. 예를 하나 들어보겠다. BMW 그룹의 기술 조립 계획 책임자는 과거에 생산 IT를 담당했다. 전에는 인프라 관련 애플리케이션 소프트웨어를 만들었지만, 지금은 조립 작업의 기술 계획을 담당한다. 그의 경험은 절대 및 상대 생산 비용, 일회성 비용 및 자본 지출 목표를 달성하는 데 도움이 된다. 양쪽에 대해 잘 알고 있기 때문이다. BMW에서는 직원들의 시야를 넓히기 위해 이러한 변동을 주는 일이 흔하다. 한 부서의 한 직무 경험만으로는 잠재력을 넓게 활용할 수 없기 때문이다. 이것이 바로 협업이 중요한 이유다. 직원은 연결성의 핵심이다. 만약 새로운 것에 대한 직원들의 호기심이 없었다면 강화 탄소 섬유 차체를 볼 수 없었을 것이다.

많은 요구사항이 변하고 있다. 개인적으로는 무엇이 변하고 있는가? 새로운 과제에 어떻게 대처할 것인가?

요청받은 것 중 하나는 4차 산업혁명을 더 잘 이해하기 위해 이 사안에 더 관심을 두는 것이다. 새로운 제품이나 프로젝트에 이를 적용하거나 다른 구성원에게 그 목표의 가치를 전달해야 하기 때문이다. 항상 기회와 위험을 가늠해야 한다. 이를 위해 대학 및 공급업체와의 협업 방안을 찾고, 이러한 활동이 BMW 비즈니스 모델에 어떤 의미가 있을지 자문해보곤 한다. 외부 의견을 무시한다면 독일에 완벽한 모델의 공장이 있어도 소용없다. 또한, 매일 BMW 그룹 네트워크의 국제화에 전념한다.

남아프리카의 생산 구조는 레겐스부르크의 그것과 많이 다른가?

그렇다. 대형 OEM이 공급하는 유럽과는 다르게 남아프리카에서는 현지 부품 공급업체가 적은 생산 볼륨을 만들어낸다. 그로 인해 공정이 자동화되지 않은 경우가 많다. 작년에는 6만 대의 자동차를 생산했다. 현재의 기술을 적용하면 30만 대를 생산할 가능성이 있지만, 이 수치는 큰 의미가 없다. 이는 로봇이 특정 볼륨 및 인건비를 충당할 수 있을지를 고려하여 자동화했을 때를 가정한 계산이다. 이 부분은 상업적 고려가 필요하다.

디지털 생산에 대한 비전은 무엇인가? 스파턴버그에 있는 인체공학적 협업 로봇의 이미지가 떠오르는데……

협업 로봇은 샘플에 불과하다. 이제 시작이기 때문이다.

그 말이 맞다. 하지만 우리는 인간 작업자가 태블릿을 사용하여 무슨 일이 일어나는지 감시하는 것 외에 달리 할 일이 없는 순수한 M2M 커뮤니케이션에 관해서도 이야기하고 있지 않나?

물론 차량과 기계 간 커뮤니케이션에 대해서도 이야기할 수 있다. 생산 공정을 거치는 동안 차량과 기계 사이에서 많은 정보가 교환된다. 이 과정에서 생성된 품질, 프로세스, 환경에 관한 데이터는 유용하게 활용된다. 우리의 차량은 모델과 색상이 어떻게 될지, 어떤 외관이 장착될지 미리 알고 있다. 심지어 생산 후반 공정에 변형을 더 추가할 수도 있다. 가능성을 열어두기만 하면 된다.

4차 산업혁명이 어디로 향할 것으로 예상하나?

이 모든 것이 어디에 이를지를 말하기에는 아직 이르다. 변동 요인이 많다. 기술이 어떻게 발전할지, 가격은 어떻게 책정될지, 모델링할 프로세스는 무엇이고 무엇을 할 수 없는지 등에 따라 다르다. 과연 미래의 자동차가 촉각이나 시각적인 부분, 즉 모양과 느낌이 당신이 기대하는 수준과 일치할까? 더불어 미래에 어떤 일이 일어나든 4차 산업혁명은 자동차 산업과 관련된 사람들을 그저 태블릿을 통해 모니터링하는 상태로 내버려두지는 않을 것이다.

연결된 생산 환경이라면 국제 경쟁에서 유럽과 미국 중 누가 우세하다고 생각하나?

두 시장 모두 기회가 존재한다. 미국은 애플리케이션 IT 분야에 혁신적인 기술을 많이 보유하고 있다. 유럽에는 혁신적이고 독보적인 중소기업 세그먼트가 있다. 또한, 생산 물류와 소프트웨어에 집중하는 공급업체와 대학도 많다. 서비스 개발이 아닌 실제 산업 제품에 대한 연구와 개발의 단계, 생산에 있어서는 유럽이 더 잘 연결되어 있다. 물론 미국이 긍정적인 방향으로 발전하기 어렵다는 건 아니다.

무엇이 뮌헨을 기반으로 한 BMW를 세계적인 기업으로 만들었나?

우리는 균형 잡힌 판매 유통에 주력한다. 시장의 요구에 생산을 맞추기 위해서는 성공적인 생산 기반이 필요하다. 이는 적절한 기술을 가진 직원과 협력업체를 의미한다. 20년 전 미국 스파턴버그에 공장을 건립하면서 지사도 함께 설립했는데, 그 당시 많은 공급업체가 우리를 따라 미국에 지사를 설립했다. 시장의 국제화와 함께 공급업체의 구조도 국제화되는 것이다. 우리는 독일, 중국에서와 마찬가지로 미국에서도 품질과 효율성, 속도를 최적화하기 위해 노력했다. 협업 로봇은 이미 독일에서 연구 및 개발 전 단계에 사용됐다.

여전히 본사가 그러한 주제의 원천인가?

당연히 독일에 우수한 전문가가 많다. 그러나 혁신은 더 이상 한

장소에만 국한되지 않는다. 연구를 위한 우리 노력에는 국경이 없다. 이미 10년 이상 개발과 생산을 위한 기술 사무소를 캘리포니아에서 운영해왔고, 그건 일본에서도 마찬가지다. 더불어 그 외 글로벌 네트워크를 통해 트렌드 발굴 및 생산에 대한 새로운 아이디어를 수집한다.

4차 산업혁명과 관련하여 국제적인 라이벌은 어디라고 생각하나?

아직은 유럽이 한발 앞서 있다고 생각한다. 독일과 유럽의 네트워

크가 움직이는 것을 보면 그렇다. OEM뿐 아니라 유럽의 다양한
공급업체 네트워크를 고려하면 확실하다.

**독일은 산업 역량 측면에서 스마트 기술을 통해 가치 사슬의 가장 큰 부분을
점유할 수 있나?**

4차 산업혁명의 선두를 차지할 기회는 독일에 있다고 생각한다.
이미 충분한 논의를 거쳤다. 독일은 공장 엔지니어링 분야 등에 강
력한 영향력을 가지고 있다. 예를 들면 BMW는 독일 공학한림원
(ACATECH)을 통해, 4차 산업혁명 구현에 대한 연방 정부의 권고안
을 입안하는 자리에 참여했다. 그러나 전 세계의 진전을 과소평가
하지는 않는다.

**모두 잘 될 것처럼 보인다. 그렇다면 경쟁은 어떤가? BMW는 단지 잘 연결되
어 있을 뿐 아니라 앞서 있어야 할 텐데?**

그렇다. 우리는 항상 경쟁에 맞서야 한다. 매일 경쟁을 반복하고
있다. 4차 산업혁명과 관련하여 경쟁 우위를 확보할 만한 기회를
포착한다면 우리는 그 기회를 잡을 것이다. 그러나 연결성 측면에
서 봤을 때 만약 표준화의 기회가 있다면 경쟁을 넘어 합의를 끌어
내야 한다. 두 가지 모두 고려해야 한다.

다른 회사와 비교하여 BMW는 지금 어떤 상황인가?

BMW는 잘하고 있다고 생각한다. 다양한 기업이 4차 산업혁명에
대해 서로 매우 다른 중요성을 부여하고 있다. 시장에서는 4차 산

업혁명에 대한 '투명성'이 주제로 부상하고 있다. 스펙트럼 범위가 '매우 중요'부터 '우리는 아무 변화 없을 것'까지 다양하다.

지멘스는 자사가 3.8차 산업혁명에 도달했다고 말한다. BMW는 어떤가?

그런 식으로 명명하고 싶지는 않다. '지속적인 향상'이라는 BMW의 철학에 역행하기 때문이다. 4차 산업혁명은 우리에게 매우 중요하며 집중적으로 몰두하고 있는 주제다. 세계는 지금 매우 유망한 발전의 초기에 있다. 그래서 더 흥미롭다.

02
자동차를 소유하는
시대가 종말한다

우버 독일 CEO

크리스티앙 프리스
Christian Freese

▶▶▶ 우버는 개릿 캠프(Garrett Camp)와 트래비스 캘러닉(Travis Kalanick)에 의해 2009 년 샌프란시스코에 자동차 서비스 회사로 설립됐다. 고객은 우버 모바일 앱을 통해 이동 요청을 할 수 있다. 그러면 이 요청이 운전자에게 전달된다. 현재 전 세계 50개국 300개 이상 도시에서 택시와 같은 서비스와 라이드 공유 서비스를 운영한다.

▶▶▶ 크리스티앙 프리스는 2015년 1월 독일의 우버 사장으로 임명됐다. 2006년부터 2014 년까지 롤랜드버거에서 근무했으며 최고 책임자로 퇴사했다. 나바라 대학의 이에세 경영 대학원에서 MBA를 수료했고, 카를스루에 공과대학과 세비야 대학에서 산업공학을 공부 했다.

우버는 개별 이동성 시장이 어떻게 분열하고 작동하는지 나타내는 롤모델이 되었다. 자동차를 소유하거나 운전사를 고용하지 않고 전 세계 택시 운송업에 충격을 주었다. 그런데 사실 이것은 시작에 불과하다.

자율주행, E-모빌리티, 카 셰어링 등 자동차 분야는 경이적인 속도로 변하고 있다. 혁신이라고 말하기에 타당한가?

확실히 혁신이다. 우리는 현재 광역 도시권에서 사람들의 행동 방식이 극적으로 변하는 것을 목격하고 있다. 사람들은 더 이상 몇 시간 전에 이동을 계획하고 미리 주문하지 않는다. 곧바로 주문하고 즉시 이동한다. 이것이 핵심이다. 앞으로 '주문형 이동 수단(Mobility on Demand)'이 번창할 것이다. 개인적으로는 '즉석 이동 수단(Mobility on the Spot)'이 이 현상을 설명하는 더 정확한 용어라고 생각한다. 또한, 사람들은 안전하고 저렴하게 이동하고 싶어 한다. 우리는 전 세계 모든 지역에서 이 세 가지 요구, 그러니까 안전, 저비용, 즉시 이용 가능성과 직접 대면한다. 인간 행동의 지역적 차이는 생각만큼 크지 않다.

향후 이동성 시장이 어떤 비즈니스 기회를 열 것 같나?

고객은 선택의 기회가 더 많기를 바란다. 또한, 무엇이 가장 좋고 빠르며 저렴한 대안인지 즉시 판단한다. 우리는 우버 네트워크의 추가 서비스를 고안하고 있는데, 예를 들면 사람들이 좋아하는 식당의 음식을 배달받을 수 있는 우버잇츠(UberEATS) 서비스가 있다. 또한, 편지나 소포의 신속 배달 등 새로운 형태의 물류 서비스에서도 거대한 잠재력을 봤다.

그러면 새로운 교통량이 생성될 것이다. 카 셰어링과 라이드 셰어링으로 자동차의 더 나은 활용을 약속하지 않나?

두 측면 모두 맞다. 자동차의 활용률은 더 높아질 것이다. 자동차를 사용하는 방법이 빠르게 변하고 있기 때문이다. 샌프란시스코의 우버풀(UberPOOL)을 예로 들어 보겠다. 승객이 A 지점에서 탑승하여 B 지점으로 가기를 원한다. 차가 출발하면 알고리즘이 시작되어 같은 방향으로 가지만 C 지점까지 내리고 싶지 않은 두 번째 승객을 식별한다. 첫 번째 승객이 내리면 소프트웨어가 데이터를 다시 모으는 작업이 반복된다. 운전자가 차량에 한 명 이상의 승객을 태우고 몇 시간 동안 운행이 가능한 단계에 도달했다.

정말 미래에는 사람들이 더는 차를 소유하고 싶어 하지 않을까?

그렇다. 도시 거주자들은 최소한 두 번째 차는 없이, 심지어 첫 번째 차(First Car, 생애 처음 소유하는 차)도 없이 지내려는 경향이 있다. 몇 년 이내에 주문형 이동 수단이 광역 도시권 교통량의 20~30% 이상을 차지할 것으로 판단된다. 그렇다고 개인 소유 자동차의 완전한 종말을 의미하지는 않는다. 시골 지역에서는 더욱 그렇다. 그들은 자기 소유의 차가 없으면 살아가기 힘들다. 물론 도시 지역에서도 이 새로운 이동 수단의 효율성은 한계에 도달할 것이다. 모든 곳에서 바람직한 차량 밀도를 달성할 수는 없기 때문이다.

지속적으로 증가하는 도시의 주문형 교통수단의 점유율이 자동차 판매 시장에 어떤 영향을 미칠까?

주문형 교통수단으로 인해 자동차 판매가 폭락하지는 않을 것이다. 어쨌건 자동차의 전체 주행거리는 대략 같을 것이기 때문이다. 하지만 중기적으로는 자동차가 지금보다 훨씬 효율적으로 사용될 것이므로 도로 위의 차량 수는 대폭 줄어들 것이다. 또한, 자동차의 수용 능력과 활용이 7배 증가하면(우리가 기대하는 수치다), 마모 역시 7배 더 늘어나 새 차를 훨씬 빨리 구입해야 함을 의미한다. 이런 현상이 OEM 회사의 새로운 애프터서비스 비즈니스로 이어질 수 있다.

세계적인 회사들은 이동성 시장에 크고 강력한 새 회사를 설립하고 있다. 우버가 자동차 회사에 어떤 영향을 미칠 수 있나?

새로운 회사들이 생길 수는 있겠지만, 자동차 회사들에는 그다지 새로운 상황은 아닐 것이다. 현재 세계적인 렌터카 회사들이 운영되고 있지만, 렌터카 회사와 달리 우버는 자동차 회사의 직접적인 고객이 될 계획이 없다. 기껏해야 파트너 운전자와 구매 계약을 협상할 것이다. 그렇지만 우리 역시 기술 기업이므로 E-모빌리티나 자율주행 같은 첨단 기술에 큰 관심이 있다. 예를 들면 OEM 회사에서 제품 혁신 방안을 찾아내어 우리의 이동성 서비스에 훨씬 잘 맞는 차량을 만들도록 권장할 것이다.

그 말은 자동차 제조업체와 협력하여 새로운 차량을 개발하고 싶다는 걸 의미하나?

새로운 이동성 세그먼트에 적합한 차량을 찾는 것에 대해서는 당연히 적극적으로 관여할 의지가 있다. 여전히 프리미엄 클래스 바로 아래의 클래스에는 택시와 임대, 카 셰어링 서비스 요구에 확실하게 부응하는 차량 유형이 부족하다.

우버는 자율주행 연구 센터와 협력할 것이라고 발표했다. 향후 직접 자율주행차를 만들 계획까지 있는가?

그렇지 않다. 원하지도 않고 만들지도 않을 것이다. 우리의 유일한 목표는 기회를 놓치지 않도록 새롭고 중요한 기술을 따라잡는 것이다. 결국, 우버 비즈니스 모델의 핵심은 차량이기 때문이다. 더불어 기술 지식을 모으는 것이 중요한 이유는 새로운 기술이 우리를 완전히 없애버리지 않도록 하기 위해서다. 우버는 자율주행 기술의 진전과 우선권을 위해 다른 업체와 강력한 파트너십을 맺기를 원한다.

자율주행차가 예측 가능한 미래에 시장에 나올 수 있을까? 그렇다면 언제가 될까?

자율주행 기술은 틀림없이 확고해질 것이다. 치명적인 자동차 사고의 약 90%는 인간의 부주의에 기인한다. 따라서 사고의 근원인 사람을 자율주행 시스템으로 대체하는 것은 대단히 합리적이다. 그렇긴 해도 아직 극복해야 할 장애물이 많다. 특히 법적 측면에서 그렇다. 자율주행차가 대량 판매 시장에 나올 준비가 되려면 최소 5년 이상은 걸릴 것이다.

구글은 이 시장에서 어떤 역할을 맡을 수 있나?

구글이 스스로 교통 서비스 제공업체가 되고 싶어 할 것 같진 않다. 하지만 새로운 자동차 운행 데이터를 추가하는 데 관심이 있을 수는 있다. 현재 구글은 자율주행차를 생산하는 데 전력을 다하고 있다. 이는 자동차 제조업체들이 온갖 노력을 다해 기술을 발전시키도록 촉구하는 하나의 전략일 수 있다. 큰 자동차 제조업체들은 오랫동안 이러한 종류의 차량에 공을 들이고 있고, 현재는 속도를 약간 늦춘 상황이다.

기존 업체는 어떤가? 기존 OEM 업체는 자동차 비즈니스의 고유한 장악력에 지나치게 자신이 있는 건가?

그 말은 너무 포괄적이다. 특히 독일 프리미엄 OEM에는 많은 일이 일어나고 있다. 그들은 현재 온라인 플랫폼에 연결되고 있는데, 예를 들면 새로운 교통 서비스를 만들 뿐 아니라 E-모빌리티와 같은 운전 기술 개발을 강행하고 있다. 또한 여러 회사가 대단히 스마트하게 창업하고 있다. 예를 들어 우버의 경쟁업체인 독일의 마이택시(MyTaxi)는 다임러 그룹에 속하며 BMW와 폭스바겐 같은 제조업체도 운전 기술 개발에 집중하며 여러 연결성 상품을 제안하는 데 매우 적극적이다.

유럽에서 우버는 기반 구축에 매우 어려운 시간을 보내고 있다. 많은 지역에서 개인 차량을 상업적으로 사용하는 간헐적 운전사 비즈니스 모델이 금지되었다. 그래서 우버는 독일에서 법적 요건을 준수하는 서비스를 출시했다. 독일의 규제를 극복하려는 시도를 포기했나? 아니면 단지 다른 날로 전투를 미룬 건가?

독일이 쉬운 시장이 아닌 것은 맞다. 우리가 직면한 몇 가지 규제는 시대에 뒤떨어져 있다. 예를 들면 그들은 모바일 앱으로 교통 서비스를 예약하는 편리함을 허용하지 않는다. 하지만 앞으로 몇 개월 내에 독일 정치권에 규정을 현대화할 필요를 이해시킬 것으로 확신한다. 그러나 여전히 디지털화에 대한 전반적인 반대를 감지하고 있다. 또한, 우리가 미국 회사라는 사실이 몇몇 사람을 설득하기 어렵게 한다. 그렇지만 우리는 독일 시장을 떠나지 않는다. 우리는 머무르기 위해 여기에 있다. 독일의 회의론을 극복하면 다른 국가를 향한 문도 넓어질 것이다.

03
디지털 경제의 '인텔 인사이드'

SAP 제품 및 혁신 담당 이사회 임원

베른트 루커트
Bernd Leukert

▶▶▶ SAP는 비즈니스 애플리케이션 분야의 선두 기업으로, 전 세계에 8만 4천 명의 직원이 근무한다. 인메모리, 모바일, 클라우드 솔루션 등을 제공한다.

▶▶▶ 베른트 루커트는 칼스루헤 대학에서 경영학 석사 학위를 마친 뒤 더블린 트리니티 칼리지에서 1년간 수학했다. 집으로 가는 길에 SAP에서 근무하는 친구와 마주쳐 커피를 마시며 나눈 대화가 그의 경력의 초석이 됐다. 1994년 그는 SAP R/3에서 소프트웨어 개발자로 근무하기 시작했다. 2014년 이후 SAP의 임원으로서 SAP 전 세계 전체 제품 개발 및 납품을 담당했다. 또한, 사물인터넷과 4차 산업혁명, SAP의 전략적 혁신 이니셔티브 등을 이끌고 새로운 성장 기회의 개발을 주도하고 있다.

SAP에서 제품 및 혁신을 책임지고 있는 베른트 루커트가 SAP의 문화적 변화, 독일을 근간으로 하는 글로벌 클라우드 비즈니스의 중요성, 유럽의 4차 산업혁명, 저혈당증이 있는 일본 버스 운전기사 등에 관해 이야기한다.

SAP는 오랫동안 디지털 제품을 판매해왔다. SAP의 자체 디지털 전환은 어떤가?

SAP에 디지털 전환이 없다면 아마 내가 직업을 잘못 고른 게 틀림없을 것이다. 그러나 우리는 지난 44년 동안 구축해온 소프트웨어로 고객의 핵심 부가가치 프로세스를 지원했다. 앞으로는 소프트웨어가 기존 제조업체를 비롯하여 부가가치 프로세스의 필수적인 부분이 될 것이다.

그 생각의 토대가 된 것은 무엇인가?

예전에는 생산 관리자와 IT 관리자라는 두 직무가 회사 조직도에서 확실히 구별되었다. 그러나 앞으로는 더 이상 떼어놓을 수 없을 것이다. 일부 회사는 이 둘을 협력하게 만드는 최고디지털책임자(CDO, Chief Digital Officer)를 고용해 그 구분을 없애려고 노력한다.

그렇다면 SAP는 어떤가?

우리 역시 최고디지털책임자가 있다. 우리는 향후 디지털 채널을 통해 소프트웨어를 배포할 것이고, 빅데이터 시대에 맞춰 고객과 함께, 고객을 대신하여 새로운 디지털 비즈니스를 탐색할 것이다. 물론 앞으로도 여전히 영업 전문가가 고객에게 방문하여 제품을 보여주고, 무역 박람회에서 제품을 소개하겠지만 이러한 활동은 훨씬 덜 중요해질 것이다.

디지털 시장을 통해 더 많이 판매될까?

그렇다. 디지털화는 시장의 투명성과 경쟁사 제품에 대한 통찰력을 제공할 것이다. 좋아하지 않는 사람도 있지만, 이러한 경쟁 영역을 다루지 않으면 이 게임에서 완전히 배제될 것이다.

많은 사람이 하는 이야기다. 이에 대한 고객의 반응은 어떤가?

만약 은행 대출의 50% 이상이 지점이 아닌 인터넷 플랫폼을 통해 이뤄진다면, 은행과 보험 시장은 물론, SAP도 이 부분을 중요하게 재검토해야 할 것이다. 최고디지털책임자가 수행할 일 중 하나는 애플 스토어 같은 온라인 매장을 만드는 것이다. 우리는 최고정보관리책임자(CIO)와 최고운영책임자(COO)뿐 아니라 최고구매책임자(CPO), 최고재무책임자(CFO), 최고마케팅책임자(CMO)에게도 소규모로 제품을 제공하기를 원한다. 이러한 디지털 지원을 통해 고객들이 각자의 비즈니스 영역에서 최적화된 운영을 하도록 도구를 제공할 것이다.

SAP에서는 최고 디지털 책임자의 역할이 디지털화 담당자라기보다는 오히려 영업 관리자 역할인 것처럼 들린다.

중요한 것은 무엇이 먼저인가다. 만약 내가 이 전환을 주도할 수 있다면 세상을 거꾸로 뒤집은 다음 직원에게 변화를 이해시켰을 것이다. 하지만 그럴 수 없으니 내부에서부터 고객에 대한 약속을 다시 정의하고 SAP를 변화해나가려는 것이다.

효과가 있나?

영업으로 시작하지만, 영업에서 끝나지 않는다. 개발에도 영향을 준다. 소프트웨어를 개발하는 방법은 근본적으로 변했다. 예전에는 시장의 요구사항과 사양을 기록한 다음 검토를 거쳐 승인했다. 이는 소프트웨어를 개발한 뒤 품질 보증을 받고 시장에 출시한 다음 피드백을 받는 전통적인 폭포수 모델(Waterfall Model)이다. 피드백을 받으려면 12~18개월을 기다려야 했다. 하지만 이제 빨라졌다. 현재 우리는 고객과 함께 소프트웨어를 개발한다. 최근엔 어느 회사가 공동으로 '사물인터넷 연구소'를 설치하자고 제안했다. 모든 산업에는 전문가가 있으며 우리는 디지털 역량을 제공한다. 이처럼 디지털 세상에서는 새 비즈니스 모델을 정의해야만 소프트웨어를 만들 수 있다.

SAP는 지금까지 여러 해 동안 클라우드 전환에 적극적이었다. 어떤 경험을 했나?

클라우드 소프트웨어는 미래의 표준 기본 모델이 될 것이다. 어떤 회사도 하드웨어를 포함한 데이터 센터를 직접 소유하려 하지 않으며 소프트웨어를 사용하기를 원할 것이다. 자체 데이터 센터를 운영하면 데이터 보안을 직접 제어할 수 있다는 점이 오늘날 이 문제의 유일한 논쟁거리다. CIO 아래에서 끊임없이 소프트웨어를 테스트하고, 설치하고, 실행해야 하는 IT 부서에서는 데이터 센터의 건립 여부에 연연하지 않는다.

논쟁거리가 그것이 다는 아니지 않나?

다른 논쟁거리는 회사들이 더 이상 디지털 변화의 속도를 따라잡기 어렵다는 것을 알게 된 것이다. IT 부서는 영원히 최신의 기술 상태를 유지해야 한다. 때로는 CIO가 제동을 걸기도 하겠지만 그는 회사 내에서 디지털화를 주도해야 하는 사람이며 시장에서 요구하는 것을 실제로 구현할 수 있는 팀을 필요로 한다. 우리는 제품을 보유하는 것에서 단순히 사용하는 것, 즉 소유에서 소비로의 변화를 전망한다. 중요한 것은 회사에서 얼마나 빨리 혁신을 구현할 수 있는지, 이 혁신을 사용하여 얼마나 빨리 가치를 창출할 수 있는지다. 자체 IT 솔루션을 고집한다면, 다른 클라우드 솔루션에 의해 빠르게 추월당할 위험이 있다.

SAP에서는 의도적으로 기존 상품 판매에 영향을 주는 신상품을 소개하곤 했다. 저항이 많았을 것 같다. 이러한 혁신을 이끌어가는 동안 사람들을 본인 편으로 유지한 방법은 무엇인가?

SAP가 크게 변하는 시기였다. 직원들에게 수년 동안 마진의 중요성을 강조해왔는데, 갑자기 클라우드의 단기적인 성장과 그에 따른 시장 지위 및 보급이 마진보다 더 중요하다고 설명해야 했다. 이는 전통적인 기준의 재무 분석으로 평가되는 상장 회사에는 특히 힘든 일이다. 스타트업이 순전히 성장 가능성을 기준으로 평가받는 것과는 차원이 다르다.

문화적 변화를 위한 비법이 있나?

내 개인적인 경험으로 봤을 때, 기존의 구조를 변화시키지 않은 채 새로운 목표를 추가하기만 해도 된다고 생각하면 무조건 실패한다. 시간이 지나 아무 변화도 일어나지 않았음을 뼈아프게 깨달을 것이다. 가능하다면 새로운 비즈니스 모델과 업무 방식을 별도의 조직에 의식적으로 확립해야 한다. 우리는 이를 SAP에 구현했다. 또 우리가 배운 두 번째 사실은, 클라우드로의 이전이 하룻밤 사이에 핵심 프로세스를 제어하는 모든 소프트웨어를 이전하는 것을 뜻하지 않는다는 점이다. 이는 우리가 몇 개의 인수를 이행한 이유이기도 하다.

그렇다면 변화를 반대하는 조직적인 저항이 있지 않나?

당연히 그런 저항이 있다. 하지만 클라우드로의 이전에 대한 결정을 내리는 사람은 대개 IT 관리자가 아니라, 영업 부서장 또는 구매 부서장이다.

클라우드가 다가오고 있다고 했다. 과거에는 CIO가 고객이었지만 현재는 점점 그렇지 않은 상황이 많아진다. 타깃 고객에 대한 초점을 이동해야 한다고 생각하나?

그렇다. 정확하게 봤다.

말하자면 직무별로 그리고 비즈니스 영역을 통해, 일부 경우 지역적으로 타깃 그룹에 도달해야 한다는 것 같은데, 그렇다면 새 제품을 포지셔닝하기 위해 자체 고객 기반을 제거한다는 말인가?

꼭 그렇지는 않다. 석세스팩터스 인수를 통해 얻은 인사 부서장과의 긴밀한 관계는, 우리 자신의 힘만으로는 구축하지 못했을 것이다. 갑자기 인사총괄부장 및 인사부에 중점을 둔 개발 및 영업 조직이 생겼고 우리는 바로 이 그룹과 관계를 형성했다. CIO는 의도적으로 두 번째 접점이 되었다. 우리는 단지 소프트웨어와 데이터 센터, 클라우드 비즈니스를 인수한 것이 아니라 고객 관계를 인수한 것이다. 이는 단순한 조직적 성장을 통해서는 상상조차 할 수 없었던 상황이다. 우리가 스스로 절대 할 수 없었을 또 하나의 내부 전환은, 소프트웨어를 만드는 것뿐만 아니라 운영할 책임도 있다는 것을 팀에 가르치는 것이었다. 우리는 고객에게 연중무휴로 시스템을 제공하는 것이 어떤 의미인지 몰랐다. 반대로 고객 회사의 CIO들은 이런 경험은 있지만, 너무 느렸다. 인수를 통해 우리는 의사결정권자에 대한 접근 루트와 속도를 동시에 얻었다.

서비스 영역에서 SAP에 무엇을 기대할 수 있나? 프로세스의 이동성 제공 같은 중요 서비스를 전적으로 책임지겠다고 들었다.

두 가지가 있다. 첫 번째로 우리는 모든 SAP의 핵심 비즈니스 프로세스를 디지털 서비스로 이용할 수 있도록 만들고 있다. 디지털화를 통해 새로운 비즈니스 모델을 지원할 소프트웨어를 제공할 것이다. 여기에서 '지원'이라는 말은 의도적으로 사용한 것이다. 우리는 비즈니스 모델을 인수하려는 게 아니라 디지털 회사의 '인텔 인사이드'가 되려고 한다.

SAP에 다른 대안이 있나?

우리는 소비자에게 구글과 같은 산업이 될 수도 있었다. 그래서 우리 고객과 직접 경쟁할 수도 있었다. 그러나 그러지 않기로 했다. 우리는 모든 고객과의 공동 혁신을 통해 디지털 플랫폼을 제공하고 서비스를 구축하는 조력자로서의 역할을 맡고자 한다.

그렇다면 두 번째는?

우리는 현재 스물다섯 가지의 산업에서 영업 중이며 고객들이 자신의 산업에 디지털 서비스를 제공할 수 있도록 도와주고자 한다. 나는 자동차 제조업체가 현재는 이동성만 제공할 수 있지만, 앞으로 엄청난 기회가 있을 거라고 끊임없이 말해준다. 그들의 고객은 자동차라는 플랫폼을 소유하고 있다. 디지털 접근을 통해 수많은 이동성 관련 서비스를 제공할 수 있게 될 것이다.

고객과 어떤 종류의 서비스에 관해 토론하나?

왜 자동차는 교통 체증을 계산해서 A에서 B로 가는 최적의 길을 안내하는 내비게이션 시스템만 제공해야 할까. 예를 들어, 내가 하이델베르크 시내로 운전을 한다면 통합 시스템을 사용하여 자동차를 주차할 장소도 예약하고 싶을 것이다. 토요일 아침부터 모든 주차장이 꽉 차 있는 것을 보고 싶지는 않기 때문이다. 그리고 주차장소를 발견한다고 해도 카드나 칩을 사용할 주차 미터기를 찾은 다음 다시 차로 돌아가야 한다. 시스템이 자동으로 차량을 식별하고 휴대전화 요금처럼 청구서를 보낼 수 없는 걸까? 기름을 넣거나 식당을 예약하는 경우에도 마찬가지다. SAP는 산업과 서비스를 네트워크로 연결하고 이를 차량에까지 포함하는 회사가 되려고 한다.

그러니까 우리는 이제 겨우 시작 단계에 있는 것인가?

그렇다. 다른 산업에서도 마찬가지다. 고객은 공기 압축기를 소유하는 것이 아니라 압축된 공기를 소비하고 싶어 한다. 독일 제조업체에 품질 우위가 있다고 주장하려면 공장에 압축기를 배치하고 사용 요금을 청구해야 한다.

캐저(Kaeser), 에어리퀴드(Air Liquide) 같은 회사에서는 이미 그렇게 한다. 왜 SAP가 필요한가?

우리가 디지털화할 수 있기 때문이다. 우리는 압축기의 상태를 지속적으로 모니터링 할 수 있다. 센서가 달린 단말기를 플랫폼에 연결해 상태를 파악하고, 압축기가 고장 나기 전에 서비스 센터에 경고를 보내게 하는 모든 것에 대해 알고 있다. 이것이 예지적 유지보수다. 이를 '절대 고장 나지 않는 자동차' 또는 '사용 중단 시간이 0인 압축기' 같은 콘셉트의 비즈니스 모델로 전환하면 경쟁 우위를 확보할 수 있다. 우리는 혁신적인 비즈니스 모델을 디지털 코어로 연결하는 필수 플랫폼을 갖추고 있다. 제품 책임자와 CIO가 서로 호감을 갖고 협업을 원하게 되는 모델이다.

그렇지만 가격이나 속도로 SAP를 이길 수 있는 모니터링 전문 회사가 많고 그들은 이미 틈새시장을 차지하고 있다. 회사의 규모가 장점이 되나?

물론 그런 회사가 있다. 그들은 우리와 일부 고객과의 거래를 어렵게 만든다. 그 점은 부인하지 않겠다. 하지만 이러한 회사들은 파일럿 프로젝트, 개념 증명(POC, Proof of Concept), 또는 격리된 비즈니스 영역에서 전 세계 출시로 나아갈 때 문제가 발생한다. 이 지점이 바로 확장성이 요구되는 지점, 밀과 겨가 구분되는 지점이다. 갑자기 고객에게 라틴아메리카와 아시아, 남유럽의 서비스센터가 필요하게 되면 스타트업 서비스의 한계가 드러날 것이며 고객은 이를 인식할 것이다.

그렇다면 소프트웨어가 포함된 오퍼레이터 모델을 지원한다는 말인가?

그렇다. 혁신적인 디지털 비즈니스 모델이다.

많은 회사가 선수금 없이는 오랫동안 서비스를 제공할 수 없다. 재정적으로 안정되려면 기계를 팔아야 한다. SAP에서 재정 모델을 지원하여 파트너 역할을 할 수 있나?

우리가 제공하는 것은 위험 공유 모델이다. 금융 서비스를 개발하지는 않을 것이다.

비즈니스가 성공하려면 그런 서비스까지 개발해야 하지 않나?

그렇게 생각하지 않는다. 고객은 우리와 혜택과 함께 위험도 공유하고 있다. 고객의 유일한 위험은 비즈니스 모델을 변경하면서 발생한 막대한 요금을 SAP 또는 클라우드에 지불해야 하는데, 그들의 고객이 새 비즈니스 모델을 수용하지 않을 경우다. 하지만 우리는 고객이 즉시 라이선스 비용을 지불하지 않아도 디지털 솔루션 개발을 제공한다. 고객과 기꺼이 위험을 공유하고 함께 혁신하는 사전 라이선스 방안이다. 이는 디지털화의 중요성을 증가시키는 비즈니스의 대들보가 될 것이다.

사전 계획이 가능한 비즈니스보다 지속 가능한 비즈니스 모델이 되겠다는 것으로 들린다.

그렇다. 기계와 공장과 차량이 네트워크로 연결되고 있다. 사전 계획은 더 쉬워진다. 그러나 금융 시장에서는 고객과 SAP 모두 엄청난 초기 선불 부담이 없어짐을 의미한다.

4차 산업혁명 시대에는 모두 자체 플랫폼을 제공해야 할 것 같다. 얼마나 많은 플랫폼이 있을 수 있을까?

그에 대해 여러 논의가 있겠지만, 자체 플랫폼을 제공해야 한다는 의견에 모든 회사가 동의하지는 않을 것이다.

자체 플랫폼을 제공해야 한다는 의견에 대해 어떻게 생각하나?

나는 그들의 눈을 똑바로 바라보고 전진을 위한 회사의 핵심 역량에 관해 묻고 싶다. 그들이 SAP, IBM, 마이크로소프트와 경쟁하려 한다면 그것은 그들의 선택이다. 우리는 할 수 있다고 해도 잔디 깎는 기계나 냉장고를 생산할 계획이 없다. 실제로 일부 IT 회사들, 구글과 애플에서는 자동차 플랫폼으로 이를 수행하고 있다. 강력한 IT 파트너를 찾지 못하는 회사는 조만간 실패할 것이다.

SAP와 함께하는 회사는 SAP가 자신들의 데이터로 다른 곳에서 수익을 창출할 위험을 걱정할 필요가 없나?

걱정할 필요 없다. 우리는 고객에게 그에 대한 보증서를 제공한다. 데이터 보호 및 개인정보보호에 대한 권리와 함께 유럽연합의 일반데이터보호규정(GDPR)을 따른다. 규칙을 위반하는 모든 회사는 연 매출의 4%를 벌금으로 지불해야 한다. 스물다섯 번 위반하면 그해 매출은 사라진다. 우리는 항상 이러한 규범을 준수해왔다.

고객은 SAP을 독일 회사로 보나? 아니면 다국적 기업으로 보나?

우리는 독일에 본사를 둔 글로벌 기업이다. 도덕적 원칙을 지키고 독일과 유럽의 데이터 보호 규정을 존중할 것을 약속한다.

사람들은 여전히 데이터를 클라우드에 제공하는 것에 의구심을 가지고 있으므로 유럽 회사로 포지셔닝하는 것이 유용할 때가 있지 않나?

그렇다. 이것은 신뢰의 문제다. 우리는 40년 이상 고객 데이터와 지식재산권에 접근했지만 부당하거나 허술하게 사용한 적이 없다는 걸 강조한다. 이런 신뢰는 디지털화에서 매우 가치가 높은 요소다. 또 의사결정권자와의 토론에서 보안과 신뢰는 항상 상위 세 개의 논점에 속한다. 독일에 본사가 있고 독일 회사의 윤리적 근원을 가진 것도 우리에게 명백히 이점을 제공한다.

잠시 SAP를 내려놓자. 당신은 4차 산업혁명 플랫폼을 주도해온 주요 인물 중 하나다. 지금까지 이뤄낸 진전에 대해 얼마나 만족하나?

우리는 생산에 중점을 둔 4차 산업혁명의 화제를 디지털 서비스로 이동하는 데 큰 진전을 이루었다. 특히 비즈니스 파트너, 노동조합, 정치인, 학교가 참여하였으며 '인더스트리 4.0 연구 네트워크'를 통해 독일 경제의 핵심인 중소기업들의 디지털화를 가능케 했다. 충분한 초기 투자가 없었던 점은 큰 장애물이었다.

그렇다면 다음 단계는 무엇인가?

우리는 상당히 진보한 기술로 접근할 수 있으며, 표준을 정의하고 배포하는 방법에 대한 모델을 만들고 실용적인 예를 제공하고 있다. 이제 우리는 디지털 경쟁이 독일이나 유럽에 국한된 것이 아니라는 사실을 모든 사람에게 공표하고 스스로를 개방하며 미국과 아시아의 파트너와 협력해야 한다. 처음으로 2016년 9월에 IIC의 분기별 회의가 유럽, 독일, 정확히 말하면 SAP에서 개최되었다. 우리는 보쉬와 함께 선봉에 섰다. 두 위원회를 대표하기 때문이다. 디지털화는 국가나 대륙 간의 경계에 억제되지 않을 것이다. 실제로 정치인들이 허용한다면 물리적 경계가 없는 것이 디지털화에 매우 도움이 될 것이다.

아시아를 거론하는데, 어느 나라를 의미하나? 중국? 일본?

중국은 큰 야망을 가지고 있다. 그들은 2025년까지 '메이드 인 차이나(Made in China)'를 '크리에이티드 인 차이나(Created in China)'로 바꾸고 싶어 한다. 중국 회사가 얼마나 훈련이 잘되었는지 아는 모든 사람은 이를 '웨이크업 콜(Wake-up Call)'로 보고 주목해야 한다. 또 디지털화는 일본에 새로운 기회다. 카이젠과 린 이후 일본은 뒤처지고 있었다. 나는 종종 일본을 방문하여 스마트 기기와 사물인터넷을 포지셔닝하고 파트너십을 구축한다. 모든 사람이 생각하는 기존의 전자기기 업체뿐 아니라 의류 제조업체와도 파트너십을 구축한다.

흥미로운 이야기다.

예를 들면 우리는 한 일본 도시의 버스 운전기사와 파일럿 프로젝트를 계획하고 있다. 기사가 피곤하다고 느끼거나 저혈당에 빠질 것 같으면 이를 알아채는 센서를 운전기사의 유니폼에 부착하는 것이다. 피곤해하는 경우에는 알람을 울리는 것만으로 충분하지만, 저혈당에 빠지면 자동 제어를 통해 버스가 정지한다. 또 우리는 광산업체와도 협력하고 있다. 이미 통로와 수직굴에 센서 기술이 사용되고 있지만, 광부들에게는 부착되지 않는다. 최근 독일 화학 회사에서 한 직원이 출입금지 지역에 들어갔다가 기계에 압사당하는 사망 사고가 발생했다. 안전 의류에 센서를 설치하면 응급상황에서 기계를 자동으로 정지시킬 수 있을 것이다. 이를 위한 필수 기술은 이미 존재한다.

미래에는 직업에 무엇이 지원될 것 같은가?

모든 애플리케이션에서 머신 러닝과 인공지능이 사용되는 것을 보게 될 것이다. 우리의 애플리케이션을 의사결정 지원 시스템으로 변환해야 한다. 이것이 사회 변화를 이끌 주요 트렌드다.

걱정해야 할 부분이 있나?

독일 경제의 핵심인 중소기업은 인공 알고리즘과 머신 러닝의 결과에 따라 변할 것이다. 그러나 인텔리전트 시스템이 규격화된 작업을 더 많이 담당할 수 있다고 해도, 회사의 성공을 위해서는 필수적으로 직원의 경험을 이용하고 개발해야 한다. 동시에 새로운 비즈니스와 직업이 부상하여 새로운 고용 기회를 창출하고 기술의 이동이라는 결과를 낳게 될 것이다.

우리는 물리적인 프로세스의 디지털화에 대해 너무 많이 이야기하고, 지적 작업, 즉 관리, 사무직, 프리랜서 직업의 디지털화에 대해서는 너무 조금 이야기하는 것 아닌가?

정확한 지적이다. 지적 작업에서도 거대한 변화가 나타날 것이다. 머신 러닝과 인공지능, 사람들이 직접 운영하는 환경에 대한 이해가 더 중요해질 것이며 그 변화가 우리의 일상생활에 진입하기 시작할 것으로 생각한다.

04
기업들의 정보 보안이
취약해진다

에어버스 최고기술책임자(CTO)

장 보티
Jean Botti

▶▶ 에어버스 그룹은 전 세계 170개 이상의 지역에서 운영되고, 직원이 약 14만 명이며, 다섯 개 대륙에 기계 유지보수 허브를 갖추고 있다. 에어버스는 국내 시장만으로도 공급업체에 3만 5천 개의 일자리를 제공한다. 외부 납품 계약의 양이 거의 400억 유로로 에어버스 수익의 3분의 2에 해당한다.

▶▶ 장 보티는 1957년에 태어나 파리 툴루즈에서 기계 공학 석사와 박사 학위를 받고 미시간대에서 MBA를 수료했다. 2006년 이후 에어버스 그룹의 최고기술책임자(CTO) 및 에어버스 그룹 집행 위원회 멤버로 활약 중이다. 에어버스 입사 전에는 미국과 프랑스에서 르노, GM, 자동차 부품 공급업체인 델파이 등에서 일했다.

장 보티는 에어버스 그룹의 최고기술책임자로, 보안 위협으로부터 기업을 보호하기 위해서는 경쟁업체와의 협력 및 보안 표준 합의가 중요하다고 이야기한다. 그리고 창의성이 가장 중요한 덕목이라고 판단해, 최신 기술에 능통한 청소년들과도 협업한다.

4차 산업혁명은 외부 세계와 더 많은 접촉을 의미하기도 한다. 이로 인해 보안에 대한 위협이 증가한다. 에어버스 그룹은 이 상황을 어떻게 대처하는가?

보안은 매우 중대한 요소다. 그러나 완전한 보안은 없음을 정직하게 인정해야 한다. 100% 방어할 수 있는 제품이란 없으며 이는 어떤 경쟁업체도 마찬가지다. 그러므로 보안에 얼마나 투자할지 자문해야 한다. 우리는 '보물'을 구분하고 우선순위를 정하는 전략을 통해 상황을 대폭 개선하여 위험을 크게 줄였다.

위협에 어떻게 적응하나?

기업 내부의 각종 프로세스를 통해 개발과 생산 효율, 보안 수준을 크게 향상했다. 또한, '확장된 기업'이라 불리는 협력업체, 공급업체와의 데이터 교환은 최고의 보안 기준을 충족해야만 진행을 허락한다.

구체적으로 어떤 일을 했는가?

우리의 첫 번째 질문은 '데이터를 어떻게 주고받을 것인가'와 '이를 보호하는 방법은 무엇인가?'다. 이 질문에 응답하기 위해 에어버스 그룹은 2008년에 탈레스(Thales), 다쏘(Dassault), 사프란(Safran) 등의 대형 업체와 힘을 합쳤다. 이 프로젝트를 '부스트에어로스페이스(BoostAeroSpace)'라고 한다.

프로젝트의 초점은 무엇이었나?

주된 초점은 소싱 및 엔지니어링 과정에서 안전하게 데이터를 교환하기 위해 디지털 허브를 설치하는 것이었다. 허브를 통해 OEM에서 공급업체로의 전자 프로세스와 도구의 배포 속도를 높였다. 립헬 항공(Liebherr Aviation)도 추가로 허브에 참여했다.

최근 설문조사에 의하면 기업들은 매주 120회 이상의 사이버 공격으로 고통을 받는다. 에어버스의 경우 수치가 어떤가?

그 정보는 공개할 수 없다. 하지만 어떤 대기업도 이런 종류의 위협으로부터 해를 입지 않았다고 주장할 수는 없을 것이다.

그렇다면 그런 위협으로부터 어떻게 회사를 보호하나?

1년 전 우리의 정보와 제품을 보호하기 위해 사이버 보안 위원회를 만들었다. 나는 의장직을 맡았다. 모든 이해 당사자가 위원회를 대표한다. 또한 에어버스 디펜스 앤 스페이스(Defense and Space)에 사이버 보안 담당자들을 배치했다. 현재는 보안 주제가 매우 광범

위해졌다. 실제로 사이버 보안은 우리 회사에서 가장 중요한 목표 여덟 개 순위 안에 들어 있다. 우리는 늘 확실하게 보안 예산을 책정한다.

보안에 매년 얼마나 사용하나?

아주 큰 비용을 사용한다. 절대적으로 필요하다.

에어버스 그룹은 많은 이해 당사자가 엮인 유럽 회사다. 국제 수준에서 보안 문제를 어떻게 해결하나?

솔직히 모든 사람을 만족하게 하는 것은 거의 불가능하다. 미국에서는 하나의 연방 정부가 이 문제를 취급하지만, 유럽은 더 복잡하다. 독일과 프랑스, 영국, 스페인 등 정부마다 자체 방침이 있다. 즉, 데이터를 보호하는 범위 내에 통합된 구조가 없다. 우리는 항상 나라에 따른 다양한 요구에 대응해야 한다.

데이터 보안은 규제가 주도한다고 생각하나? 구체적인 위협이 주도한다고 생각하나?

둘 모두가 주도한다. 물론 우리는 정부가 원하는 것을 무시할 수 없다. 당국은 매우 구체적인 요구사항을 제시한다. 보안의 경우엔 프랑스가 특히 그렇다. 우리는 제기되는 질문에 맞는 세심한 답변을 찾아야 한다. 동시에 매일매일 구체적인 위협에도 대처해야 한다. 규제는 복잡성을 증가시키지만, 우리에게는 명확한 전략이 있다. 더불어 IT와 프로세스 보안을 강화하는 것과 제품의 보안 역시 필수적이다.

그로 인해 공급업체의 역할이 변하나?

매우 긴밀한 관계가 요구된다. 모든 여객기 소프트웨어 공급업체에는 디지털 서명이 있고 우리의 항공보안관리시스템(Aircraft Security Management System)에 속해 있다. 극히 일부분의 소프트웨어를 제공하는 업체든 항공기 장비 부품을 제공하는 업체든 마찬가지다.

보안 인식 면에서 공급업체마다 다른가?

그렇다. 모든 공급업체가 사프란이나 롤스로이스 같을 수 없다. 일부 공급업체는 자체적으로 완벽한 보안을 보장할 자금이 없다. 그것이 바로 우리가 중소기업을 지원하는 이유이며 이는 궁극적으로 우리의 이익으로 돌아온다. 해커는 항상 취약한 링크를 찾을 것이다. 부스트에어로스페이스는 4차 산업혁명의 과정에서 우리에게 필수적인 보안 수준을 중소기업에 제공한다.

최근 그런 위협이 더 심각해지고 복잡해졌나?

더 복잡하고 심각해졌다. 해커는 항상 더 지능적이고 교묘하며 정교해지기 때문이다. 이에 따라 기업도 과거와 다른 접근 방법이 요구된다.

누가 가장 큰 위협이 되었나?

뉴스를 통해 보는 그대로다. 일부 회사는 제품 불법 복제와 사이버 공격에 취약하다. 단순한 소규모 공격도 있지만, 현재의 위협은 규모가 만만치 않다. 지능적 지속 위협(Advanced Persistent Threat)에 대한 얘기다. 공격이 조직화하고 은밀하며 다양한 방향에서 오는 경우가 많아서 일반화하기 어렵다.

작년에 독일 보안 컨설턴트 후고 테소(Hugo Teso)가 비행기 통신 시스템을 얼마나 쉽게 공격할 수 있는지 보여주었을 때 충격이었을 것 같다. 해킹에 사용된 것은 무선 송신기와 이베이에서 구입한 몇 가지 소프트웨어뿐이었다.

그렇지 않다. 그의 주장은 틀렸다. 그는 결코 비행기를 완전히 제어하지 못했다. 그저 그가 비행기 조종사 라이선스를 가진 똑똑한 해커였다는 사실이 그의 거짓 시나리오를 믿게 했다. 우리는 어쩔 수 없이 대응해야 했다.

어떻게 대응했나?

우리는 10년 넘게 최고의 전문가와 함께 일했다. 항공기 보안을 담당하는 에어버스 팀은 항상 취약 가능성에 대비하고 있으며 모든 것이 안전하다는 것을 항공 보안 당국에 입증해왔다. 나에게는 우리의 인재들을 신뢰할 만한 충분한 근거가 있다. 우리는 최선을 다하고 있다.

위협은 끊임없이 변한다. 새로운 보안 공백에 대해 어떻게 알게 되나?

한 가지 예를 들어 보겠다. 우리는 단지 위협에 대응하는 것이 아니다. 향후 위협을 예측하는 최신 기술에 능통한 청소년들과도 협업한다. 비행기는 수명이 매우 길기 때문에 이러한 협업이 특히 중요하다.

항상 앞서가고 있는지 어떻게 확신하나?

우리 직원들은 최고의 전문가이며 해킹에 대해 잘 알고 있다. 그들은 업무 시간의 절반을 회사의 특정 제품이나 부서에 소비하고 나머지 절반을 미국과 프랑스, 독일, 영국, 중국의 중요한 이벤트에 참석하는 데 쓴다. 이것이 그들을 채용하는 조건이었다. 우리는 일반적으로 경험이 많은 전문가를 찾지만 사이버 보안 분야는 다르다. 더 젊은 사람을 찾는다. 그 무엇보다도 창의성이 중요하기 때문이다.

범죄 공격을 막기 위해 경쟁업체와도 조직을 구성하나?

쉬운 일은 아니다. 우리는 보안 표준에 합의하기 위해 노력해왔다. 에어버스에는 매년 업계의 다양한 회사들이 참석하는 항공기보안 사용자패널(Aircraft Security User Panel)을 주최한다. 추가 위협과 공통 표준, 과거 경험, 관례적인 솔루션이 모두 이 포럼에서 논의된다. 여기에서는 경쟁업체가 배제되지 않는다. 경쟁업체와 항공기 보안과 관련하여 대화한다. 더불어 우리는 항공정보공유워킹그룹(Aviation Information Sharing Working Group)에도 참가하는데, 이 그룹은 산업과 정부가 데이터 보안에 대한 아이디어를 공유하도록 권장하는 것을 목표로 하는 미국 주도의 이니셔티브다.

결과는 어떤가?

많은 회사가 자세한 내용은 이야기하지 않기 때문에 우리는 내부적으로 문제 해결을 시도한다. 그러나 모두 협력을 강화할 필요성을 느낀다. 이는 우리가 조금 더 업계에 정착시켜야 할 문화다.

05
상업용 차량의 혁신

포드 유럽 CEO

짐 팔리
Jim Farley

▶▶▶ 포드는 전 세계에 67개의 공장과 19만 9천 명의 직원을 둔 세계적인 자동차 제조업체다. 회사의 핵심 비즈니스는 설계, 제조, 마케팅, 금융 및 포드 자동차, 트럭, 상업용 차량, SUV, 전기 자동차 서비스다. 5만 3천 명의 직원을 둔 포드 유럽은 포드 브랜드 차량을 생산하고 50개의 개별 시장에서 판매 및 서비스를 제공한다.

▶▶▶ 짐 팔리는 2007년에 포드에 입사해서 처음에는 그룹 부사장, 이후 최고부사장이 되어 글로벌 마케팅과 서비스, 영업을 감독한 뒤 2015년 1월 1일 포드 유럽의 CEO직을 맡았다. 이전에는 1990년에 도요타에 입사한 후 그룹 부사장과 렉서스 본부장이 되었다. 워싱턴DC의 조지타운 대학에서 경제학 및 컴퓨터공학 학위를 받았으며 UCLA 앤더슨 대학원에서 금융학 MBA를 받았다.

배달용 밴 차량(Delivery Van)은 자동차 산업이 향후 운송 물류 분야에서 한몫을 할 수 있는 기회다. 포드 유럽 CEO인 짐 팔리를 만나 상업용 차량의 미래에 대해 이야기를 나눴다. 텔레매틱스(Telematics, 자동차와 무선 통신을 결합한 새로운 개념의 차량 무선 인터넷 서비스—옮긴이)의 중요성 증가와 배급망의 라스트 마일에서 얻을 기회는 그가 상업용 차량의 황금시대가 아직 도래하지 않았다고 주장하기에 충분한 이유가 된다.

당신은 2007년 이후 포드에 입사하여 2015년 1월에 포드 유럽의 CEO가 되었다. 철저하게 자동차 전문인데 트럭에도 정통한가?

가족과 아르헨티나에서 미국에 이민할 때 트럭 운전을 배웠다. 60년대 모델인 포드 F-150 픽업이었다. 세 가지 속도의 수동변속 방식인데 운전대 몸체에 변속 레버가 장착되어 있었다. 내 첫 차는 중고 머스탱(Mustang)이었는데 운전 면허증을 받기도 전에 직접 손을 봤다. 부모님이 나를 '지미카카(Jimmy Car Car)'라고 불렀던 때가 마치 어제 일처럼 느껴진다.

10년 뒤에는 상업용 차량 시장에서 무엇이 기대되나?

제조업체가 상업용 차량 쪽에 투자하기 시작하면 두 가지 트렌드가 산업에 상당한 붕괴를 일으키며 나타날 것이다. 첫 번째는 상업용 경차로의 집중이다. 두 번째는 새로운 이동성에 끼칠 영향인데, 이 부분은 아직 분명하지 않다. 새로운 이동성은 향후 이익을 만들어내는 데 가장 중요한 요소가 될 것이다. 또한, 상업용 차량에 대한 집중 투자는 변화를 수용한 많은 신제품의 등장으로 나타날 것이며, 이는 대부분 가격 압박과 공급 과잉을 동반할 것이다. 경쟁이 심화할수록 이동성 관련 비즈니스에 기회가 있을 것이고 산업 전체에서 가장 중요한 부분이 될 것이다.

차량의 자율주행화와 전동화는 기정사실이다. 거기에 사각지대가 있나?

도시 환경과 운송 시스템의 특성에 한 가지 맹점이 있다. 상업용 차량이 향후 수행할 역할은 장거리 트럭이 아니라 오히려 혼재 화물 차량(Break-Bulk Vehicle)이다. 이때 도시 운송 시스템의 역할이 중요한데, 중앙 정부는 이 분야를 관리하지 않는다. (독일의 혼잡한 지역을 보라.) 런던이나 파리의 운송 인프라를 담당하는 전문 관리자를 보면 도시들이 서로 매우 다르다는 것을 알아챌 수 있다. 도시들은 혼잡을 비롯하여 다양한 관점과 역사, 고유의 문제들을 가지고 있다. 또 다른 맹점은 모든 유럽 도시의 제조업체가 운송 방법을 결정하는 데 영향을 주는 여러 규제다. 우리는 이처럼 예측하기 어려운 장애에 대비하기 위해 도시와의 연관성을 유지해야 했다. 이스탄불, 파리, 런던 등 도시에 따라 매우 신중하고 조심스럽게 진행해야 했다. 도시들은 서로 상당히 다르기 때문이다.

상업용 차량 제조업체에 큰 변화의 위협이 온다는 것인가?

자동차 산업의 관심은 95% 이상 승용차 혁신에 쏠려 있다. 수익성이 매우 높은 상업용 차량 비즈니스에는 아직 충분한 시간을 들이지 않았다. 일부는 그 트렌드를 계속 유지하겠지만, 대부분은 고유한 전략을 만들어나갈 것이다. 핵심은 배송 물류 프로세스의 소위 '라스트 마일'의 변화다. 대중교통을 이용하여 세탁기를 도시에 가져올 수는 없다. 사람을 수송하려면 매우 구체적인 솔루션이 필요하지만 상품 수송, 특히 장인이 사용하는 불규칙한 상품이나 항목은 인터넷에서 구입한 패키지 수송과는 완전히 다르다.

현재 라스트 마일은 밴 제조업체와 15대 이상의 밴을 보유한 운송 사업자가 주로 담당하지만, 우버와 같은 다른 경쟁업체도 나타나고 있다. 분열이 예상되나?

많은 도시가 지하철이나 기타 운송 네트워크의 운영 시스템과 같은 물류 시스템 개발을 시작했다. 아마존의 드론 배송처럼 새로운 운영 시스템을 사용하는 회사는 고객에게 더 나은 가치를 제공할 수 있다. 이들은 애플이나 구글처럼 고유하지는 않아도, 최소한 차별화는 할 수 있다. 그러나 여전히 대도시에 제품을 배송하는 솔루션이 있어야 하고, 비정형의 특수한 물건을 운송하는 문제는 아마존에서도 해결할 수 없다. 소규모 회사의 경우 다른 솔루션이 있을 수도 있겠지만, 제품 기반의 사업에서 추가 운송 사업으로 확장하는 기회가 될 수도 있다.

거기에 효과적인 비즈니스 모델이 있나?

도시는 혼잡을 해결할 억제책으로 수익을 창출하기 시작했다. 도시로의 운전은 지불해야 할 슬롯이 있는 항공기 착륙 패턴과 같은 프로세스가 되고 있다. 런던 대중교통 및 기타 운송 시스템도 이러한 형태로 변하고 있다. 이처럼 ETA(도심 통행료 구역 방식) 및 슬롯 예약 등의 도시 운송 시스템과 통합된 텔레매틱스 프로세스로 인해 요금 지불 방식이 매우 복잡해질 것이다.

유럽의 도로에 있는 트럭 네 대 중 한 대에는 적재 화물이 적거나 없다. 연결성이 이를 어떻게 해결할 수 있나?

아직 스마트 물류 문제에 대한 확실한 해답이 있다고 생각지 않는다. 중기적으로는 밴 운송사업자의 텔레매틱스가 상업용 운송 비즈니스에서 중요한 역할을 할 것으로 본다. 그러나 소기업을 위한 차량 배정, 경로 설정, 상태 진단을 제공할 수 없다면 유럽에서는 경쟁력이 없다. 또한, 상품을 배송하거나 받는 사람이 누구나 쉽게 사용할 수 있는 소프트웨어를 통해 예측 가능한 시스템을 제공해야 한다. 최종 솔루션은 많은 벤처 캐피털의 투자를 받을 것이다.

자동차 산업이 라스트 마일 비즈니스 혁신을 위해 무엇을 해야 하나?

제품이 어떠해야 할지에 대해 생각해야 한다. 현재 소형 화물차의 형태가 적절한지에 대한 의문이 있다. 하이엔드 전기 자동차를 만든 테슬라처럼 새로운 사고를 위한 여지가 있어야 한다. B, C 클래스의 소형 밴이 비용은 가장 적게 들고 크기는 더 큰 B 세그먼트 기반의 제품들과 합쳐졌다. 전동화로 인해 운송량이 제한되고 자율주행까지 적용되면, 제품이 현재와 매우 달라지고 주행거리 역시 기존의 승용차와 달라진다. 차량은 오퍼레이터가 운송을 더 효율적으로 하고 혼잡 상황 및 그로부터 발생하는 모든 복잡한 과세 문제에도 대처할 수 있게 하는 소프트웨어와 연결될 것이다. 소프트웨어는 점점 더 오퍼레이터를 지하철이나 버스에서 지도 앱을 사용하는 개인처럼 취급하게 되고, 차량에서 발생한 데이터는 운송 시스템에서 사용할 수 있도록 자동으로 동기화되어, 그 데이터를 결국 오퍼레이터가 운영에 사용하는 것이다. 그러니까 도시를 운영하는 부서들이 데이터를 이해하고 협업하는 일은 더 중요해질 것이다. 즉, 혁신은 소프트웨어에서 일어날 것이다.

이 세그먼트에서 누가 앞설까?

경쟁이 심한 영역이다. 포드는 유럽 최고의 상업용 차량 판매 업체다. 우리는 그 지위를 지키고 싶다. 우리에겐 전동화, 자동화 기술과 뛰어난 소프트웨어가 있다. 그중 일부는 내부에서 만들었고 일부는 아웃소싱된 것이다. 예측할 수 없는 경우는 유형이 변하는 경우다. 예를 들어 운송 비즈니스가 드론에서 다른 것으로 이동한다든지 하는 경우다. 사실 새로운 제품을 이 영역에 혼합하기는 쉽다. 그러나 트럭 비즈니스는 오랫동안 우리 회사의 기반이 되어왔다. 그 점이 우리의 지속 가능한 이점이며 브랜드 차별화 요소임을 전 세계를 통해 깨닫고 있다. 실제로 포드는 서유럽과 같은 전통적인 시장에 더 많은 기회가 있다고 본다.

큰 그림을 보자. 정책 입안자와 지도자들이 도시 생활을 어떻게 용이하게 만들고 있나?

우리는 유럽의 다양한 도시와 연계하고 있으며 두바이와 싱가포르, 런던 같은 고도로 전문적이고 진취적인 도시를 벤치마킹한다. 두바이와 싱가포르는 도시의 비전을 대중에게 잘 알린다. 최고의 예는 싱가포르지만 진정한 선구자는 런던이다. 런던 대중교통 당국은 독특한 조직이다. 그들은 고객과 대면하고 의견을 실용적으로 반영한다. 또한, 정치 지도자에 따라 다르다. 전 런던 시장인 보리스 존슨(Boris Johnson)은 교통과 공해에 캠페인의 초점을 맞췄다. 그의 뒤를 이은 사디크 칸(Sadiq Khan)은 이러한 계획을 현실화했다. 이처럼 런던의 대중교통은 긴 혁신의 역사를 가지고 있다. 이제 그들은 자전거에서도 디지털 정보를 수집하려고 한다. 이것은 시작에 불과하다.

사회는 점점 더 차를 싫어한다. 걱정되나?

맞는 말이다. 런던 사람들은 "차를 소유하지 않는 것이 좋다"고 말한다. 감정적으로 보면 교통 혼잡은 흡연과 다름없다. 지금까지는 규제의 초점이 승용차에 맞춰져 있었다. 규제 담당자들은 이제 Euro 4, Euro 5(유럽의 디젤 자동차 배출가스 규제의 단계-옮긴이) 디젤 밴을 도로에서 없애려 한다. 전동화 추진도 유럽연합보다 도시가 더 빠를 수 있다. 오슬로가 좋은 예다. 전동화를 선택한 후 비즈니스가 괜찮았지만, 도시로 상품을 배달하는 방법은 여전히 고민이었다. 또한, 사람들은 도시의 음식을 먹고 싶어 할 테지만 음식은 지하로 배달되지 않는다. 사회는 출퇴근을 기반으로 움직인다. 나는 제약으로 인한 의도치 않은 사회적 영향이 걱정스럽다. 어떤 시점이 되면 사람들은 돌아다니기 위해 전기차 트랜짓(Transit) 밴이나 포커스(Focus)를 구입해야 할 것이다. 이로 인해 산업 규모가 변할 것이다. 사실 전기는 퍼즐의 아주 작은 조각에 불과하다. 자율운행과 소프트웨어가 있다. 6개월에서 1년 이내에 업계의 질문은 '애플이나 구글에서 자동차를 출시할 것인가?'에서 '이 브랜드들은 상업용 차량을 어떻게 내놓을 것인가?', '도시에서 이들을 수용하려면 무엇을 해야 하는가?'로 바뀔 것이다. 이에 관해서는 아직 어떠한 논쟁이나 토론도 없지만, 향후 큰 파급력이 있을 것이다.

제조업체로서 지속 가능성에 어떻게 기여할 수 있나?

포드는 110년이 넘은 가족 회사다. 다양한 정치인과 수많은 소비 트렌드를 거쳐왔다. 지속 가능성은 회장인 빌 포드(Bill Ford)가 매우 중요하게 여기는 문제다. 문제에 맞닥뜨리면 숙고하여 선택하고 행동으로 옮긴다. 주주와 내부 이해 당사자들보다 고객을 먼저 생각한다. 고객을 단순히 우리에게 돈을 벌어주는지 아닌지로 판단하지 않고, 사회 전체와 함께 어우러질 방법을 고민한다. 내 직감으로는 승합차보다는 상업용 차량을 통해 지속 가능성에 기여할 것 같다.

06
디지털화가 조직의 제약을 줄인다

포레시아 CEO

패트릭 콜러
Patrick Koller

▶▶▶ 포레시아(Faurecia)는 세계 최대의 자동차 부품 공급업체 중 하나로 34개국의 330개 현장에 10만 3천 명의 직원이 근무한다. 세 가지 핵심 비즈니스인 자동차용 시트, 배기가스 제어 기술, 차량 인테리어 기술 부문에서 글로벌 리더다.

▶▶▶ 패트릭 콜러는 포레시아의 자동차용 시트 비즈니스 그룹의 최고운영책임자(COO) 및 부사장으로 근무한 뒤 2016년 7월 1일 프랑스 자동차 부품 공급업체인 포레시아의 CEO로 임명되었다. 포레시아에 입사하기 전에는 화학 산업의 솔베이(Solvay) 그룹에 속한 로디아(Rhodia)와 자동차 부품 공급업체인 발레오(Valeo)에서 다양한 직위를 거쳤다. 현재 엔지니어링과 경영학 관련 학위를 보유하고 있다.

자동차 생태계에서 OEM의 역할 변화에 따라 다른 생태계에서도 변화가 필요해졌다. 우리는 중요한 자동차 부품 공급업체 중 하나인 포레시아와 이야기를 나눴다. CEO인 패트릭 콜러는 디지털화로 인해 회사 비즈니스에 제기되는 문제에 관해 설명한다. 스마트 제조부터 새로운 리더십 모델까지 디지털 회사 관리에 대한 견해를 공유한다.

자동차 산업의 디지털화가 한창 진행 중이다. 이제 이 산업을 전체적으로 살펴보도록 하자. 어떤 변화가 예상되나?

B2C 비즈니스에서 유일하게 활발한 '중공업'인 자동차 산업에서 디지털화는 대단한 도전이다. 구글, 애플, 우버 등 새로 합류한 업체는 이동성에 대한 데이터를 기반으로 새로운 비즈니스 모델을 개발하고 고객 관계를 통해 가치를 창출하고 있다. 자동차는 점점 더 사물인터넷과 연결된 하나의 기기가 되어가고 있으므로 현재의 자동차 회사들은 이러한 변화 속에서 가치를 창출할 방법을 고민해야 한다.

디지털화는 수익과 어떤 관계가 있나?

비즈니스 모델의 변화를 의미한다. 자동차 산업의 가치는 오늘날 휴대기기와 마찬가지로 모든 관련 서비스로 구성될 것이다. 문제는 누가 관련 서비스에서 가치를 확보할지 여부다. 자동차 회사는 더 이상 가치 창출의 유일한 주인공이 아니다.

자동차 산업은 이러한 문제에 잘 대비되어 있나?

OEM과 공급업체 모두 문제를 인식하고 솔루션을 찾기 위해 협력하는 것으로 보인다. OEM은 이미 통합의 수준을 높이고 자체 이동성 솔루션을 개발하고 있다.

지금 설명한 변화는 부품 공급업체에 어떤 영향을 미치나?

고객의 비즈니스 모델에 그렇게 파괴적인 변화가 일어나면 우리도 그에 맞춰 조정해야 한다. 새로운 제품과 서비스를 개발해야 할 것이다. 예를 들면 자동차 공유의 증가가 예상되므로 얼룩지지 않고 청소가 간편한 차량 인테리어, 차량의 이용 및 추적 가능성을 지원하는 기술, 결제 시스템과의 연결성, 다양한 고객의 기기뿐 아니라 차량 보조 장치와의 원활한 연결 등의 새 기술이 필요할 것이다.

부품 공급업체와 OEM 간의 관계는 어떻게 변하나?

자동차 산업의 가치 사슬 중 어느 부분에서 부품 공급업체가 운영되는가에 따라 다르다. OEM이 제품 과정을 통합하기 시작하는 위치에서 부품 공급업체와 경쟁하는 입장이 될 수 있다. 이러한 현상은 엔진 관리 부분에서 발생하였는데 결국 OEM이 가치 사슬을 다시 직접 가져가기로 했다. 현재 자동차 회사가 가치 사슬에서 특정 영역을 통합하는 주된 이유는 엔지니어링 비용의 감소나 생산의 유연성 때문이 아니라 소비자 관계를 강화하기 위해서다.

포레시아의 고객 관계는 어떻게 발전할 것으로 생각하나?

디지털화는 포레시아 비즈니스에 풍부한 추가 기회를 창출할 것으로 예상한다. 디지털 세상은 연결되어 있으므로 가치를 창출하려면 파트너 생태계가 필요하다. 우리는 공유의 개념과 이를 통해 야기되는 엄청난 투명성에 익숙해져야 할 것이다. 우리는 주요 시스템 공급업체가 되기 위해 시스템 및 기술 역량에 막대한 투자를 하고 있으므로 현재 OEM에서 당면하고 있는 복잡성을 어느 정도 완화할 수 있을 것이다. 이처럼 포레시아와 고객인 OEM 사이에는 긴밀한 협력이 필요하므로 관계는 분명 발전할 것이다.

어떤 식의 협력이 될 것 같나?

우리는 이미 OEM과 긴밀히 협력하여 다양한 영역에서 광범위한 혁신을 이뤄내고 있다. 한 가지 예로 차세대 운전석을 들 수 있다. 앞으로는 자동차 내부의 안전 환경을 위해 서로의 역량을 결합하고 애플리케이션도 함께 개발할 것으로 예상한다. 좌석의 센서가 혈압과 심장 박동을 실시간으로 측정하고 좌석 위치를 조정하여 운전자에게 위험을 알릴 수 있다. 다른 센서는 추가 데이터 수집과 운전자의 스트레스를 모니터링하는 알고리즘을 활용하여 어떤 임계치에 도달하면 자율주행 모드가 저절로 시작될 수 있다.

이런 식으로 생성된 데이터는 자동차 산업에서뿐 아니라 다른 비즈니스 모델에도 귀중할 것 같다.

아직 자동차 산업에서는 데이터 처리 방법에 대한 분명하고 공통적인 합의가 없다. 답변이 이루어지지 않은 질문이 많은 것이다. 예를 들면 건강 데이터의 경우 데이터 소유권 문제가 있다. 이 데이터가 차량 소유자의 것인지, 알고리즘을 개발한 시트 제조업체 것인지, 아니면 자동차 제조업체의 것인지 불분명하다.

하지만 데이터는 디지털 세상에서 화폐와 같은 존재 아닌가?

그것이 바로 사용자가 누구인지와 데이터가 사용되어야 할 전후 사정을 모두 정의해야 하는 정확한 이유다. 개인이 가치가 있다고 여기는 데이터가 한 예가 된다. 예를 들어 운전자가 강력한 스트레스를 받는 동안 운전하지 않도록 관리된다면, 이를 반영하여 월 보험료를 줄일 수 있지 않을까? 또 대규모로 수집되었을 때에만 가치가 있는 데이터도 있으므로 상황은 더 복잡해질 것이다.

데이터 처리는 매우 중요하다. 특정 방안을 고려하고 있나?

생산 공정에 사용되고 그 과정에서 수집된 데이터로 경험을 도출할 수 있다. 포레시아의 내부 시스템 비즈니스 그룹에서는 예지 정비를 위해 정보 수집 센서가 장착된 사출 성형 프레스를 약 1,000개 사용한다. 우리는 이 센서와 개발된 알고리즘을 활용하여 공장효율성을 개선하는 데 이용한다. 이는 해당 부서의 데이터지만 기계 제작 부서와 함께 다른 곳에서 일하는 이들도 이 정보를 통해혜택을 얻을 수 있다.

디지털화는 어떤 방식으로 가까운 미래에 비즈니스 프로세스를 바꾸나?

신뢰할 만한 예지 정비 데이터가 있다면 이 작업을 완전히 아웃소싱할 수 있다. 정확한 시간에 수리 작업이 이뤄질 수 있다. 또한 현재의 프로세스와는 매우 다른 방법으로 처리된다. 지금은 정비를위해 장비를 구매해야 하고 보관도 필요하지만 앞으로는 원하는수준에 맞는 서비스 구매로 대신할 수 있다.

프로세스가 크게 바뀌면 조직의 설정과 직원의 행동, 관리 스타일도 그에 맞춰 조정해야 할 것이다. 포레시아는 디지털화 측면에서 얼마나 성숙한가?

지금 단계에서 디지털화에 능숙하다고 주장할 수 있는 사람은 많지 않다. 우리는 지금 막 시작하고 있다. 하지만 조직화하고 실용적이며 가치에 중점을 두는 방향으로 계속 진행할 것이다. 회사 내 모든 업무에 대한 디지털화에 접근하고 있다. 예를 들면 R&D에서는 복잡한 3D 모델을 시각화할 수 있는 대형 화면을 사용한다. 이 화면을 통해 실시간으로 고화질 커뮤니케이션을 할 수 있다. 직원들은 이 화면 위에 그림을 그리고 쓰면서 협업한다. 이와 같은 기기는 퍼즐의 한 조각에 불과하다. 현재 회사에서 직면한 조직적 제약을 디지털화로 줄일 수 있음을 경험을 통해 이미 배우고 있다. 이는 좀 더 자유로운 운영의 확장을 약속하는 새로운 길이자, 열려 있는 문이다.

주요 과제는 무엇인가?

디지털화는 다양한 작업 패턴을 만든다. 포레시아에는 생산 현장에서 전통적 작업 모드로 일하는 직원들이 있다. 이 직원들은 엄격한 작업 시간과 분명하게 정의된 프로세스를 지킨다. 동시에 점점 더 많은 직원이 전 세계적으로 팀을 이뤄 임시 프로젝트를 수행하고, 이전에 만난 적 없는 사람들, 즉 지구 반대편의 다양한 문화적 배경을 가진 사람들과 협력한다. 따라서 시간대는 많은 문제 중 하나에 불과하다는 것을 상상할 수 있다. 디지털화는 개인의 유연성을 향상하고 전체적으로 회사의 비용 효율성을 크게 창출할 가능성이 있다. 하지만 개방형 협업과 직원 간의 계층 구조 문제는 어떻게 해결할 수 있을까? 디지털 네이티브와 인터넷 이전 세대와의 격차는 어떻게 해결할 것인가? 이런 여러 과제가 리더들에게 주어지고 있다.

그와 같은 리더십 문제에 대한 솔루션을 이야기해 달라.

성과 관리 방법을 재고해야 하는 것이 하나의 예가 될 수 있겠다. 우리는 이제 행동보다 결과를 본다. 또한, 창의성에 위협이 되는 모든 계층을 부수어 평평하게 만들려고 한다. 우리가 회사 내에서 처음 디지털 이니셔티브를 시작했을 때 직원들의 뛰어난 아이디어들로 넘쳐났다. 게다가 직원들은 더 이상 물리적으로 동일한 장소에 모여 있지 않을 때 훨씬 더 강력하게 소속의 필요성을 느낀다. 직원에게는 자신의 커뮤니티, 즉 같은 가치를 공유하는 커뮤니티가 필요하다. 따라서 강력한 기업 문화를 통해 디지털화의 이니셔티브를 지원하는 것이 매우 중요하다. 우리는 '포레시아 되기(Being Faurecia)'라는 용어를 만들어 우리의 문화와 행동을 설명한다. 이 간단한 두 단어는 광범위한 비즈니스에 우리의 조직 문화를 전파하고, 이에 따라 회사의 미래 성장을 지원하려는 우리의 포부를 상징한다. 우리는 잘 정의된 기업 문화가 우리가 하는 일에 의미를 부여하는 데 도움이 된다고 믿는다. 이것은 직원들이 소통하고 정보를 공유하는 방법 등 여러 가지로 표현될 수 있다.

그것으로 유행에 앞서가기에 충분한가?

충분하지 않을 수도 있다. 혁신 과정을 지켜보면서 많은 아이디어에 대해 논의한다. 예를 들어 스타트업 통합은 상당한 잠재력이 있다. 스타트업은 빠르고 독창적으로 생각하며 첨단 기술의 사고방식을 가지고 있다. 현재 우리는 사내 R&D에 많은 돈을 쓰고 있다. 미래에는 혁신이 내부와 외부 모두에서 조성될 것이다. 차량 내부

전자기기의 '마우스' 기능과 같이 돌파구가 되는 혁신이 전체 산업에도 필요하다. 이러한 기술은 다루기 쉬운 '인간-기계 인터페이스'를 통해 모든 기기와 센서를 통합할 것이다. 이러한 유형의 연구 작업에는 외부 자극이 매우 중요하다. 하지만 포레시아와 같은 회사에서 인큐베이터 역할은 쉽지 않다. 기업가들을 지원하고 장기간 자유롭게 개발할 수 있는 환경을 제공해야 한다.

10년 뒤 포레시아는 어떻게 될 것 같나?

이 산업의 주요 시스템 부품 공급업체 중 하나가 될 것이다. 향후 기술 비전은 부품 공급업체와 자동차 회사, 기타 업체들의 협업을 통해 성장할 것이다. 그래서 우리는 관련 트렌드를 더 잘 예측해야 한다. 우리는 이미 글로벌 OEM들과 긴밀하게 일할 수 있는 위치에 자리 잡고 있고 강력한 재정 상태로 튼튼한 기틀을 마련했으며 디지털화와 문화적 혁신을 시작했다. 이제 우리의 역량을 확대하여 전자기기 및 소프트웨어 기술을 더 개발해야 한다. 이들이 바로 미래의 조력자이기 때문이다. 제품 위주의 산업을 넘어서기 위해 혁신에 대한 투자를 가속화해야 한다. 이렇게 함으로써 자동차 산업의 글로벌 비전을 구현하는 과정에서 적극적인 역할을 담당할 수 있을 것이다.

THE FOURTH

INDUSTRIAL

REVOLUTION

4 부

2030 7대 메가트렌드

"뉴욕의 거리가 가장 위험한 시기는 자동차가 처음 등장했지만
아직 말과 마차가 다 사라지지 않았던 때다.
우리는 지금 그와 같은 전환기에 있다."

– 토마스 프리드먼(Thomas Friedman , 뉴욕타임스 칼럼니스트)

▶▶▶▶▶▶

「2030 7대 메가트렌드」는 롤랜드버거의 싱크탱크인 롤랜드버거 협회(RBI, Roland Berger Institute)에서 편찬한 글로벌 트렌드 연구 결과물로, 지금부터 2030년까지 형성될 가장 중요한 트렌드를 설명한다. 여기에서 소개하는 일곱 가지 메가트렌드는 비즈니스 방향 설정에 광범위한 영향을 미치므로 오늘날 기업과 개인이 반드시 취해야 할 조치까지 파악했다.

접근 방식은 다음과 같다. 먼저 전 세계의 모든 관련 트렌드와 시나리오, 미래 연구를 검토한 다음, 그 결과를 확인하고 분석하고 통합하여 이를 메가트렌드로 정의했다. 그런 다음 메가트렌드를 몇 가지 하위 트렌드로 나누어 글로벌 관점과 선진 공업국 및 개발도상국의 시각에서 각각 살펴보았다. 마지막으로 현시점에서 직접 행동으로 옮겨야 할 만한 내용을 제시했다.

이 보고서는 각종 회의와 프레젠테이션, 고객 및 비즈니스 파트너와의 토론 등에 유용하게 활용될 수 있다. 또 하위 트렌드와 권장하는 비즈니스 방향 설정을 참고하고, 글로벌하게 일어나는 중요한 변화를 지속적으로 관찰한다면, 각자 서 있는 위치에서 더 실질적인 도움을 얻을 수 있을 것이다.

이 보고서는 장기적으로 전개될 글로벌 상황에 초점을 맞췄다. 전세계적 관점에서 회사와 경제, 자연계에 가장 큰 영향을 미치는 장기적인 상황 변화 등을 메가트렌드로 다룬 것이다. 모든 예측은 '블랙 스완(Black Swan, 예기치 못한 드문 사건-옮긴이)'이 없는 안정적인 움직임을 반영한 추정치를 기반으로 한다. 즉, 예측할 수 없는 심각한 정치적 위기나 금융 위기, 대규모 자연재해 또는 이와 유사한 광범위한 사건 은 가정하지 않는다.

불안하고(Volatile), 불확실하고(Uncertain), 복잡하고(Complex), 모호 (Ambiguous)한 'VUCA 환경'을 전략적 계획에 포함하려면, 메가트렌 드별 불확실한 요소를 선정하여 각각의 시나리오를 그려봐야 한다. 그러면 시나리오에 따라 서로 다른 미래의 모습을 확인하고, 각각의 경우를 대비할 수 있다.

롤랜드버거가 선정한 일곱 가지 메가트렌드는 다음과 같다.

1. 인구학적 역학
2. 세계화와 미래 시장
3. 자원 부족
4. 기후 변화와 생태계 위기
5. 기술 발전과 혁신
6. 글로벌 지식 사회
7. 지속 가능성과 국제적 책임

01

인구학적 역학

▶▶▶▶▶

▶▶▶▶▶

▶▶▶▶▶

▶▶▶▶▶

인구학적 역학은 한 국가의 사회와 경제에 막대한 영향을 미치는 세계적인 게임 체인저다.
인구학적 역학이라는 메가트렌드 아래에는 다음 네 가지의 하위 트렌드가 있다.

▶ 세계 인구의 증가
▶ 청년 국가와 노년 국가의 구분
▶ 선진국으로 이동 중인 세계 인구
▶ 도시화

세계 인구의 증가

|

세계가 100명이 사는 마을이라면 2015년에서 2030년 사이에 16명의 거주자가 늘어날 예정이다. 마을의 특징도 조금 변화가 있다. 2015년 선진국에 거주하는 인구와 개발도상국에 거주하는 인구가 17 대 83이었다면, 2030년엔 15 대 85로 개발도상국의 인구 비율이 증가한다. 도시에 거주하는 사람의 비율도 2015년 54%에서 2030년 60%로 증가할 전망이다.[1]

2015년 73억 명이었던 세계 인구는 2030년 85억 명이 된다. 선진국 인구는 2015년에서 2030년까지 3,300만 명 정도 증가할 것으로 예상하는 반면, 개발도상국 인구는 이 수치보다 약 34배(약 11억 명) 더 증가해 72억 명에 달할 예정이다. 이처럼 인구 증가의 97%는 개

---

1 이 결과는 중위 가정 추정(통계에 있어 중간값)을 기반으로 한다. 즉, 여전히 대가족이 중심인 국가의 출산력은 줄고, 여성 1인당 자녀가 둘 이하인 국가의 출산력은 약간 증가할 것으로 가정한다.

2015년과 2030년의 '글로벌 마을' 특징

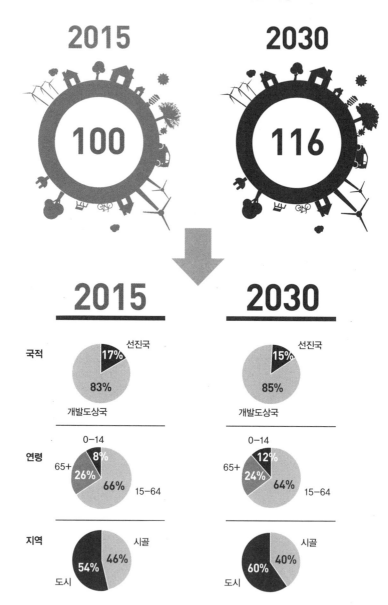

2015

2030

100

116

	2015	2030

국적
- 2015: 선진국 17% / 개발도상국 83%
- 2030: 선진국 15% / 개발도상국 85%

연령
- 2015: 0-14 8% / 15-64 66% / 65+ 26%
- 2030: 0-14 12% / 15-64 64% / 65+ 24%

지역
- 2015: 시골 46% / 도시 54%
- 2030: 시골 40% / 도시 60%

발도상국에서 발생한다.

참고로 2000년의 세계 인구는 2015년보다 20% 적은 61억 명이었다. 그러니까 지난 15년간의 인구 증가와 비교하면 증가 속도가 조금 둔화했다. 2000년에서 2015년 사이에는 인구가 매년 1.2% (약 8,200만 명) 증가한 반면, 2015년과 2030년 사이에는 매년 0.97%(약 7,700만 명) 증가한다.

이러한 인구 증가는 개발도상국 중에서도 특히 최빈국에서 높게 나타난다. 2015년에서 2030년 사이 최빈국의 인구 증가율은 33.2%(매년 2.2%)가 될 것으로 예상한다. 그러면 이러한 국가에서는 물, 에너지, 식량 등 주요 자원의 부족과 사회 보장, 의료, 교육 등과 관련한 심각한 문제에 직면한다.

인구 증가율이 가장 높은 열 개 국가는 인도, 나이지리아, 파키스탄, 콩고, 중국, 에티오피아, 인도네시아, 미국, 탄자니아, 이집트다. 이 국가들의 인구 증가가 전 세계 인구 증가의 절반 이상(54%)을 차지한다. 그중에서도 인도, 나이지리아, 파키스탄의 인구 증가는 전 세계 인구 증가의 30% 이상을 차지한다. 나이지리아 인구는 44%(8,040만 명 이상) 증가할 예정이고, 인도 인구는 2022년에 14억 2000만 명이 되어 중국을 추월해 인구가 가장 많은 국가가 된다. 중국은 인구 증가가 둔화하여 1자녀 정책을 공식적으로 완화하기로 결정했다.

열 개 국가 대부분에서 인구가 빠르게 증가하는 이유는 높은 출산율 때문이다. 미국만이 예외다. 미국 인구 증가의 주요 원인은 이민이다. 이런 국가의 경우 이주자를 사회에서 어떻게 통합하는지가 가장 중요한 과제가 된다.

인구 감소율이 가장 높은 열 개 국가는 일본, 러시아, 우크라이나, 루마니아, 폴란드, 독일, 불가리아, 이탈리아, 헝가리, 세르비아다. 이들 대부분은 매우 낮은 출산율로 인구가 감소한다. 이러한 국가는 모두 출산율이 대체 수준 이하(여성 1인당 자녀 2.1명 이하)다. 독일, 일본, 러시아, 이탈리아, 헝가리의 경우 이민자를 받아들여 저출산의 부작용을 부분적으로 줄일 수 있지만, 불가리아, 세르비아, 루마니아, 우크라이나, 폴란드와 같은 국가는 인구가 지속적으로 국외로 빠져나가고 있기에 상황이 갈수록 악화하고 있다. 장기적인 관점에서 인구가 감소하는 국가에서는 기술력 부족이 심각한 문제가 될 것이다.

거의 모든 전문가가 독일 인구가 감소할 것으로 예측했으나 적어도 현재는 이러한 추세가 이민자들의 증가로 인해 중단된 상태다. 2015년 독일 인구는 5년 연속 증가하여 8,180만 명이 되었다. 출생자 수보다 사망자 수가 많음에도 이민자들의 증가로 인해 인구가 감소하지 않은 사례다.

청년 국가와 노년 국가의 구분

기대 수명이 계속 증가함에 따라 중위 연령도 높아질 것이다. 세계적으로 3.5세가 증가하여 2030년에는 중위 연령이 만 33.1세에 도달한다. 만 0~14세의 점유율은 2015년 26%에서 2030년 24%로

2030년 중위 연령 기준 가장 젊은 국가 15	2030년 중위 연령 기준 가장 늙은 국가 15
1. 니제르	1. 일본
2. 소말리아	2. 이탈리아
3. 앙골라	3. 포르투갈
4. 차드	4. 스페인
5. 말리	5. 그리스
6. 우간다	6. 독일
7. 감비아	7. 슬로베니아
8. 부룬디	8. 한국
9. 잠비아	9. 보스니아 헤르체고비나
10. 콩고	10. 불가리아
11. 탄자니아	11. 루마니아
12. 모잠비크	12. 싱가포르
13. 부르키나 파소	13. 체코
14. 동티모르	14. 크로아티아
15. 말라위	15. 오스트리아

감소하고 만 65세 이상의 점유율은 2015년 8%에서 2030년 12%로 증가한다. 생산 가능 인구(만 15~64세)[2]의 점유율은 2015년 66%에서 2030년 65%로 비교적 안정적으로 유지된다.

선진국과 개발도상국을 나누어 확인해보자. 선진국의 중위 연령은 2.9세 증가하여 2030년에 만 44.1세가 되는 반면 개발도상국의

---

2   UN, 세계은행 등에서 주로 사용하는 연령대

중위 연령은 3.5세로 더 크게 증가하여 2030년에는 만 31.3세가 될 것이다. 선진국의 가장 큰 과제는 늘어나는 노령인구 비율(만 15~64세 사람 수당 만 65세 이상의 사람 수)에 대처하는 방법이다. 생산 가능 인구는 2015년 총 인구의 66%에서 2030년 61%로 떨어지는 반면 65세 이상 인구는 2015년의 18%에서 2030년 23%로 증가한다.

개발도상국에서는 2030년까지 생산 가능 인구의 절대 수가 7억 1200만 명으로 증가하는 반면 생산 가능 인구의 점유율은 현재 66%에서 2030년에 65%로 비교적 안정적으로 유지된다. 개발도상국의 만 14세 이하 점유율은 2015년의 28%에서 2030년에 25%로 감소한다. 이 수치는 선진국과 비교하면 아직 매우 높은 수준이다. 이는 이렇게 많은 젊은이에게 적절한 교육 및 직업의 기회를 제공하는 것이 개발도상국의 큰 과제임을 의미한다.

가장 젊은 국가는 니제르, 탄자니아, 콩고, 우간다 등으로 모두 사하라 사막 이남의 아프리카 국가다. 대부분 낮은 수준의 기대 수명과 매우 높은 출산율에 직면해 있다. 가장 젊은 국가 중 일부는 가장 빠르게 성장하는 국가이기도 하다. 그중에서도 니제르의 2030년 중위 연령은 15.2세로 15년 전에 비해 고작 0.4세밖에 증가하지 못한다. 이는 다음 15년 동안 니제르 인구의 절반이 약 15세 이하일 것임을 의미한다. 이러한 국가의 가장 큰 과제는 역시 사람들에게 적절한 교육과 직업의 기회를 제공하는 것이다.

한편 한국, 일본, 싱가포르를 제외한 모든 급속한 고령화 국가는 유럽에 있다. 인구 고령화의 주요 원인은 매우 높은 수준의 기대 수명과 매우 낮은 출산율의 결합이다. 가장 빠른 고령화 국가인 일본의

2030년 중위 연령은 만 51.5세다. 전체 인구의 절반이 만 52세 이상이 된다. 이런 고령화 국가의 가장 큰 과제는 연금 및 사회 보장 시스템에 들어가는 자금 마련이다.

선진국으로 이동 중인 세계 인구

2015년 세계 인구의 3.3%, 2억 4400만 명이 타국에서 국제 이주자로 살아간다.[3] 이는 2000년 이후 41% 증가한 수치며, 전체 이주자 중 60% 가까이는 유럽과 북미에 거주한다.

또 전체 국제 이주민 중 10% 이하(2130만 명)가 난민이고[4], 이 난민 중 520만 명이 가자 지구 및 웨스트 뱅크 출신의 팔레스타인인이다. 팔레스타인 난민은 UN 팔레스타인 난민구호기구(UNRWA)에서 지원하고 있으며, 그 밖의 다른 지역 난민은 UN난민기구(UNHCR)에 지원한다. 이 중 54%의 난민이 시리아(490만 명), 아프가니스탄(270만 명), 소말리아(110만 명) 세 국가로부터 발생했다.

세계 인구 이동의 원인은 다양하다. 중기적으로 볼 때 국가 간 경제 및 인구통계학적 불균형이 가장 강력한 요인일 수 있다. 그 밖에

---

3 UN의 정의에 따르면 국제 이주자는 최소 3개월간 거주하던 국가를 변경하는 사람이다.
4 난민은 갈등이나 박해를 피해 달아난 사람으로 국제법에 따라 정의 및 보호되며 생명과 자유가 위험에 처한 곳으로 추방되거나 돌려보내져서는 안 된다.

도, 갈등이나 박해, 기타 인권 침해와 같은 정치적 요인, 가족 및 친구에게 가까이 가려는 사회적 요인, 선진국의 더 나은 교육 시스템을 찾거나 자연재해의 위협에서 벗어나고자 하는 환경적 요인이 있다.

UN에 따르면 "이주의 범위와 복잡성, 영향력이 계속 증가하고 있다." 생산 및 노동 시장의 세계화는 국제 노동 이동을 촉진하는데, 교통과 기술이 발달해 더 먼 거리로 더 빠른 이주가 가능해졌다.

미디어와 대중은 국제 난민에게 초점을 맞추는 경우가 많지만, 실제로는 국내 추방 난민(IDP, Internally Displaced People)의 수가 훨씬 많다. 2015년 말에는 갈등과 폭력으로 인한 전 세계 IDP가 4,080만명이었으며, 이 수치는 국제 난민 수의 약 2배에 달한다.

세계 인구 이동은 다음 15년 동안 계속될 것이며, 그 특징은 한마디로 개발도상국에서 선진국으로의 이동이라고 할 수 있다. 2015년부터 2030년까지 순 인구 이동의 예측치는 다음과 같다.

북미	+1,810만 명
유럽	+1,300만 명
아시아	-2,130만 명
중남미	-520만 명
아프리카	-690만 명
오세아니아	+230만 명

2015년에서 2030년 사이에 개발도상국에서 선진국으로 약 3,400만 명이 이동한다. 이 3,400만 명 중 36%는 최빈국 출신이다. UN에

따르면 안전한 이주를 보장하고, 이주자의 인권을 보호하며, 이주자의 이동과 고용을 효과적으로 관리하고, 개발도상국과 최빈국의 경제 및 사회적 요구에 적극적으로 대응하는 것이 이주자를 받아들이는 국가들의 가장 중요한 과제다.

도시화

도시 지역에 대한 정의는 국가마다 크게 다르다. 어떤 지역을 도시로 분류하는 기준은 최소 인구 기준, 인구 밀도, 비농업 부문에 종사하는 비율, 포장도로, 전기, 수도관이나 하수관 같은 인프라, 교육 또는 보건 서비스 등인데, 이 중 하나를 취할 수도 있고 몇 가지를 조합할 수도 있다. 여기에서는 각 국가에서 사용하는 정의를 따랐다. 생활 조건 변화에 따라 선진국과 개발도상국 모두 도시 지역에서 사는 사람 수가 증가한다. 도시 지역의 인구 증가 수치는 다음과 같다.

세계   54.0%(2015년) → 60.0%(2030년)

선진국   78.3%(2015년) → 81.5%(2030년)

개발도상국 49.0%(2015년) → 56.2%(2030년)

2030년까지 도시 인구는 계속 증가하여 세계 인구의 60%가 도시 지역에서 살게 된다. 도시 지역에 사는 사람의 절대 수가 11억 명 이상 늘어나는 데 반해 시골 지역에 사는 사람의 절대 수는 1,800만 명만 증가한다.

선진국에서는 2015년 인구의 78%가 도시 지역에 거주하는 반면 개발도상국의 경우 인구의 49%만 도시 지역에 거주한다. 그렇지만 이러한 큰 차이는 개발도상국의 강력한 도시화 과정을 통해 좁혀질 것이다. 2030년까지 총 도시 인구 증가의 94%는 개발도상국에서 일어나고, 이러한 국가에서 메가시티가 늘어난다. 그 결과 2030년까지 선진국 인구의 82%와 개발도상국 인구의 56%가 도시 지역에 거주할 것이다.

절대 수로 보면 2015년에서 2030년 사이에 개발도상국에서는 도시 지역에 거주하는 사람이 10억 명 이상 증가하지만, 선진국의 경우 6,700만 명 정도만 증가할 것임을 의미한다. 이에 따라 개발도상국에서는 도시 인구 밀집지역으로의 막대한 인구 유입에 대처하는 것이 중요한 과제가 된다. 급속히 늘어나는 도시에 적절한 인프라를 제공하는 일은 정부 및 비정부 관계자의 협력이 요구되는 까다로운 과제다.

2030년이 되면 인구 최대 밀집 도시 열다섯 개 중 절반 이상이 아시아에 위치한다. 그중 계속 가장 큰 메가시티로 남는 도시는 도쿄다. 2030년 세계 15대 메가시티는 다음과 같다.[5]

---

5 LMC Automotive, 국제에너지 기구(IEA: International Energy Agency)

1. 도쿄 (3,720만 명)

2. 델리 (3,610만 명)

3. 상하이 (3,080만 명)

4. 뭄바이 (2,780만 명)

5. 베이징 (2,770만 명)

6. 다카 (2,740만 명)

7. 카라치 (2,480만 명)

8. 카이로 (2,450만 명)

9. 라고스 (2,420만 명)

10. 멕시코시티 (1,990만 명)

11. 상파울루 (2,340만 명)

12. 킨샤사 (2,000만 명)

13. 오사카 (2,000만 명)

14. 뉴욕 (1,990만 명)

15. 캘커타(1,910만 명)

삶의 질을 높이기 위해, 메가시티가 해결해야 할 과제는 많다.

충분한 자원 : 도시화는 수자원의 가용성과 품질에 부정적인 영향을 미친다. 특히 지하수 부족과 오염이 큰 문제가 된다.

교통 및 이동성 : 1970년에는 전 세계에 약 2억 대의 자동차가 있었다. 2030년까지 자동차 수는 약 16억 대로 증가하여, 심한 대기 오염과 교통 혼잡이 발생한다.

에너지 공급 : 도시는 전 세계 에너지 소비의 3분의 2를 사용하며 2030년까지 약 4분의 3을 소비할 것이다. 메가시티는 탄소 배출량을 줄이면서 충분한 에너지를 보장하는 스마트 솔루션을 찾아야 한다.

폐기물 관리 : 빠르게 성장하는 메가시티에서는 산업의 발전과 소비자 행위의 변화로 인해 통제 불가능한 양의 폐기물을 발생한다. 폐기물 처리를 구축하는 일은 각 메가시티의 주요 과제다.

보안 : 대도시의 가장 심각한 사회 문제는 범죄다. 억제되지 않는 저소득 인구의 팽창은 강도와 폭행의 증가로 이어질 수 있다.

기업은 어떻게 대응해야 하나

첫째, 인구가 성장하는 국가에 초점을 맞추되, 인구가 감소하는 국가도 소홀히 하지 말아야 한다.

성장하는 지역의 새 고객 확보는 중요한 과제다. 인구가 증가하면 1인당 GDP도 상승한다. 예를 들어 인도, 중국, 브라질, 멕시코, 이집트는 다음 15년 이내에 인구가 2,000만 명 이상 증가하고 구매력 평가(PPP, Purchasing Power Parity) 면에서도 1만 달러 이상의 1인당 실질 GDP를 달성할 것으로 보인다. 인구와 GDP의 동시 증가는 한 국가가 경제적으로 매력적임을 나타내는 강력한 지표지만, 사실 이것만으로는 충분치 않다. 이외에도 국가 내 다양한 부문과 산업, 향후 고객 요구도 살펴보아야 한다.

언뜻 보기에 인구가 감소하는 국가는 매력적이지 않은 것처럼 보인다. 하지만 다음 세 가지 사실에 유의해야 한다. 1) 인구가 감소하는 많은 국가는 대체로 가장 선진국이고 경제적으로 막강하며, 인구 감소 과정이 비교적 느려서 2030년에도 여전히 경제 강국일 것이다. 2) 일부 비즈니스는 인구 증가와 별개의 문제다. 예를 들어 원자재 사업의 경우 일반적으로 그 국가의 인구가 감소하는지는 중요하지 않다. 3) 인구가 감소하는 국가는 기존 건물과 공장의 해체, 줄어드는 인구의 요구에 맞는 새로운 건물 건설, 생태계 복원 등 일부 전문 사업에 추가 비즈니스 기회를 제공한다.

둘째, 선진국에서는 60세 이상 세대에 초점을 맞추고 최빈국에서는 젊은 세대의 교육 및 훈련에 초점을 맞춰야 한다.

많은 선진국에서는 60세 이상 인구가 상당한 비율을 차지할 것이다. 기업은 이들 고객의 요구를 잘 파악하고 있어야 한다. 이 세대는 매우 소비 중심적이고, 서비스를 즐기며, 사용하기 쉬운 제품을 환영한다. 이들은 노인용이라는 브랜드가 붙은 상품은 좋아하지 않지만, 3S, 즉 단순함(Simplicity), 서비스(Service), 안전(Security)을 충족하는 기능은 선호한다. 더 많은 노동 인구가 60세 이상의 연령 그룹에 속함에 따라 그들의 경험을 충분히 활용할 수 있도록 조직의 구조와 절차를 조정하는 작업도 필요하다.

반대로, 아주 젊은 인구의 국가도 있다. 나이지리아만 제외하면 이러한 국가는 거의 모두 최빈국 그룹에 속한다. 이들 국가에 필요한 것은 젊은 세대를 위한 교육과 고용이므로 빠르게 수익을 올리기에는 적합하지 않다. 그렇지만 장기적인 관점으로 보면 비즈니스 개척자로서 저임금의 장점을 누릴 수 있고 뛰어난 트레이너와 고용주로 자리 잡을 수 있다. 또 성능이 제한된 중저가 제품을 판매하여 젊은 세대와 이들의 향상된 경제 상황으로부터 이익을 얻을 수 있다.

셋째, 이민자의 재능을 활용해야 한다.

많은 선진국, 특히 인구가 감소하는 국가에 위치한 회사는 능력 있는 직원의 부족에 시달린다. 이 공백은 이민자들의 유입을 통해 균형을 맞춤으로써만 채워질 수 있다. 그러므로 기업은 국제적으로 매력적인 고용주로서 입지를 구축해야 한다.

선진국으로 이주한 이민자는 대부분 고도의 자격 요건을 갖춘 인력이다. 회사에서는 이러한 인재 풀을 활용하여 경쟁력을 유지하고 비즈니스를 개발해야 한다. 이민자의 국제적인 경험은 회사를 다양화시키고 해외로의 확장을 용이하게 한다. 다양성 관리와 글로벌 채용 및 유지 전략의 최적화된 결합은 큰 경쟁 우위 확보로 이어질 수 있다. 이민자는 회사에 새로운 아이디어와 혁신을 가져올 수도 있다. 예를 들어, 개발도상국에서 이주한 이민자는 이러한 국가의 고객 요구와 고객에 대한 접근 방식에 대해 잘 알고 있다.

넷째, 도시 인프라 구축 및 운영으로, 도시를 트렌드에 대한 실험 및 스마트 솔루션 발견을 위한 플랫폼으로 활용해야 한다.

성장하는 도시는 주거, 사무용 건물, 공장, 도로, 운송 시스템, 공공 보건 인프라, 수도 및 폐기물 관리 시스템 등 온갖 종류의 인프라에 대한 수요가 크다. 이는 건설 및 설비 관리 회사에 큰 기회가 되며 이 둘 모두를 제공하는 회사에는 더 큰 기회가 주어진다.

새로운 인프라에 대한 요구는 개발도상국의 성장하는 도시에서 가장 높다. 이러한 도시에서는 부분적으로 빈민가에 거주하는 극빈층에게 기본적인 인프라를 제공해야 하는 경우가 많다. 베이징이나 뭄바이와 같은 신흥국의 메가시티는 인구보다 더 빠르게 증가하는 중산층의 추가 인프라 수요를 만족시켜야 하는 더 큰 과제에 직면한다. 또 도쿄나 뉴욕 등 선진국의 메가시티는 고령 인구를 위한 특별한 인프라가 필요하며 노후화된 인프라의 교체와 현대화가 필요하다. 따라서 기업은 도시에 따른 특정 요구에 대한 인프라 접근 방식을 조정해야 한다.

또한, 기업은 도시를 향후 트렌드 실험실로 활용해야 한다. 트렌드 세터는 대개 도시에 거주하며 이들을 변화에 대한 주 원동력으로 삼을 수 있기 때문이다. 기업은 일반적으로 생활 공간이 제한된 환경의 성장하는 도시에서 시급히 요구되는 스마트 솔루션을 개발하고 테스트해야 한다.

출처 및 참고자료

- 국제연합(UN), 경제사회국, 인구 분과.
  세계 인구 전망: 2015년 개정판.
  http://esa.un.org/unpd/wpp/index.htm

- 국제연합(UN), 경제사회국, 인구 분과,
  세계 도시화 전망: 2014년 개정판.
  https://esa.un.org/unpd/wup/

- 국제연합(UN), 경제사회국, 인구 분과.
  세계 인구 전망: 2015년 개정판

  – 하이라이트 및 발전 사항 표
  https://esa.un.org/unpd/wpp/Publications/Files/Key_Findings_WPP_2015.pdf

  – 볼륨 1: 종합 표
  https://esa.un.org/unpd/wpp/Publications/Files/WPP2015_Volume-I_Comprehensive-Tables.pdf

  – 볼륨 2: 인구통계학적 프로필
  https://esa.un.org/unpd/wpp/Publications/Files/WPP2015_Volume-II-Demographic-Profiles.pdf

  – 데이터 소책자
  https://esa.un.org/unpd/wpp/Publications/Files/WPP2015_DataBooklet.pdf

- 국제연합(UN), 경제사회국, 인구 분과. 세계 인구 고령화 2015.
  http://www.un.org/en/development/desa/population/publications/pdf/ageing/WPA2015_Report.pdf

- 국제연합(UN), 경제사회국, 인구 분과. 국제 인구 이동 보고서 2015.
  http://www.un.org/en/development/desa/population/migration/publications/migrationreport/docs/Migration Report2015_Highlights.pdf

- UNHCR(2016). 글로벌 트렌드. 2015년의 강제 추방.
  http://www.unhcr.org/576408cd7.pdf

- 국제 추방 감시 센터. 노르웨이 난민위원회. 2016년 국내 추방에 대한 글로벌 보고서
  http://www.internal-displacement.org/globalreport2016/

"인구 고령화는 인류가 지금껏 겪어보지 못한 거대한 변화다."

– 조지 매그너스(George Magnus, 전 UBS 선임 경제고문)

메가트렌드

02

세계화와 미래 시장

▶▶▶▶▶   ▶▶▶▶▶   ▶▶▶▶▶
         ▶▶▶▶▶

세계화 및 새로운 시장의 출현은 국가, 사회, 경제에 하나의 큰 도전이다.
세계화 및 미래 시장이라는 메가트렌드 아래에는 다음 세 가지 하위 트렌드가 있다.

▶ 지속적인 세계화와 경제 통합
▶ 새로운 실세 BRIC
▶ BRIC을 넘어서는 MINT, MIST, Next 11

지속적인 세계화와 경제 통합

향후 몇 년 동안 전 세계 수출이 전 세계 GDP보다 빠르게 증가함에 따라 세계화 및 경제 통합은 계속 진행될 것이다. 명목 GDP의 연평균 성장률은 6.5%인 반면 2013년부터 2030년까지의 연평균 수출 증가율은 6.9%다. 2030년까지 전 세계 수출은 지금의 3배가 될 것이다.

해외직접투자액 성장률은 2014년에는 GDP 성장률보다 높지만 이러한 트렌드는 2015년에 역전된다. 2013년부터 2030년까지 명목 해외직접투자액의 연평균 성장률은 5.2%다. 그래서 결국 해외직접투자액은 2030년이 되면 두 배 이상이 된다. 지역 및 양자 무역협정이 세계 무역을 활성화할 가능성이 높다. 인터넷의 엄청난 활용은 특히 서비스 분야에서의 활성화에 핵심적인 역할을 하고 있다.

전 세계 다양한 자유무역협정이 특정 지역 내에서 상품과 서비스

교환을 용이하게 하고 있다. 현재 세계에서 가장 중요한 자유무역 지대는 다음과 같다.[6]

북미자유무역협정 [NAFTA, North American Free Trade Agreement]
국가 : 캐나다, 멕시코, 미국
GDP : 19조 8840억 USD
인구 : 4억 7700만 명

유럽연합 [EU, European Union]
국가 : 오스트리아, 벨기에, 불가리아, 크로아티아, 키프로스, 체코 공화국, 덴마크, 에스토니아, 핀란드, 프랑스, 독일, 그리스, 헝가리, 아일랜드, 이탈리아, 라트비아, 리투아니아, 룩셈부르크, 몰타, 네덜란드, 폴란드, 포르투갈, 루마니아, 슬로바키아, 슬로베니아, 스페인, 스웨덴, 영국
GDP : 17조 3730억 USD
인구 : 5억 900만 명

아시아태평양무역협정 [APTA, Asia-Pacific Trade Agreement]
국가 : 방글라데시, 중국, 인도, 한국, 라오스, 네팔, 스리랑카, 필리핀
GDP : 12조 8590억 USD
인구 : 29억 9800만 명

남미공동시장 [MERCOSUR, Mercado Común del Sur]
국가 : 아르헨티나, 브라질, 파라과이, 우루과이, 베네수엘라
GDP : 3조 1930억 USD
인구 : 2억 8200만 명

범아랍 자유무역지대 [GAFTA, Greater Arab Free Trade Area]
국가 : 알제리, 바레인, 이집트, 이라크, 요르단, 쿠웨이트, 레바논, 리비아, 모로코, 오

---

6 GDP는 명목 GDP, 인구는 2013년 기준.

만, 팔레스타인, 카타르, 사우디아라비아, 수단, 시리아, 튀니지, 아랍에미리트 연합,
예멘

GDP : 2조 7060억 USD

인구 : 4억 3200만 명

동남아시아국가연합 [ASEAN, Association of South-East Asian Nations]

국가 : 브루나이, 캄보디아, 인도네시아, 라오스, 말레이시아, 미얀마, 필리핀, 싱가포
르, 태국, 베트남

GDP : 2조 435억 USD

인구 : 6억 1800만 명

한편 세계화는 선진국이 속해 있는 경제권뿐 아니라 신흥국 및 개
발도상국이 속해 있는 경제권까지 지배한다.

많은 선진국 경제권에서는 계속 증가하는 수출을 통해 경제의 추
가 성장을 달성한다. 2013년부터 2030년까지 연평균 수출 증가율
은 5.6%에 달해 명목 GDP보다 훨씬 빠르게 성장한다. 수출 액면가
로만 따져도 2030년까지 두 배가 된다. 마찬가지로 명목 해외직접투
자의 연평균 성장률 역시 4.3%로 명목 GDP 성장률을 초과한다.

신흥국 및 개발도상국 경제권에서는 2013년과 2014년에 명목 수
출 증가가 명목 GDP 성장을 약간 초과했지만 2015년부터는 계속
반대가 된다. 이 현상은 신흥국 및 개발도상국 경제권의 경우 중산층
이 번성하여 막대한 내수 시장의 성장 잠재력이 있다는 사실에 기인
한다.

그렇다고 신흥 및 개발도상국 경제권의 수출 증가율이 낮다는 뜻
은 아니다. 연간 증가율이 8.6%에 달해 2030년이 되면 수출 액면가

가 현재의 4배가 된다. 명목 해외직접투자의 증가는 2017년까지 명목 GDP 성장을 약간 초과한다. 신흥국 및 개발도상국의 해외직접투자는 9.0%의 연간 성장률로 엄청나게 증가할 것이다. 신흥국 및 개발도상국에서 두 지표(수출 및 FDI)는 선진 경제권에서보다 낮은 기반에서 출발하지만, 신흥국 및 개발도상국의 인상적인 성장률을 통해 빠르게 따라잡는 과정이 이루어진다.

새로운 실세 BRIC

BRIC 국가들은 향후 수십 년 동안 새로운 실세로 떠오른다. 세계 GDP 점유율부터 이미 강하게 증가하고 있다. 2030년까지 BRIC 국가들의 연평균 실질 GDP 성장률은 다음과 같다.

BRIC 합계	+5.8%
브라질	+3.1%
러시아	+2.6%
인도	+5.6%
중국	+6.7%

2030년까지 BRIC 국가의 경제 성장은 압도적이다. 이들 국가의 실질 GDP는 매년 6% 가까이 증가한다. 선진국(2.2%)은 물론 신흥국 및 개발도상국(5.1%)보다도 높은 수치다. 전 세계 GDP 성장률(3.8%)보다 2%p나 더 높다. 그 결과 BRIC 국가의 실질 GDP는 2013년 20조 4360억 달러에서 2030년 53조 4720억 달러로 2배 넘게 성장할 것이고, BRIC 국가의 전 세계 GDP 점유율도 2013년 27%에서 2030년 38%로 10%p 이상 증가한다.

물론 앞서 소개한 GDP 성장률 수치를 보면 짐작할 수 있듯, BRIC 국가 중에서도 중국과 인도, 그리고 러시아와 브라질은 구분해서 살펴봐야 한다. 중국과 인도는 전 세계 GDP 성장률보다 훨씬 강하게 성장할 전망이지만, 브라질과 러시아는 그렇지 못하다.

평균 성장률이 3.1%인 브라질의 GDP는 2030년까지 전 세계 GDP보다 느리게 성장할 것으로 예상한다. 브라질은 직면한 큰 성장 잠재력을 현실화하고 향후 몇 년간 뒤처지지 않도록 다양한 개혁을 진행해야 한다. 평균 성장률이 2.6%인 러시아의 GDP도 전 세계 GDP보다 현저히 느리게 성장할 것으로 전망된다. BRIC에서 러시아가 차지하는 GDP 점유율은 2013년의 11%에서 2030년에 6%로 하락한다.

반면 인도의 GDP는 매년 5.6% 성장할 것으로 예상된다. 하지만 중국을 따라잡으려면 다양한 개혁이 이뤄져야 한다. 평균 성장률이 6.7%인 중국은 BRIC 국가 중 가장 높은 GDP 성장률을 달성한다. 매년 이렇게 높은 성장률을 달성한다면, 중국의 GDP는 2019년 미국의 GDP도 뛰어넘을 수 있을 것이다.

2013년 BRIC 국가들의 GDP 점유율

브라질 10% : 러시아 11% : 인도 22% : 중국 57%

2030년 BRIC 국가들의 GDP 점유율

브라질 7% : 러시아 6% : 인도 21% : 중국 66%

또한, BRIC 국가들은 수출 증가와 해외직접투자 양쪽 모두에서 가장 뛰어난 성과를 보일 것이다. 2030년까지 BRIC 국가의 명목 수출은 2013년 대비 5배 이상이 된다. 신흥국 및 개발도상국이 4배 이상, 선진국이 2.5배 이상, 전 세계가 3배 이상인 것을 비교하면 매우 큰 수치임을 알 수 있다.

2030년까지 BRIC 국가의 해외직접투자 역시 2013년 대비 4.5배 이상으로 늘어나, 4.3배 이상인 신흥국 및 개발도상국, 2배 이상인 선진국, 2.3배 이상인 전 세계의 해외직접투자 상승률을 웃돈다. 이는 BRIC 국가가 세계적인 투자자로서 크게 중요해짐을 의미한다.

BRIC 국가들의 연간 가구당 가처분 소득 역시 대폭 증가할 전망이다. 중산층은 종종 경제 성장 및 소비의 엔진이라고 한다. 2030년까지 전 세계 중산층의 거의 80%(약 39억 명)가 유럽과 북미 이외 지역에 거주하게 될 것이다. 많은 중산층 인구와 급속한 경제 성장으로 인해 BRIC 국가 중 특히 중국과 인도는 다음 20년 동안 중산층 소비를 이끄는 동인이 될 것이다. 그래서 2030년까지 브라질 가구의 67%, 러시아 가구의 80%, 인도 가구의 62%, 중국 가구의 73%의 연간 가처분 소득이 25,000달러를 초과한다.

BRIC 국가의 연간 1인당 소비는 2030년까지 거의 모든 부문에서 2배가 된다. 식품 구입비는 548달러에서 1,117달러로, 보건비는 141달러에서 396달러로, 교육비는 50달러에서 126달러로, 교통비는 261달러에서 627달러로 증가한다. 전체적으로 BRIC 국가의 연간 1인당 소비는 2,360달러에서 5,705달러로 증가한다.

BRIC을 넘어서는 MINT, MIST, Next 11

사실 이미 BRIC을 넘어 부상하는 많은 신흥국 그룹이 있다. 대표적인 게 바로 Next 11, MINT, MIST다.

Next 11 : 방글라데시, 이집트, 인도네시아, 이란, 멕시코, 나이지리아, 파키스탄, 필리핀, 터키, 한국, 베트남
MINT : 멕시코, 인도네시아, 나이지리아, 터키
MIST : 멕시코, 인도네시아, 한국, 터키

이런 신흥국 그룹의 특징은 다음과 같다. GDP와 1인당 GDP가 모두 빠르게 성장하고 중산층이 늘어난다. 또 대부분 국가가 인구가 늘어나고 인구 구성도 젊다. 물론 같은 그룹으로 묶여 있더라도 자세히 살펴보면 사정이 다른 국가도 많다. 한국은 인구도 상대적으로 고령화된 선진 경제권이고, 터키는 강력하게 부상하는 신흥 시장이다.

반면 방글라데시나 파키스탄과 등은 아직 개발도상국이다.

이들 국가의 GDP 성장률은 선진 경제권을 확실히 능가한다. 2013년부터 2030년까지 MIST, MINT 및 Next 11의 명목 GDP는 연간 6.4%~6.9% 성장할 것이고, 이는 선진 경제권 연간 성장률의 1.5배에 해당한다. 물론 명목 GDP 성장률이 10.3%에 달하는 BRIC 보다는 낮은 수준이다. 이는 BRIC 국가에 대한 집중 전략과 더불어 이들 신흥국에 추가적인 관심을 두는 전략이 필요함을 보여준다.

앞서 언급했지만 같은 그룹에 있는 국가라도 MINT, MIST 및 Next 11에 속한 국가 사이의 GDP 및 1인당 GDP는 현저히 다르다. 2030년까지 GDP 성장률과 1인당 GDP 성장률 예측치를 참고하라.

2030년까지 연평균 명목 GDP 성장률 [2030년 명목 GDP]	2030년까지 연평균 1인당 GDP 성장률 [2030년 1인당 GDP]
인도네시아 8.6% [2조 6790억 달러]	한국 5.5% [3만 9063달러]
멕시코 5.4% [1조 8340억 달러]	터키 5.2% [1만 4865달러]
한국 5.5% [1조 7890억 달러]	멕시코 4.4% [1만 1061달러]
터키 6.1% [1조 4,230억 달러]	인도네시아 7.8% [9,504달러]
필리핀 9.9% [1조 860억 달러]	필리핀 8.2% [7,739달러]
나이지리아 8.6% [9,290억 달러]	베트남 8.0% [5,686달러]
파키스탄 8.2% [9,290억 달러]	이집트 6.2% [5,605달러]
이집트 7.7% [6,390억 달러]	이란 3.5% [4,846달러]
베트남 8.7% [6,000억 달러]	나이지리아 6.1% [3,063달러]
방글라데시 8.8% [4,260억 달러]	파키스탄 6.6% [2,404달러]
이란 4.6% [4,220억 달러]	방글라데시 7.7% [2,172달러]

한편 수출에서는 MINT와 MIST 그룹이 Next11 그룹을 능가하며, 해외직접투자에서는 MINT 그룹이 높은 연평균 증가율을 보여준다. 그중에서도 가장 주목할 국가는 한국, 멕시코, 인도네시아다. 이 세 국가가 가장 높은 수출 및 해외직접투자 증가를 이끈다.

한국은 수출액이 연평균 8.5%(19억 7000만 달러) 성장하고, 해외직접투자가 연평균 5.3%(280억 7000만 달러) 성장한다. 멕시코는 수출액이 연평균 7.6%(10억 200만 달러) 성장하고, 해외직접투자가 연평균 7.8%(274억 9천 800만 달러) 성장한다. 또 인도네시아는 수출액이 연평균 9.9%(8억 2200만 달러) 성장하고, 해외직접투자가 연평균 9.0%(122억 5900만 달러) 성장한다.

1인당 연간 소비자 지출은 BRIC 국가들과 마찬가지로 MINT, MIST 및 Next 11을 구성하는 대부분의 국가 역시 2030년까지 2배 이상 늘어날 전망이다.

이런 모든 통계는 MINT, MIST 및 Next 11 국가들이 BRIC 이외의 유망한 경제 주체로 세계의 관심을 받게 됨을 의미한다. 이들 국가가 BRIC 그룹의 경제적 파워까지는 도달하지 못할지라도 성장률은 확실히 선진 세계 성장률을 넘어선다.

이로써 가장 많은 신규 글로벌 중산층이 Next 11 그룹의 아시아 국가 지역에 거주할 것이다. 파키스탄, 베트남, 인도네시아와 같은 국가에서는 2030년에 가구의 30%가 25,000달러 이상의 가처분 연소득을 얻을 것이다. 멕시코, 터키, 이란, 필리핀과 같은 국가에서는 가구의 60% 이상이 2030년에 연간 25,000달러 이상의 수익을 올리고 수익 증가와 동시에 소비자 지출도 대폭 늘어날 전망이다.

기업은 어떻게 대응해야 하나

성장률이 높은 개발도상국에서는 세계적인 브랜드에 대한 수요가 급격히 증가하고 있다. 기업은 이런 기회를 활용해 수출이나 국제적 확대 전략을 통한 신규 시장 확보에 주력해야 한다. 그렇지만 이 지역에서 진행될 치열한 경쟁을 만만하게 봐서는 안 된다. 이 국가들은 선진국과 비교하여 노동력이 저렴한 덕분에 매력적인 제조 위치이긴 하지만 투자자는 향후 몇 년 동안 이들 국가의 시간당 작업 비용이 대폭 증가할 것이라는 사실도 유념해야 한다.

그러므로 구조 전환의 기회를 잡아야 한다. 이들 국가는 높은 부가가치 제공을 위한 수익성이 좋은 영업 및 투자 시장(마케팅 및 영업, R&D 및 인적 자본 등)이 되고 있다. 특히 중국과 인도 등 대규모 신흥국에서 금융 시장의 크기 및 투자의 양이 증가하고 유동성이 상승하고 있다.

새로 떠오르는 시장에서 이익을 얻으려면 균형 잡힌 국가 포트폴리오가 필요하다. 확고히 자리 잡은 시장과 성장하는 시장, 베트남, 인도네시아, 이란, 나이지리아처럼 불확실하지만 미래가 유망한 국가 사이에 적절한 균형을 찾는 것이 매우 중요하다. 이들 국가는 정치적 불안정과 같은 리스크를 수반하기도 한다. 언급된 일부 국가는 세계은행의 기업 환경 평가에서 매우 낮은 평가를 받았다. 189개국 중 이집트가 128위, 방글라데시가 130위, 인도가 134위, 이라크가 152위로 평가받았다. 따라서 기업에서는 외부 경제 개발 외에도 정치적, 사회적, 문화적 측면을 고려하고 분석하고 평가하여 신중하게 시장에 진입해야 한다.

신흥 중산층의 소비자 행동은 시골과 도시 사이는 물론, 도시의 규모에 따라서도 상당한 차이를 나타낸다. 따라서 기업에서는 상세한 소비자 프로필을 추론해내고 브랜드 선호도를 식별하기 위한 도구가 필요하다. 또한, 신흥 국가의 윤리적이고 종교적인 가치는 더욱 사회 지향적이고 생태학적인 컨슈머리즘을 선호할 것을 기억해야 한다.

마케팅 전략과 메시지는 지역 소비자의 요구를 다뤄야 한다. 기업에서는 시골과 도시 고객 사이에서 균형을 유지해야 한다. 때로는 단순한 전략이 솔루션이 된다. 도시의 중산층 소비자는 온라인 쇼핑을 선호하고 페이스북과 같은 소셜 미디어를 사용하므로 여기서는 타깃 모바일 마케팅 전략이 효과적인 경우가 많다.

기업은 지역 조건을 적절하게 반영하는 유통 전략을 설계할 때 광범위한 도전에 직면한다. 특히 시장 진입 단계에서 외딴 지역에 직접 공급하기에는 비용이 너무 많이 드는 경우가 있다. 따라서 기업은 지역 유통업체나 하청업체와의 강력한 파트너십이 필요하다. 수입 및 세금 규정도 명확히 해두어야 한다. 어느 지역에서나 관료주의가 절차의 진행 속도를 심각하게 저하할 수 있음을 기억해야 한다. 때로는 경쟁업체와의 전략적 동맹이 새로운 지역이나 도시에 제품을 유통할 기회를 만들기도 한다. 도시 중산층의 경우 구매 행동이 산업화한 시장의 소비자와 매우 유사하여 혁신적인 기술 집약 전략이 가장 효과적일 수도 있다.

시나리오 계획을 사용하여 기회를 잡고 위험 가능성을 최소화하며 변동성과 불확실성에 부응할 수 있는 유연한 구조를 만들어야 한다. 가장 적절한 시나리오를 선택하면 빠르고 객관적이고 합리적으로 대응할 수 있으므로, 시나리오 계획이 없는 경쟁업체보다 훨씬 유리한 위치를 차지한다. 이는 현재 우리가 살아가는 빠르게 이동하는 VUCA 세상에서 필수적이다. 시장 진입이나 확대를 위한 시나리오는 GDP 성장, FDI 등 다양한 기준에 따라 계획되고 계산될 수 있다.

기회 분석 외에도 시나리오 기술을 사용하여 위험을 줄일 수 있다. 글로벌 세상에서 지역의 비즈니스는 국제적 상황 변화로부터 직접적 영향을 받게 되므로 점점 더 경기 침체를 예측하기 어려워진다. 세계화된 기업은 대부분 글로벌 위기의 영향을 받기 때문에 얼마나 준비를 잘하고 회복할 수 있는지가 관건이 된다. 신속하게 적절한 조처를 하는 것이 매우 중요하다. 그러므로 가능한 한 빨리 미래 시나리오를 확인하고 대처할 수 있도록 초기 지표를 정의하고 분석해야 한다.

출처 및 참고자료

- 옥스포드 이코노믹스(Oxford Economics), 글로벌 데이터 서비스
  http://www.oxfordeconomics.com/

- 유로모니터(Euomonitor)
  http://www.euromonitor.com/

- 롤랜드버거, 80억 비즈니스 기회
  http://www.rolandberger.com/media/books/2013-03-04-rbsc-pub-8_billion_business_opportunities.html

- 스탠다드차타드은행(Standard Chartered Bank), 초호황(Super-Cycle) 보고서
  https://www.sc.com/en/resources/global-en/pdf/Research/The-super-cycle-lives-06-11-13.pdf

- WEF, 세계 무역 가능 보고서 2014
  http://www3.weforum.org/docs/WEF_GlobalEnablingTrade_Report_2014.pdf

메가트렌드

03

자원 부족

▶▶▶▶▶   ▶▶▶▶▶   ▶▶▶▶▶
              ▶▶▶▶▶

자원 부족은 세계적인 난제다.

자원 부족이라는 메가트렌드 아래에는 다음 세 가지의 하위 트렌드가 있다.

▶ 신흥 시장의 성장으로 늘어나는 에너지 수요
▶ 물 부족과 식량 문제
▶ 기타 자원의 지역적 불균형

신흥 시장의 성장으로 늘어나는 에너지 수요

비OECD 국가의 급격한 수요 증가에 따라 세계의 1차 에너지 필요량이 2015년 14.2Gtoe[7]에서 2030년 16.7Gtoe로 17% 증가한다. OECD 국가의 수요는 0.2% 감소하는 데 반해, 비OECD 국가의 수요는 29% 증가한다. 2030년이 되면 전 세계 에너지 수요의 66%가 비OECD 국가에서 발생하는 것이다. 비OECD 국가의 추가 수요는 중국과 인도를 중심으로 대부분 아시아 국가로부터 발생한다.

중국 　　2,990Mtoe(2015년) → 3,774Mtoe(2030년)

인도 　　883Mtoe(2015년) → 1,309Mtoe(2030년)

아시아 태평양 1,966Mtoe(2015년) → 2,400Mtoe(2030년)

7　toe는 국제에너지기구에서 정한 석유환산톤(Ton of Oil Equivalent)이란 단위다. 에너지원의 발열량을 원유 1톤의 발열량으로 환산한 것이다. Gtoe는 기가톤, Mtoe는 메가톤, Ptoe는 페타톤이다.

2030년까지 아시아 태평양[8]이 세계 에너지 사용 증가의 65.1%를 차지한다. 중국의 에너지 수요는 2030년까지 25.2% 증가한다. 2030년에 중국의 에너지 수요는 3,744Mtoe가 되는데 이는 유럽 수요의 2배 이상이고, 미국 수요보다 56% 높은 수치다. 인도의 에너지 수요 역시 2030년까지 48.2% 증가하여 1,309Mtoe가 된다. 이 수치는 2030년까지 41.7% 증가하는 아프리카 국가의 전체 수요보다 더 높다.

에너지 수요 증가의 주요 원인은 인구 증가, GDP 성장, 도시화, 중산층 증가다. 도시화 및 중산층 증가는 필연적으로 가구 수 증가로 이어지고, 이는 곧 가전제품과 개인용 차량 및 기타 에너지 수요에 대한 보급 증가로 연결된다. 최종 사용 부문을 보면 2030년까지 산업 에너지 수요(19.9% 이상)가 가장 강력하게 증가하고 그 뒤를 운송(17.1% 이상)이 따를 것이다. 주거 및 상업용 부문(15.6% 이상)의 증가가 가장 낮을 것으로 예측된다.

한편 에너지 효율성의 향상은 이러한 트렌드를 완화한다. 엑손모빌 연구에 따르면 에너지원 단위(GDP당 에너지 소비량)가 2015부터 2030년 사이에 17.1% 하락할 것이다.

2030년까지 전 세계 대부분의 1차 에너지 수요는 계속 화석 연료로 충족된다. 2015년부터 2030년까지 에너지원별 1차 에너지 수요 변화는 다음과 같다.

---

8   중국, 인도 제외. OECD 국가인 한국, 일본, 호주, 뉴질랜드 제외.

2015년 : 석유 33.5% / 가스 21.7% / 석탄 26.3% / 원자력 4.8% / 바이오매스, 폐기물 9.4% / 수력 2.3% / 기타(특히 풍력, 태양열) 1.9%

2030년 : 석유 32.2% / 가스 24.2% / 석탄 22.7% / 원자력 6.3% / 바이오매스, 폐기물 8.6% / 수력 2.5% / 기타(특히 풍력, 태양열) 3.2%

풍력과 태양열 같은 재생 에너지의 경우 성장률이 높아 15년 만에 점유율이 2배 정도 늘어나고, 수력의 점유율을 추월한다. 물론 성장률이 가파르다 해도 석유 에너지 수요의 10%를 넘지는 못할 것이다.

화석 에너지 제품의 매장량 및 자원은 에너지 생산량과 크게 다르다.[9] 화석 에너지 매장량은 906Gtoe, 자원은 13,180Gtoe인데 반해, 생산량은 12Gtoe에 불과하다. 에너지 제품별 비율은 다음과 같다.

생산량 : 무연탄 33.4% / 갈탄 1.9% / 우라늄 5.6% / 원유 33.9% / 천연가스 25.4%

매장량 : 무연탄 45.8% / 갈탄 8.6% / 우라늄 1.6% / 전통적 원유 18.8% / 비전통적 원유 5.3% / 전통적 천연가스 19.1% / 비전통적 천연가스 0.7%

자원 : 무연탄 79.5% / 갈탄 9.4% / 우라늄 1.2% / 토륨 0.6% / 전통적 원유 1.2% / 비전통적 원유 2.1% / 전통적 천연가스 2.2% / 비전통적 천연가스 3.7%

---

9 생산량은 실제 추출된 에너지 자원의 양을 일컫는다. 매장량은 자세히 알려져 있고, 현재의 기술을 사용해 경제성 있게 추출될 수 있는 에너지 자원의 양이다. 따라서 매장량은 현재 가격뿐 아니라 기술 진보에 따라 달라진다. 그리고 자원은 그 존재 여부는 확인되었지만 현재 경제성이 부족하거나, 확인되지는 않았지만 지질학상의 이유로 그 존재가 기대되는 에너지 자원이다.

에너지 자원을 가장 많이 보유한 지역은 북미, 독립국가연합(CIS), 오스트랄라시아(Australasia)[10]이고, 매장량은 많지만 자원이 적은 지역은 중동이다.

무연탄과 갈탄처럼 2,500년 이상, 혹은 4,500년 이상 오랫동안 고정적으로 생산 가능한 연료도 있지만, 원유, 천연가스, 우라늄 등 자원이 부족한 연료도 많다. 2011년 기준 원유, 천연가스, 우라늄의 잠재 에너지 매장량 및 자원 고갈 시점은 채 300년이 되지 않는다.[11]

참고로 고갈 시점은 현재 전 세계 소비와 현재 매장량 및 자원의 양을 토대로 예측된다. 향후 일관된 소비와 고정된 매장량을 가정한 상태에서 시점이 정해지는 것이다. 이러한 투입 변수는 지질학적이고 기술적인 변화뿐 아니라 경제 및 정치 발전에 따라서도 얼마든지 변할 수 있으므로 정확한 예측 도구는 될 수 없지만, 그럼에도 의미 있는 스냅샷 정도의 기능은 할 수 있다.

자원 부족은 연료의 생산과 소비의 관계에 따라 다르며 연료 가격의 변화로 나타난다. 또 가까운 미래에 공급될 매장량에 달려 있다. 현재 매장량은 자원보다 훨씬 적다. 또 매장량과 자원의 지역적 분포에 따라 크게 다르다. 몇몇 국가에 매장량과 자원이 집중된 현상은 특히 이러한 국가가 정치적으로 불안정하거나 OPEC과 같이 카르텔을 조직하는 경우 위태롭다.

석유 가격은 과거에 이미 강한 변동성을 보여줬다. 따라서 향후 전망도 매우 불확실하다. 2014년에서 2015년 사이 석유 가격은 배럴

---

10 호주, 뉴질랜드, 서남 태평양 제도를 포함하는 지역
11 The International Association for Disaster Preparedness and Response

당 100달러 이상에서 50달러 아래로 반년 만에 절반 아래로 하락했다. 석유 가격에 영향을 미치는 요인으로는 일반적으로 세계 경제 발전, 셰일 오일 등의 비전통 석유 개발, 석유 수출국의 정치 국면, OPEC의 석유 가격 정책, 기후 정책 등이 있다.

특히 최근에는 미국의 셰일 가스, 타이트 오일 개발로 인한 에너지 공급 지형 변화가 가장 중요한 변수다. 석유 및 천연가스의 생산 증가와 거의 변동 없는 에너지 수요로 인해 미국은 2021년까지 에너지를 자급자족할 수 있다. 타이트 오일과 셰일 가스는 석유 및 천연가스 생산 증가에 가장 큰 비중을 차지한다. 2035년에 미국은 2014년의 89% 및 2005년의 69%와 비교하여 자국 에너지 소비량의 112%를 생산한다. 또 세계에서 가장 큰 천연가스 생산국이 되어 2035년에는 전 세계 생산량의 25%를 차지할 것이다. 미국은 2017년에 천연가스 순 수출국이 되고 2029년에는 석유 순 수출국이 된다.

러시아는 앞으로도 세계 최대의 1차 에너지 수출국이자 두 번째로 큰 석유 및 가스 생산국의 지위를 유지한다. 러시아의 수출은 2035년에 전 세계 에너지 수요의 4% 이상을 충족할 것이다. 미국과 달리 모든 천연가스 생산이 전통적 매장 형태에서 생산되고 타이트 오일 생산은 2020년에 개시된다.

중동은 세계 최대 석유 생산국이자 수출국 지위를 유지한다. 이 지역은 지속적으로 전 세계 생산량의 약 3분의 1과 전 세계 수출량의 절반을 차지한다.

중국의 화석 연료 생산은 가스 및 석탄 생산이 증가하여 석유 생산의 감소를 충분히 상쇄하고도 남는다. 2035년까지 중국은 미국에 이어 두 번째로 큰 셰일 가스 생산국이 된다. 또 핵 원료 생산에서도 전세계 점유율 31%를 차지해 미국을 추월하고 세계 최대 핵 원료 생산국이 된다. 그런데도 중국의 에너지 수요는 에너지 생산보다 훨씬 급격히 증가하므로 중국은 2035년에 세계 최대 에너지 순 수입국이 될 것이다.

2035년 유럽연합의 1차 에너지 생산은 2014년 대비 10% 감소할 것으로 예상한다. 2035년까지 재생 에너지는 36%의 점유율로 늘어 유럽 연합 발전의 최대 원천이 된다.

화석 연료의 우세에도 불구하고 지구 에너지 소비의 1,300배 이상 에너지를 제공하는 태양은 최대 에너지 공급원이다. 연간 일사량 131Ptoe 중에 태양 복사 발전으로 지구로 유입되는 에너지량은 67Ptoe이고, 실제 땅에서 사용할 수 있는 양은 18.8Ptoe이다. 이 양은 2015년 지구의 총 에너지 소비량인 14.2Gtoe의 1,324배에 달한다.

결론적으로 2030년까지 에너지 문제는 없다. 그러나 향후 어느 에너지원을 사용해야 하는가에 대해서는 신중한 접근이 필요하다. 화석 연료 및 재생 에너지 사용에 관한 몇 가지 견해를 정리하면 다음과 같다. 막대한 화석 연료 매장량과 자원은 있지만, 화석 연료 사용에만 집중한다면 이미 겪고 있는 지구 온난화 문제가 가속화될 것이다. 화석 연료의 또 다른 불리한 면으로는 타이트 오일 및 셰일 가스와 같은 비전통적 공급원이 상대적으로 비용이 많이 들고 환경을 위태롭게 할 수 있다는 점이다.

태양은 지금까지 사용해야 할 어떤 에너지보다 훨씬 많은 에너지를 제공한다. 태양 복사는 예를 들면 광전지나 집열기를 통해 직접 사용될 수 있다. 간접 사용의 주요 형태로는 풍력이 있는데, 이는 태양에 의한 대기의 고르지 않은 열과 균일하지 않은 지표면, 지구의 자전으로 인한 결과가 바람이기 때문이다.

현재보다 훨씬 많은 태양열 발전이나 기타 재생 에너지를 생성하면 에너지 수요 증가를 충족하는 동시에 기후를 보호하는 데도 도움이 된다. 재생 에너지를 통한 에너지 생산, 전기 자동차와 같은 신기술을 통한 에너지 소비를 결합하면 온실가스 및 기타 해로운 배기가스 배출도 더 많이 줄일 수 있다.

주요 에너지원으로 재생 에너지를 사용할 때 가장 큰 문제는 태양열 및 풍력 발전과 같은 주요 재생 에너지의 경우 생산의 가변성이 크다는 점이다. 이러한 문제를 해결하기 위해선 새로운 저장 기술의 혁신이 필요하다.

물 부족과 식량 문제

제조 및 전기 분야의 심각한 소비 증가로 전 세계 물 수요는 2050년까지 32% 증가한다. 수자원 부족 현상은 이미 몇 년 전부터 만연해 있는 상태다. 일부 유럽 국가에서도 비정기적이고 지역적인 물 스트레스에 직면해 있다.

인구의 40% 이상이 물 부족에 시달리는 지역을 '물 부족 지역', 인구의 20~40%가 물 부족에 시달리는 지역을 '물 스트레스 지역'이라고 부르는데, 2050년에는 세계 인구의 52%가 물 부족 지역에 거주하게 된다. 이는 개발도상국 경제권의 성장에 가장 큰 위협 요인이다. 물 스트레스 지역에 거주하는 세계 인구도 16%에 달한다. 물 부족이나 스트레스에 시달리지 않는 인구는 2010년 46%에서 2050년 32%로 많이 감소한다.

도시의 건강한 성장을 위해선 깨끗한 물과 위생 시설을 갖는 것이 필수적이다. 이 문제는 향후 전 세계 메가시티의 주요 문제로 떠오를 전망이다. 전 세계 메가시티의 주요 문제는 다음과 같다.

멕시코시티(2,100만) : 공해, 지나친 지하수 추출, 불충분한 인프라 및 누수 현상, 홍수 위험을 일으키는 침하

부에노스아이레스(1,520만) : 공해, 빈민의 물 공급 문제

콜카타(1,490만) : 비효율적인 물 사용, 공해, 홍수, 생태계 파괴, 국제 분쟁

상하이(2,370만) : 황푸강의 공해, 양쯔강 어귀의 염수 침입

나이로비(390만) : 오래된 인프라로 인한 누수, 임시 거주지의 물 공급에 대한 접근 부족, 지방 정부 당국의 능력 부족

카라치(1,660만) : 물 공급 문제 및 오염, 산업공해, 투자금 회수, 기후 변화

세계 인구 증가 및 높아진 1인당 소비는 세계적인 식량 수요 증가를 주도한다. 첫 번째 메가트렌드에서 살펴봤듯 2030년까지 세계 인구는 21% 증가해 85억 명이 된다. 이런 인구 증가는 세계 식량 칼로리 수요 증가의 4분의 3을 차지하는 원인이다.

세계적인 식량 칼로리 수요 증가의 다른 이유는, 특히 개발도상국의 1인당 식량 소비의 증가다. 식량 소비의 증가의 주원인은 식량에 대한 접근성 향상, 고칼로리 식품 소비의 증가, 육류 소비, 제조 식품 및 패스트푸드로의 소비 패턴 전환 등을 들 수 있다.

한편 농업의 효율성 향상으로 인한 식량 수요의 급격한 증가(21%)를 충족하는 데는 아주 적은 면적의 추가 농경지와 목초지만이 필요하다. 그렇지만 이전의 산출량 증가와 비교하면 그 증가 폭이 감소하고 있다. 예를 들어 곡류의 산출량 증가는 1980~2000년의 연평균 2.0%에서 2000~2050년에 1.0%로 떨어질 것으로 예상한다. 그리고 영양가를 기준으로 보면 동물성 식품이 식물성 식품보다 거의 5배 이상의 토지를 더 필요로 한다.

이 때문에 농산물 가격은 2030년까지 계속 올라간다. 물론 예측치는 기후 변화의 정도에 따라 크게 다를 수 있다. 예를 들어 기후 변화 없이 약 30% 가격이 상승할 것으로 예상하는 육류는 기후 변화를 고려하면 약 40% 가격이 상승한다. 쌀 가격은 기후 변화가 없으면 약 70%, 기후 변화를 고려하면 약 110% 상승하고, 밀 가격은 기후 변화가 없으면 약 75%, 기후 변화를 고려하면 약 120% 상승한다. 옥수수 가격 역시 마찬가지로 기후 변화가 없으면 약 90%, 기후 변화를 고려하면 약 170% 상승한다.

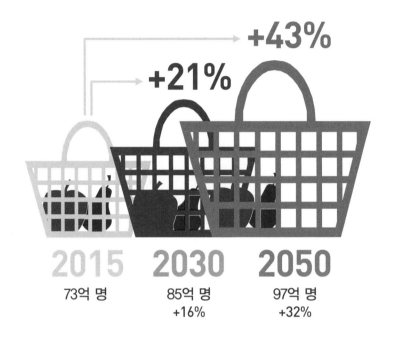

전 세계 인구 및 음식 칼로리 증가율

+43%

+21%

2015
73억 명

2030
85억 명
+16%

2050
97억 명
+32%

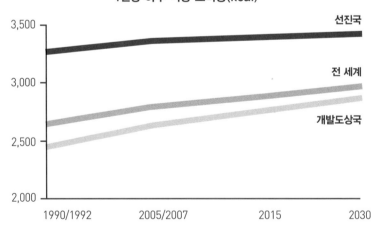

1인당 하루 식량 소비량(kcal)

선진국

전 세계

개발도상국

풍요로운 삶의 확대에 따라 심지어 선진국에서도 식음료에 대한 지출이 증가한다. 1인당 실질 GDP 성장률과 1인당 식음료(알코올성 음료 제외)에 대한 지출 증가율을 비교해보자. 모두 2015년부터 2030년까지의 성장률 및 증가율이다.

OECD : 1인당 실질 GDP 21% 성장 / 1인당 식음료 지출 17% 증가

서유럽 : 1인당 실질 GDP 22% 성장 / 1인당 식음료 지출 16% 증가

개발도상국 및 신흥국 : 1인당 실질 GDP 54% 성장 / 1인당 식음료 지출 46% 증가

BRIC : 1인당 실질 GDP 79% 성장 / 1인당 식음료 지출 63% 증가

중국 : 1인당 실질 GDP 107% 성장 / 1인당 식음료 지출 85% 증가

2015에서 2050년 사이에 전 세계 물 수요는 약 32% 증가한다. 물 부족은 자연 현상인 동시에 인간이 만든 현상이다. 지난 수십 년 동안 식수 공급 인프라가 계속 개선되고 세계 인구의 90% 이상이 현재 향상된 식수원을 사용하고 있지만,[12] 향후 해결되어야 할 과제도 많다. 예를 들어, 인구 증가와 극심한 도시화로 인해 물 공급과 위생 서비스, 전기에 대한 수요가 증가할 것이다.

식량 생산 수요를 맞추려면 물의 적절한 품질과 양이 요구된다. 동시에 식량 생산과 공급은 수자원의 품질과 지속 가능성에 부정적인

---

12 향상된 식수원에는 상수도 설치(사용자의 주거지나 대지, 마당 내에 위치한 가정 수도관 연결) 및 기타 향상된 식수원(공공수전 또는 급수탑, 관우물 또는 보어홀, 보호되는 인력관정, 보호되는 샘물 및 빗물 수집)이 포함된다.

영향을 주는 경우가 많다. 현재 농업은 전 세계 물 사용의 65%를 차지하는 최대 물 사용 부문이다. 제조 및 전기는 2050년에 전 세계 물 수요의 47%를 차지하면서 다음 수십 년 이내에 점유율을 나누어 가질 것이다.

에너지 생산에 있어 물의 관련성은 석탄이나 우라늄, 석유, 가스 등 채굴 산업에서 제대로 고려되지 않는 경우가 많다. 에탄올 생산을 위한 옥수수나 사탕수수의 관개도 발전소의 냉각 용도와 마찬가지로 매우 중요하다. 식량에 대한 수요는 2030년까지 약 21%, 2050년까지 43% 높아질 것이다. 식량 수요의 증가에도 불구하고 농경지와 목초지는 농업 효율성 개선으로 인해 아주 조금 늘어날 것이다.

전 세계에서 1인당 담수 자원 수준이 가장 낮은 10개국 중 9개 국가는 중동에 있다. 쿠웨이트와 바레인, 아랍에미리트는 하위 3개국을 대표한다. 에너지가 풍족한 국가에는 담수화 및 처리장과 같은 인프라를 개발하기 위한 재원이 있지만 그렇지 못한 국가는 큰 문제에 직면할 것이다.

인구 증가와 생활 수준 향상으로 인해 물에 대한 수요는 늘어나는데, 특히 개발도상국과 신흥국 경제권의 중산층 가구에서 식품과 에너지, 기타 상품에 대한 수요가 급증하여 이러한 현상을 부추긴다. 식품 가격 역시 가파르게 오를 것이다. 채식이나 다이어트 등의 소비 습관 변화는 지구 착취 속도를 둔화시킬 수 있다.

관개는 충분한 식량을 생산하기 위한 주요 성공 요인이다. 2050년까지 30억 명 이상의 사람들에게 영양분을 공급하려면 더 많은 물이 필요하다. 그렇지만 다른 산업과 물을 놓고 벌이는 경쟁 및 비효율적인 관개 관행은 미래의 식량 생산을 복잡하게 만들 수 있다. 선진국의 경우, 기후 변화와 경제 개발이 예기치 않은 상황을 만들지 않는다면, 일반 용수 보충 상황이 안정적으로 유지될 것으로 전망된다.

기타 자원의 지역적 불균형

2014 EU 연구 결과를 통해 확인된 주요 원자재는 모두 20개다. 기준은 '현재 공급 위험성'과 '현재 경제적 중요성'이다. 한마디로 경제적 활용 가치가 높으나 공급 위험 또한 높은 원자재를 뜻한다.

현재 공급 위험은 세계은행에서 세계 거버넌스 지표(WGI)를 통해 측정한 결과, 거버넌스가 저조한 국가의 세 가지 요인을 대체 가능성, 재활용 비율, 집중 생산성으로 고려한다. 그리고 현재 경제적 중요성은 유럽 제조 경제에 대한 각 원자재의 효익성으로 측정한다. 이는 다른 부문에서 사용되고 있는 각 광물의 소비 점유율에 다양한 경제 부문의 경제적 중요성(총 부가가치)을 곱하여 계산된다.

현재 대부분의 주요 원자재는 유럽 외에서 생산되며 주요 공급국은 중국이다.

금속과 같은 원자재는 경제 개발 및 성장의 주요 기반이다. 특히 철은 전 세계에서 가장 많이 사용된다(가중치 면에서 생산의 95%). 전 세계 철의 매장량은 850억 톤(철광석은 1,900억 톤), 자원은 2,300억 톤(철광석은 8,000억 톤) 이상이다. 연간 약 34억 톤 이상(2014년)을 안정적으로 생산한다고 가정하면 현재 매장량은 약 56년 동안 지속하고, 자원은 약 234년 동안 지속할 것이다.

구리는 자주 사용되는 또 다른 금속으로 전선, 지붕 재료 및 배관, 산업 장비에 주로 사용된다. 현재 매장량은 7억 2000만 톤이다. 확인된 구리 자원은 21억 톤이고 발견되지 않은 구리가 평균 35억 톤인 것으로 예상한다. 연간 전 세계 생산량은 현재 1,850만 톤(2014년)으로, 매장량은 약 39년, 자원은 3000년 이상 지속할 것이다.

EU 연구에서는 20가지 주요 원자재를 확인했다. 이 중 테르븀, 디스프로슘, 홀뮴, 에르븀, 툴륨, 이테르븀, 루테튬 등 중 희토류(RE) 요소[13]와 여러 경희토류 요소, 점결탄, 금속 실리콘, 코발트 등 기타 자원이 있다. 2020년 이상까지 특히 중희토류에 대한 수요가 급격히 증가할 것이다. 기타 심각하게 요구되는 자원으로 갈륨과 니오븀이 있다. 코발트와 경희토류, 인듐, 마그네슘 금속 및 점결탄의 수요도 많이 늘어난다.

2030년까지 각 국가에서 같은 분량으로 매장량을 계속 생산한다면 버라이트, 붕산염, 몰리브덴은 최대 공급 위험에 직면한다. 2030년의 생산 분포가 현재 인광석 매장량 분포와 같을 것으로 가정하면 매장량이 극도로 집중되어 있으므로 공급 위험이 현저히 증가할 것이다. 2030년 원자재의 경제적 중요성은 현재와 거의 동일하게 유지

---

13 희토류 요소(Rare Earth Elements)는 네오디뮴이나 스칸듐, 디스프로슘과 같은 17개 요소를 포괄하는 용어다. RE는 실제로 '희귀'하지 않지만 지각에 균일하게 퍼져 있음을 의미한다. '희귀'함은 경제적으로 이용 가능한 매장량만을 의미한다. 희토류 요소는 합동으로만 채취될 수 있으며 단일 희토류 요소의 양은 천연 광산의 구성 요소에 따라 다르다. 전문가는 중희토류 원소가 부족해질 수 있다고 추정한다.

된다.

　이 문제와 관련하여 가장 중요한 과제는 지역 불균형을 제어하는 일이다. 주요 원자재는 대부분 유럽 이외의 지역에서 생산된다. 전 세계 구리 매장량의 약 50%가 칠레(29%), 호주(12%), 페루(11%)에서 발견된다. 미국은 전체 베릴륨의 90% 이상을 차지하고 브라질은 전체 니오븀 생산의 89%를 차지한다. 철의 경우 대부분 자원이 호주, 러시아, 브라질에 있다. 농업은 인광석을 처리한 인산질 비료에 의존한다. 전 세계 인광석 매장량은 집중도가 매우 높아서 서사하라 매장량을 관리하는 모로코에서 75%를 소유하고 중국(6%), 알제리(3%), 시리아(3%)가 그 뒤를 잇는다. 일부 연구에서는 2030년까지 피크 인 (Peak Phosphorus)[14] 현상이 일어날 수 있을 것으로 추정한다.

　중국은 대부분 원자재의 주요 공급국이다. 예를 들어 2014년에 텅스텐의 82%, 안티몬의 76%, 게르마늄의 73%를 중국에서 생산했다. 중국은 여전히 전 세계 공급 물량 중 5분의 4 이상, 전 세계 희토류 요소 매장량의 42% 이상을 소유하고 있다. 그 외 희토류 매장량은 브라질(17%), 호주(2%), 인도(2%)에서 발견된다. 현재 희토류 요소의 재활용률은 1% 이하이지만, 과학자에 따르면 현재의 심각성을 완화하려면 60%는 되어야 한다.

　민간 부문과 국가 이해의 상충으로 인해 특히 선진국과 개발도상국 간에 원자재 무역과 관련하여 갈등이 일어날 수 있다. 수출국과 수입국 간 양극화로 인해 원자재 무역이 국가 간 정치적 이해 문제를

---

14 비금속원소 인(P)의 전 세계 생산율이 최대치에 도달하는 시점을 일컫는다.

에너지 트렌드 관련 좋은 소식과 나쁜 소식

좋은 소식	나쁜 소식
세계화는 신흥 시장의 경제적 파워를 이끄는 원동력이다.	하지만 2030년까지 17%의 1차 에너지 수요 증가로 이어진다.
수력과 바이오 매스 및 폐기물을 제외한 재생 에너지(태양, 바람 등) 점유율은 2030년까지 80% 성장할 것이다.	하지만 2030년까지 총 1차 에너지 수요의 3.2%에 불과할 것이다.
막대한 에너지 매장량과 자원이 있다.	하지만 가장 중요한 연료인 석유의 고갈이 멀지 않았다.

물과 식량 관련 좋은 소식과 나쁜 소식

좋은 소식	나쁜 소식
세계 인구의 90% 이상이 개선된 식수원을 이용한다.	하지만 세계 인구의 50% 이상은 2050년까지 물 스트레스가 있는 지역에 거주할 것이다.
더 많은 사람이 충분한 식품을 섭취할 것이다.	하지만 소비 습관의 변화(예: 육류 소비 둔화)를 통해서만 실현 가능할 것이다.
물 관리 효율성이 높아질 것이다.	하지만 에너지 생산과 제조 등의 분야에 숨은 요구가 도사리고 있다.

기타 자원 관련 좋은 소식과 나쁜 소식

좋은 소식	나쁜 소식
세상에는 많은 원자재 자원이 있다.	하지만 그 대부분은 유럽 이외의 지역에 있다.
일부 희토류 요소만 극심하게 부족하다.	하지만 중희토류의 부족함은 매우 심각한 상황이 될 수 있다.
재활용 기술의 혁신 잠재력이 상당히 증가하고 있다.	하지만 희토류 금속과 같은 주요 자원의 경우 재활용률이 여전히 1%에 불과하다.

일으킬 수 있다.

일반적으로 재활용은 일부 원자재에 대한 의존도를 줄이는 방법
이 될 수 있다. 현재 매년 6억 톤의 재활용품이 처리된다. 또한, 연
간 2,000억 달러 이상의 수익을 내 그 가치가 포르투갈의 GDP만큼
높다. 2030년까지 유럽연합 집행위원회에서는 도시 폐기물의 65%
와 포장 폐기물의 75%라는 재활용 목표를 달성할 예정이다. 회원국
은 원자재 소비 및 GDP와 연계하여 2030년까지 30%라는 자원 효
율성 목표도 설정할 것이다. 미국의 경우 2030년 재활용률이 75%
가 되어 거의 150만 개의 일자리를 창출할 수 있을 것으로 전망된
다. 중국 역시 엄청난 재활용 잠재력이 있다. 2030년에 중국은 미국
보다 2배 많은 도시 고형 폐기물을 생산할 가능성이 있다. 2012년부
터 2025년까지 전 세계 폐기물 생성은 12억 8900만 톤에서 22억
1600만 톤으로 거의 2배가 늘 전망이다. 그만큼 재활용 잠재력이 늘
어난다고도 해석할 수 있다.

그렇지만 많은 원자재의 재활용률이 여전히 매우 낮다. 버라이트,
붕산염, 형석, 갈륨, 게르마늄, 인듐, 마그네사이트, 인광석 및 희토류
요소 등 많은 주요 광물의 기존 재활용률은 0에 가깝다.

미래에 대한 희망적인 전망을 위해 필요한 노력은 다음과 같다.
2030년까지 전 세계적으로 재활용을 통해 네오디뮴의 9%와 디스프
로슘의 7%를 사용할 수 있어야 한다. 희토류 재활용 기술에 장기적
으로 투자하면 이 가능성이 더 높아질 것이다.

2020년까지 폐기물의 재활용 및 소각 점유율은 늘어나고 매립은
감소한다. 총 폐기물 처리의 변화에 관해 유럽연합 27개국이 규정한

목표는 다음과 같다.

소각 및 에너지 회수 : 4%(2010년) → 5%(2020년)

매립 및 기타 : 47%(2010년) → 43%(2020년)

재활용 : 49%(2010년) → 52%(2020년)

실제로 최근 몇 년 동안 매립 점유율은 꾸준히 감소했지만, 재활용 점유율은 현저히 높아졌다. 대부분의 매립양은 향후 재활용될 것으로 예상한다. 주요 동인은 매립 금지 및 횟수 점유율 증가(소각 및 재활용)에 대해 분명한 목표가 있는 유럽의 규정 변화다. 2030년까지 유럽연합 집행위원회는 70%의 도시 재활용 목표와 80%의 포장 재활용 목표를 달성할 계획이다. 2025년까지는 25% 매립 감소를 목표로 하고 유기 폐기물 재활용 목표 65%를 향해 나설 예정이다.

기업은 자원 부족에 어떻게 대응해야 하나

첫째, 효율적으로 소비를 줄이고 재활용 및 재사용할 수 있는 재료 및 제품 생산 방법을 찾아내야 한다.

자원 부족은 총체적 접근 방법을 통해 대처할 수 있다. 기본 목표는 자원에 대한 요구(소비자와 생산자 측 모두)를 줄이는 것으로, 그러니까 혁신, 효율성 향상, 내구성이 강한 제품 생산을 통해 달성할 수 있다. 제품을 버리는 대신 타인이 재사용할 수 있도록 하거나 기업에서 '오래된' 제품을 다시 제조하여 해당 제품의 '최신 사양'을 제공할 수도 있다. 이와 같은 방법이 모두 가능하지 않은 경우에도, 적어도 재료는 재활용해야 한다.

이러한 접근 방법의 장점은 원자재와 에너지 절감, 이산화탄소 배출 감소, 내구성이 좋은 제품, 혁신 촉구, 추가적인 고용 창출 등이다.

필수 투입 자재의 소비 감소는 자원 부족에 대처하기 위한 총체적 접근 방법의 첫 번째 목표다. 이를 위해서는 에너지와 자원 절감 기술을 활용해야 한다. 에너지 효율성, 즉 국제에너지기구 표현에 의하면 '숨겨진 연료'는 지속 가능한 에너지 시스템을 확립하고 경쟁력을 유지하는 데 필요하다.

자원은 생산 과정뿐 아니라 제품 자체에서도 절감되어야 한다. 재료를 덜 사용하되 품질을 떨어뜨리지 않도록 제품을 설계해야 한다. 생산 과정에 있어 보다 효율적인 레이아웃과 새로운 기술을 통해 에너지 및 기타 자원을 절약할 수 있다.

둘째, 가능한 한 자원에 대한 의존도 줄여야 한다.

특정 자원에 대한 의존도를 줄이려면 덜 부족한 대체 자원 사용을 시도해야 한다. 에너지 자원의 경우 기업에서 필요한 에너지의 자체 생산을 고려해야 한다. 자체 소형 발전소 사용, 공장과 사무용 건물 지붕에 태양 전지판 사용, 대지에 풍차 사용 등을 예로 들 수 있다.

기업에서 단일 자원에 대한 의존도를 낮추는 또 다른 방법은 제품 포트폴리오를 다양화하고 서비스로 이를 보충하는 것이다. 물론 가능한 공급자 수를 늘리면 단일 원자재 공급자에 대한 의존도가 줄어들지만, 주문량이 줄어들어 가격이 올라가는 등의 단점도 있다.

자원을 보호하는 또 다른 방법은 공급자의 후방통합(Backward Integration, 제품을 판매하는 쪽이 아닌 원자재를 공급하고 생산하는 쪽에서의 통합-옮긴이)을 통하는 것이다.

가격 변동에 대한 취약성을 완화하려면 대기업과 중소기업 모두 자원 가격을 고정하거나 자동 가격 조정을 고객과의 장기 계약에 통합해야 한다. 그러기 위해 '요람에서 요람으로(C2C, Cradle to Cradle)' 접근 방법을 고려해본다. 여기에서는 생산에서 제품의 전체 수명 주기를 고려하여 재활용 가능성과 재생 가능한 에너지 사용, 물 효율성 및 품질을 최적화한다. 또한, C2C 모델은 폐기물 처리 필요성이 최소화되므로 저렴한 생산 비용으로 이어지는 경우가 많다.

셋째, 고객에 호소하라.

자원 부족에 대한 고객의 인식은 점차 높아질 것이다. 이러한 인식은 자원 절감 기능이 포함된 제품을 제공하거나, 이런 제품 기능에 중점을 둔 커뮤니케이션으로 활용될 수 있다.

자원 및 에너지 절감의 생산 과정을 강조하고, 이를 마케팅에 활용해야 한다. 제품이나 포장에 '재제조(Remanufactured)' 라벨을 포함하여 점점 더 증가하는 환경 인식 소비자, 특히 밀레니얼 세대에 호소할 수 있다. 또 기업에서는 PR과 투자자 홍보 활동(IR) 등을 통해 소비자 및 기타 이해 당사자에게 호소하여 자원의 재활용 등에 힘을 쏟는 책임 있는 기업 이미지를 구축할 수 있다.

출처 및 참고자료

- 엑손모빌(ExxonMobil). 2016년 에너지 전망 : 2040년에 대한 전망
  http://corporate.exxonmobil.com/en/energy/energy-outlook/download-the-report/download-the-outlook-forenergy-reports

- 유로모니터(Euomonitor)
  http://www.euromonitor.com/

- BP. 에너지 전망 – 2016년판 : 2035년에 대한 전망
  http://www.bp.com/en/global/corporate/energy-economics/energy-outlook-2035/energy-outlookdownloads.html

- 미국 에너지 정보 관리. 2016년 연간 에너지 전망
  https://www.eia.gov/forecasts/aeo/index.cfm

- 미국 에너지 정보 관리. 2016년 국제 에너지 전망
  http://www.eia.gov/forecasts/ieo/

- BGR. 2015년 에너지 연구
  https://www.bgr.bund.de/EN/Themen/Energie/Downloads/energiestudie_2015_en.html

- Aquastat. 국제연합식량농업기구(FAO)의 글로벌 정보 시스템
  http://www.fao.org/nr/water/aquastat/main/index.stm

- UN. 2016년 UN 세계 용수 개발 보고서
  http://www.unesco.org/new/en/natural-sciences/environment/water/wwap/wwdr/2016-water-and-jobs/

- 국제연합식량농업기구(FAO). 세계 농업 : 2030/2050년
  http://www.fao.org/docrep/009/a0607e/a0607e00.HTM

- OECD. 2050년 환경 전망
  http://www.oecd.org/environment/indicators-modellingoutlooks/oecdenvironmentaloutlookto2050theconsequencesofinaction.htm

- OECD. 현재 및 2030년의 주요 광물 : OECD 국가 분석
  http://www.oecd-ilibrary.org/environment/critical-minerals-today-and-in-2030_5jrtknwm5hr5-en

- 유럽연합 집행위원회. EU의 주요 원자재 보고서

http://ec.europa.eu/DocsRoom/documents/10010/attachments/1/translations

- USGS(미국 지질 조사). 물자 통계 및 정보
  http://minerals.usgs.gov/minerals/pubs/commodity/

- 기후 변화 경제 및 정책을 위한 ESRC 센터, 기후 변화 및 환경에 대한 그랜텀 연구소(Grantham Research Institute). 현재 및 2030년의 주요 광물 : OECD 국가 분석
  http://www.lse.ac.uk/GranthamInstitute/publication/critical-minerals-today-and-in-2030-an-analysis-of-oecdcountries/

- 세계은행(World Bank). 폐기물 : 고형 폐기물 관리에 대한 글로벌 리뷰
  http://web.worldbank.org/WBSITE/EXTERNAL/TOPICS/EXTURBANDEVELOPMENT/0,.contentMDK:2317 2887~pagePK:210058~piPK:210062~theSitePK:337178,00.html

- IEA. 2015년 세계 에너지 전망
  http://www.worldenergyoutlook.org/weo2015/

- MIT. 2015년 에너지 및 기후 전망
  http://globalchange.mit.edu/files/2015%20Energy%20%26%20Climate%20Outlook.pdf

- WWF. 대도시, 많은 물 사용, 큰 문제, 도시화 세상의 물(Big Cities. Big Water. Big Challenges. Water in an Urbanizing World)
  http://www.wwf.de/fileadmin/fm-wwf/PublikationenPDF/WWF_Big_Cities_Big_Water_Big_Challenges.pdf

- 베올리아 워터(Veolia Water). 지속 가능한 경제를 위한 블루 패스(Blue Path) 찾기
  http://www.veolianorthamerica.com/sites/g/files/dvc596/f/assets/documents/2014/10/19979 IFPRI-White-Paper.pdf

- 채텀 하우스(Chatham House). 자원의 미래
  http://www.chathamhouse.org/sites/files/chathamhouse/public/Research/Energy,%20Environment%20and%20Development/1212r_resourcesfutures.pdf

"식량과 물 부족이 문명의 종말을 야기할 것이다."

— 레스터 브라운(Lester Brown, 환경운동가)

04

기후 변화와 생태계 위기

▶▶▶▶▶   ▶▶▶▶▶   ▶▶▶▶▶

               ▶▶▶▶▶

기후 변화와 생태계 위기의 상호 의존성에 대해서는 전 세계가 함께 대응해야 한다.

기후 변화와 생태계 위기라는 메가트렌드 아래에는 다음 세 가지의 하위 트렌드가 있다.

▶ 이산화탄소 배출량 증가
▶ 지구 온난화
▶ 삶의 기반을 위협하는 생태계 위기

이산화탄소 배출량 증가

현재 배출되는 온실가스의 77%는 이산화탄소다. 그 밖의 온실가스로는 메탄 14%, 이산화질소 8%, 불소화가스 1%가 있다. 이산화탄소 배출량은 2030년까지 27% 증가한다.

20세기 이후 온실가스 농도의 증가는 기온을 높이는 주요 동인이 되어왔다. 지구 대기에서 인간에게 직접 영향을 미칠 수 있는 주요 온실가스는 이산화탄소, 메탄, 아산화질소, 오존이다. 연소로 인해 발생하는 인위적 이산화탄소 배출은 단연 온실가스 배출의 가장 큰 원인이다. 1750년 이후 총 인위적 이산화탄소 배출의 절반 이상이 최근 40년 동안 발생했다.

지구 대기의 이산화탄소 농도는 2013년 기준으로 그 양이 대략 396ppm이다. 이는 1750년대 산업혁명 이전의 인위적 이산화탄소 수준보다 약 145% 더 높은 수치다. 배출량은 현 수준에서 상당히 감

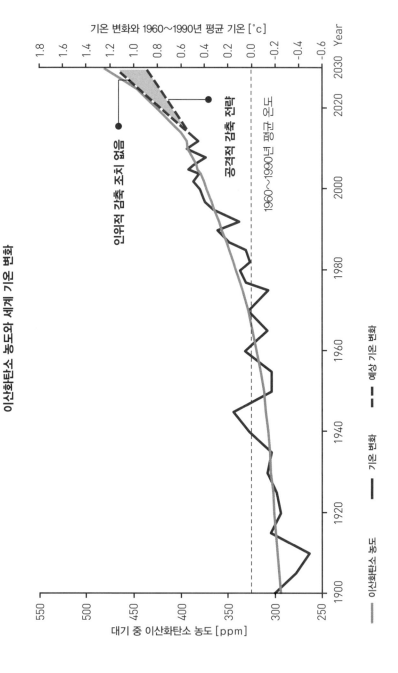

이산화탄소 농도와 세계 기온 변화

기온 변화와 1960~1990년 평균 기온 [˚c]

인위적 감축 조치 없음

공격적 감축 전략

1960~1990년 평균 온도

대기 중 이산화탄소 농도 [ppm]

이산화탄소 농도   기온 변화   예상 기온 변화

Year

소하였지만 제거 처리 속도가 느려서 인위적 이산화탄소의 양은 계속 늘어날 전망이다. 바다는 지구상의 모든 인간이 내뿜는 온실가스 중 매일 4kg 정도를 흡수하기 때문에, 해양 산성도는 3억 년 만에 최고치를 기록하고 있다.

2030년까지 석탄, 석유, 가스 연소에 의한 전 세계 이산화탄소 배출량은 27% 증가하여 415억 톤이 되는데, 이는 지난 20년 동안 44% 증가한 것과 비교하면 확실히 증가세가 둔화했다고 볼 수 있다. 만약 총 온실가스 배출에 대한 추가 완화 노력이 없다면 지구 대기의 온실가스 농도는 2030년까지 450~500ppm으로 올라 2100년에는 750~1300ppm이 된다. 기후 변화에 관한 정부 간 협의체(IPCC)에서는 2100년에 약 450ppm 수준이 되어야 기온 상승을 2°C 정도로 묶을 수 있다고 언급했다. 기온 변화를 2°C로 잡은 이유는 그래야 각종 부작용을 관리할 수 있기 때문이다.

이산화탄소 배출량이 줄어들 가능성은 거의 없다. 2030년까지 에너지 수요는 23% 증가하고, 에너지 공급에서는 화석 연료 점유율이 81.3%에서 78.7%로 소폭 감소할 뿐이기 때문이다.

가장 주목해야 할 지역은 극동 아시아 국가다. 2030년이 되면 전 세계 이산화탄소 배출량의 50%를 차지한다.

세계의 총 1차 에너지 수요는 2013년부터 2030년까지 23% 증가할 것으로 전망되는 반면, 총 기본 에너지 공급 구조는 거의 변화되지 않은 상태로 유지된다. 예를 들어, 화석 연료 점유율은 2013년의 81.3%에서 2030년에 78.7%로 미미한 수준으로 감소한다. 석유는 2030년에 석탄보다 10% 더 높은 에너지 공급 점유율을 기록하지만,

석탄에서 배출되는 이산화탄소 배출량은 거의 같은 수준이다. 이는 탄소 배출량이 가장 많은 화석 연료는 석탄임을 증명한다.

대개 이산화탄소 배출량은 비OECD 국가에서 더 급격히 증가한다. 화석 연료 공급의 지속적인 증가는 개발도상국 시장의 수요 증가가 주요 원인이다. 비OECD 국가는 2035년 순 에너지 수요 증가의 90% 이상을 차지할 것이다. 중국은 현 10년간 이러한 발전의 진원지이지만 2020년 이후에는 인도와 동남아시아가 에너지 수요 증가의 가장 강력한 원인이 될 것이다.

도시화 효과는 두 가지 다른 궤적으로 나타난다. 선진국의 경우 이동 편의성의 변화가 1인당 이산화탄소 배출량 저하를 이끌 수 있다. 대중교통이 효율적으로 운영되면 자동차 사용이 줄어든다. 반대로 개발도상국에서는 도시 중산층의 증가가 자동차 수요를 높인다. 현재 베이징에서는 거주자 1,000명당 자동차 수가 450대에 이른다. 홍콩, 싱가포르, 뉴욕, 도쿄의 1,000명당 자동차 수가 각각 60대, 100대, 209대, 300대임을 고려하면, 비OECD 국가는 효율적인 대중교통 시스템을 갖는 것이 무엇보다 중요하다는 사실을 알 수 있다.

1인당 이산화탄소 배출량 추세는 경제, 인구, 기술 발전의 정도에 따라 다양하게 나타난다. OECD-유럽 및 일본은 2030년까지 1인당 이산화탄소 배출량과 관련하여 거의 안정적인 변화를 나타낸다. 미국에서도 현재 매우 높은 수준인 1인당 이산화탄소 배출량이 감소할 전망이다. 이 세 개 경제 지역이 에너지 효율성에 대한 전 세계 투자의 절반 이상을 차지할 것이다.

러시아는 인구 감소에도 불구하고 에너지 수요의 변화는 없으므로, 결과적으로 1인당 배출량이 증가한다. 특히 화학이나 천연자원 개발, 플라스틱 생산 등 에너지 집약 산업에서 그 비중이 크다. 국제 에너지기구의 '신정책 시나리오(New Policies Scenario)'는 2030년까지 에너지 효율성에 대한 러시아의 누적 투자가 2,120억 달러로 일본에서 투자한 금액의 절반도 안 될 것으로 전망한다.

중국은 산업화율 증가로 1인당 배출량이 늘어난다. 신규 산업 현장과 급격한 자동차 보유량 증가, 화석 연료 사용, 진행 중인 도시화가 그 원인이다. 한국은 새로운 도시 지역 구축과 장기적인 경제 성장, 일정한 인구로 인해 1인당 배출량이 증가한다. 신정책 시나리오에 따르면 2030년까지 두 국가에서 대단히 효율적인 노력을 진행해야만 이런 흐름을 뒤집을 수 있다.

인도의 에너지 소비는 2013부터 2030년까지 39% 증가한다. 1인당 배출량도 대폭 증가하지만, 시작 수준이 낮아서 절대 수치는 비교적 적은 상태를 유지한다. 2030년에 약 40%의 낮은 도시화 비율은 가구당 에너지원 단위(Energy Intensity per Household, 국가 경제의 에너지 효율성을 나타내는 척도로, GDP당 에너지 소비량으로 표시-옮긴이)를 완화한다. 브라질은 국내 에너지 수요의 43%를 재생 에너지로부터 얻는다. 수력발전 사용의 증가를 통해 1인당 낮은 수준의 이산화탄소 배출량을 유지할 수 있다.

한편, 2011년 부문별 이산화탄소 배출량을 분석해보면, 전기 및 발열 관련 생산에서 41.5%, 운송수단에서 22.3%, 제조 산업 및 건설에서 20.7%, 주거 시설에서 6%가 배출된다. 그리고 그 밖의 상업 및 공공 서비스, 농업, 임업, 어업, 기타 에너지 산업 등에서 9.2%가 배출된다.

　이러한 각 부문의 미래 변화는 불확실하다. 2035년까지 70%의 전기 생산 및 40%의 운송용 연료에 대한 전 세계 수요 증가 전망을 보면, 전기의 이산화탄소 배출량 점유율이 더 높은 것으로 나타나지만 이 부문뿐 아니라 제조 산업 및 주거 부문에서 얼마나 강력한 효율성을 얻을 수 있을지는 확실하지 않다.

지구 온난화

　1900년부터 2030년까지 이산화탄소 농도와 전 세계 기온의 변화를 비교해보면 이산화탄소 배출과 기온 상승 사이에는 매우 강한 상관관계가 있다. 지난 10년간은 완충 효과로 온난화를 숨겼지만, 장기적인 기후 변화는 환경에 중대한 영향을 미친다. 지난 15년간의 기온은 미미하게 상승한 정체기였지만, 앞으로도 이런 식으로 안정된 상태로 유지되진 않을 것이다.

　그렇다면 정체기에 대한 설명은 어떻게 가능할까? 기후 시스템은 본질적으로 느리게 반응한다. 또 기온 상승을 흡수하는 해양이나 태양이 대지를 가열하는 것을 스모그가 방해하는 역설적 상황으로 인해 기온 상승이 연기되고 있기도 하다.

　대기의 이산화탄소 제거 과정은 매우 느리기 때문에, 공격적인 감축 전략을 구축해도 온난화는 2100년까지 가속화된다. 2050년 이후 산업화 이전 수준과 비교하여 2°C의 기온 상승을 유지하려면, 2030년까지 총 이산화탄소 배출량을 2013년 대비 35% 정도를 줄여야 한다. 하지만 국제에너지기구의 '인위적인 감축 조치 없음(BAU)' 시나리오를 보면, 2030년까지 이산화탄소 배출량이 27% 증가한다. 2100년까지 전 세계 평균 기온 상승이 2°C로 안정화될 가능성은 거의 없다는 얘기다.

기온 상승은 2030년까지 약 0.15m, 2100년까지 0.40~0.70m의 해수면 상승으로 이어진다. 해수면 상승의 주요 원인은 세 가지다. 첫 번째로 가장 강력한 원인은 극지의 만년설과 그린란드의 대륙빙하가 녹고 있기 때문이다. 두 번째는 대기 온난화가 해수 온난화를 일으키고 그 결과 바닷물 입자의 열팽창이 발생하는 것이다. 세 번째는 녹은 빙하의 물이 직접, 또는 강을 통해 바다로 흘러 들어가는 것이다. 아주 작은 평균 기온 상승과 해수면 상승으로도 허리케인과 태풍을 포함한 열대성 사이클론, 홍수, 가뭄, 집중호우 등 극단적 기상 이변의 유형과 빈도, 강도가 상승할 수 있다.

한편, 지구 온난화는 전 세계에 영향을 미치지만, 지역적으로 그 영향의 양상이 다르다. 2050년까지 아시아와 중남미, 사하라 사막 이남 지역의 개발도상국이 기후 변화로 발생하는 재정적 영향을 가장 많이 받는다. 총계로 보면 아시아는 예측되는 총 연간 비용의 45%를 차지하고 중남미와 사하라 이남의 국가들은 각각 22%를 차지한다.

GDP 대비 비용 차원에서 보면 사하라 사막 이남 지역이 GDP의

0.5%로 그 비중이 가장 높다. 중남미는 GDP의 0.22%, 동유럽, 중앙아시아, 동남아시아는 GDP의 0.1~0.14%, 중동과 북미는 GDP의 0.08%의 비용 지출에 직면한다. 참고로 기후 변화 대응에는 인프라 프로그램처럼 공공정책 비용 및 기후 변화에 대한 회복력 강화를 위한 비용이 포함된다. 2050년까지 약 2°C의 기온 상승이 계산 기준으로 채택되었다. 이를 비용의 선형 추론법이라고 한다.

기후 변화 대응은 세계적인 과제다. 현재 많은 협력이 존재하나 앞으로 더 큰 노력 증진이 요구된다. 기후 변화에 대처하기 위한 협력의 형태는 권한을 분산하느냐 집중하느냐에 따라, 또 방법을 협력하느냐 목표를 협력하느냐에 따라 다양하게 구분된다.

삶의 기반을 위협하는 생태계 위기

전 세계의 잠재적 생물 다양성이 감소하고 있다. 인위적 요인으로 인한 영향이 크다. 2030년까지 지구의 생물 다양성을 위협할 다양한 압력과 그 상대적 점유율은 다음과 같다.

기후 변화	32.7%
인프라, 잠식, 분열	18.8%
식용 작물	17.1%

임업	14.7%
이전 토지 이용	11.4%
목초지	2.9%
질소	1.5%
바이오에너지	0.8%

지구의 생물 다양성은 지구의 평균 종 풍부도(MSA, Mean Species Abundance)로 측정된다. MSA는 생물 다양성의 변화를 설명하는 상대적 지표이고, 손대지 않은 자연 그대로의 완전한 생태계 상태를 MSA 100%라고 한다. 2010년 전 세계의 MSA는 68%였고, 2030년엔 63%로 감소한다. 토지의 전환 사용과 파괴는 향후 20년 동안에도 계속될 것이다. '인위적인 감축 조치 없음(BAU)' 시나리오에 따르면, 2000년에 남아 있는 원시림의 11%를 2050년까지 잃을 수 있는데, 이는 750만 제곱킬로미터로 대략 호주 영토에 해당하는 크기다.

세계의 지구 생물 다양성 역시 현재의 67.5%에서 2030년에 63.0%로 4.5%p 감소한다. 원시 상태에서 2010년까지 지구 생물 다양성의 총 손실에 가장 심각한 영향을 미친 요인은 사회 기반 시설의 확장(29.2%)과 더불어, 식용작물(32.1%), 목초지(18.2%), 임업(8.8%)용 토지 사용 등이었다. 기후 변화는 총 지구 생물 다양성 손실의 7.8%로 그 비중이 낮은 편이었지만, 2030년이 되면 지구 생물 다양성 손실에 가장 큰 영향을 주는 원인(32.7%)이 될 전망이다.

기온이 2.°C 증가하면 종의 20~30%가 훨씬 높은 멸종 위기에 처한다. 세계자연보전연맹(IUCN)에 따르면 현재 약 22,000종의 동식물이 멸종 위기에 처해 있다. 또 2030년까지 어업, 공해, 질병, 침투 외래종, 재해, 산호 탈색으로 인해 산호초의 60%를 잃을 수 있다.

생물 다양성 손실의 악화 요인은 멸종 위기에 처한 생물 다양성 핫스팟[15]에 나타난다. BRIICS 국가(브라질, 러시아, 인도, 인도네시아, 중국, 남아프리카)는 2010년에서 2050년 사이에 지구의 MSA 손실의 35%를 점유한다. 아마존 유역은 전 세계에 알려진 종의 10%를 보유하고 인도네시아의 보르네오는 약 6%를 보유하고 있다. 특히 핫스팟의 고유종이 생계 수단을 잃는 경우 되돌릴 수 없는 멸종 상태에 처하게 된다.

2014년 10개 지역이 전체 멸종 위기종의 65%를 차지하는데, 대부분이 고유종이다. 10개 지역과 총 멸종 위기종 수 및 멸종 고유종 점유율은 다음과 같다.

지역	멸종 위기종 수	멸종 고유종 점유율
미국	1,283	10%
멕시코	1,083	43%
에콰도르, 페루, 콜롬비아	3,656	14%
브라질	934	29%
탄자니아	955	10%
마다가스카르	924	23%
인도	974	12%
중국	978	17%
인도네시아, 말레이시아, 필리핀	3,161	14%
호주	894	17%

15 관속식물의 최소 0.5%가 고유종이며 기본 초목의 30%가 손실된 지역

전 세계 생태용량의 60% 이상을 미국, 캐나다, 브라질, 아르헨티나, 콩고, 러시아, 중국, 인도, 인도네시아, 호주 등 10개 국가에서 보유하고 있는데, 대부분 지역에서 심각한 토지 및 산림 황폐화 피해가 발생하고 있다.

열대 우림의 손실도 큰 이슈지만, 실제 우림 손실의 주요 지역은 캐나다 중심의 북반구다. 캐나다 주도의 원시림 벌채로 인해 캐나다, 러시아, 미국의 광범위한 원시림(IFL) 중 거의 50%가 황폐해졌다. 이들 국가의 주요 황폐화 원인은 상업적 이익, 특히 자원 개발에서 찾을 수 있다.

중국은 1997년 이후 오스트리아 크기에 해당하는 경작지를 잃었다. 현재 중국 토지의 약 40%가 토지 황폐화를 겪고 있다. 호주는 이미 전체 산림의 40%를 잃었다. 산림 황폐화는 계속되어 고유 식생이 해체되고 농업 활동을 통한 심각한 토양 침식이 발생하고 있다.

브라질은 열대 우림의 거의 20%를 잃었다. 이러한 추세가 같은 비율로 계속된다면 2030년에는 아마존 강 유역의 열대우림이 40% 더 감소할 수 있다. 아마존 강 유역의 삼림 벌채 비율은 토지 소유주에 대한 보존법 시행을 통해 지난 몇 년 동안 둔화해왔지만 절대적인 수치로 보면 여전히 높은 수준이다.

인도네시아, 특히 수마트라의 삼림 벌채는 지난 20년 동안 가속화되고 있다. 수마트라는 1985년에 비해 산림의 약 50%를 잃었다. 보르네오의 산림 지역은 1850년의 토지 면적 95%에서 현재 50%로 감소했다. 이런 추세라면 2020년까지 주요 산림 지역을 모두 손실할 것이다.

아르헨티나와 인도도 토지의 황폐화로 고통받고 있다. 아르헨티나 인구의 약 40%가 척박한 토지에 거주하며, 인도 인구의 약 50%는 토양 침식으로 고통받는다. 이는 사막화 및 농업 생산성 손실로 이어지고, 농부들이 이동함에 따라 새로운 토지도 황폐해진다.

열대림 지역 중 콩고 분지는 현재 가장 낮은 삼림 벌채 비율을 나타낸다. 하지만 2000년에서 2030년 사이에 이 지역의 인구가 두 배가 될 것으로 예측되고, 새로운 주거지와 식량, 고용이 토지 자원에 영향을 미칠 것이므로 이 지역의 황폐화 방지는 점점 더 중요해질 것이다.

이런 생태계 위기의 극복을 논의할 때 자주 등장하는 용어로 '생태발자국(Ecological Footprint)'이 있다. 생태발자국은 인간이 지구에서 삶을 영위하는 데 필요한 의식주, 에너지, 시설 등의 생산과 폐기물의 발생 및 처리에 들어가는 비용을 주로 지구의 개수로 수치화하는데, 그 수치가 클수록 지구에 해를 많이 끼친다는 의미다.

생태발자국은 한마디로 국가별 인구의 현재 생활 기준을 보호하는 데 필요한 생태용량으로, 이를 계산해 이산화탄소 문제를 해결하는 데 그 목적이 있다. 필수 생태용량과 실제 생태용량 간 불균형은 지구의 재생력이 재생성할 수 있는 것보다 더 빠르게 사용되어 지구의 자원 재고가 감소하고 있음을 나타내는 신호다. 현재 지구 1.5개에 해당하는 재생력이 사용되고 있는데, '인위적인 감축 조치 없음' 시나리오를 따르면 2030년까지 인류는 지구 두 개를 결합한 자원이 필요할 것이다.

기후 변화의 영향은 광범위하고 논란의 소지가 많지만, 대부분 전문가는 위험이 대폭 커진 것으로 판단한다.

부정적 영향

- 해수면 상승으로 전 세계 GDP의 9% 정도의 자산이 영향을 받는다. (IPCC)
- 2℃ 기후 변화에 적응하는 데 전 세계 GDP의 4%가 줄어든다. (UN)
- 수억 명의 사람들이 해안 침수 및 육지 손실의 영향으로 난민이 될 것이다. (IPCC)
- 아무 대비 없이 기온이 2.5℃ 상승하면 전 세계 GDP가 연간 0.2~2%의 감소한다. (IPCC)
- 생물의 종 다양성을 잃으면 전 세계 GDP가 7% 감소한다. (TEEB[16])
- 전 세계 가장 큰 100개의 환경 변화로 인한 비용은 연간 4.7조 달러에 달한다. (Trucost[17])

긍정적 영향

- 고위도 지역은 곡물 수확량 증가의 혜택을 얻는다. (IPCC)
- 선박은 매년 150일간 러시아의 북해 경로를 사용함으로써 수에즈 운하 경로와 비교하여 7,000km를 단축한다. (알프레드 베게너 연구소[18])
- 응답한 기업의 약 절반은 기후 변화로부터 이득을 기대했다. (KPMG 설문조사)
- 새로운 북극 자원을 이용할 수 있게 되고 개발 준비가 되었다. (UNEP[19])
- 기후 변화의 복지 효과는 전 세계 GDP 1.5% 상승으로 2025년 절정에 달한다. (리처드 톨 교수[20])

---

16 생태계와 생물다양성의 경제학. 생물 다양성의 글로벌 경제 혜택에 대한 주의를 끄는 데 초점을 맞춘 글로벌 이니셔티브.
17 영국에 본사를 둔 기업으로, 기업에 의한 천연자원의 지속 불가능한 사용의 숨은 비용에 대한 추정치를 제공한다.
18 극지 및 해양 연구 기관
19 유엔환경계획
20 서식스 대학교(University of Sussex) 교수. 원래 5차 IPCC 평가 보고서의 저자로 지명되었지만 기후 변화에 대한 IPCC의 해석에 동의하지 않아 직위를 철회했다.

기업은 어떻게 대응해야 하나

첫째, 기후 변화를 시장 기회로 인식할 필요가 있다. 기후 변화 대비에 대한 우수한 평판을 비즈니스에 대한 부양책으로 활용하는 것이다.

제품과 생산 과정, 평판, 브랜드 가치 면에서 기후 변화에 대한 대응을 통해 새로운 비즈니스 기회가 발생할 것이다. 기업에서는 법적 요구사항을 준수하고 기업 평판을 향상하기 위해 이산화탄소 배출량을 감축해야 한다.

제품 면에서는 새로운 친환경 제품이나 기술이 비즈니스 기회를 열고 시장을 지배할 것이다. 기업은 환경 개선 프로젝트에 참여하여 환경친화적인 재료를 사용하고, 불필요하게 낭비되는 포장을 줄이며, 탄소 발자국을 최소화하는 데 주력해야 한다.

기업에서는 환경 친화성과 관련한 회사의 업적을 고객들에게 확실히 알려 평판도와 브랜드 가치를 향상해야 한다. 더 나아가 산림관리협회(FSC), 트러코스트(Trucost), 세계자연기금(WWF) 등 기후 변화를 위해 노력하는 기관에 자금을 제공하는 등의 노력을 강화하여, 보다 적극적으로 생태계를 보호하고 생물의 다양성 유지를 지원하기 위해 노력해야 한다.

또한, 기후 변화에 대한 국가적 적응과 극단적인 기후를 고려한 회복력 향상 요구를 통해 댐 건설과 같은 대규모 인프라 프로젝트에 새로운 투자 기회가 발생할 것이다. 신흥 시장, 특히 동남아시아의 삼각주 및 도서 지역 프로젝트에 선진국의 투자가 이어질 것이다.

둘째, 각종 규제는 비즈니스에 부정적인 영향을 줄 수 있지만, 시장에서의 새로운 기회를 가속할 수도 있음을 명심해야 한다.

2020년까지 중국, 브라질, 미국, 러시아, 인도, 멕시코, 일본, 유럽 등 주요 경제권에서는 총 이산화탄소 배출량을 15~40% 감축할 예정이다. 이는 당연히 대부분의 에너지 집약적인 산업에 영향을 준다. 그러므로 투자 전략을 조정하고 에너지 효율성 획득에 초점을 맞춘 새로운 기술을 출시하여 혜택을 얻는 것이 좋다.

에너지 효율성에 대한 전 세계 연간 지출은 2030년까지 4배 증가하여 5,500억 달러에 도달한다. 운송 부문에서 62%, 건설 부문에서 29%, 산업 부문에서 9% 증가하고, 주요 지역은 유럽, 미국, 일본, 중국이다.

자금 조달에 장애가 되는 것은 전체 에너지 효율성 투자의 50%가 개인 가구 쪽에 필요하다는 점이다. 비즈니스 분야와 정부는 각각 40%, 10%에 불과하다. 그러므로 투자가 계속 이뤄지도록 하려면 정부뿐 아니라 기업에서도 민간 부문에 대한 투자 인센티브를 창출해야 한다. 기업은 이 새로운 자금 지원 모델을 활용할 때, 주택 단열재, 전기차, 에너지 효율성이 높은 전자기기 사용 측면에 있어 큰 격차가 발생하지 않도록 주의해야 한다. 이런 정책적 의무의 결과로써, 민간 부문에 대한 산업 생산의 효율성 개선에 큰 잠재력이 있다.

일반적으로 말해서 이산화탄소 배출량과 공해를 줄이려면 외부 전문가를 찾아야 할 수도 있으므로, 중국과 같은 국가에서는 복잡한 문제가 될 가능성이 있다. 기업, NGO, 재단 등은 조직적 책임을 지는 건전한 기업 시민이 됨으로써 이러한 문제 해결에 기여할 수 있다.

셋째, 기존 절차 및 투자에 대해 재고해야 한다.

가치 사슬 전체에서, 특히 생산 및 물류에서 이산화탄소 배출량이 감소할 가능성이 가장 크므로 최적화되어야 한다. 환경의 질적 저하는 중요한 비즈니스 외부 요인이다. 기업에서는 탄소 가격 측정을 사용하여 내부 리스크를 파악하고, 새로운 정책 의무를 준수해야 향후 장기적인 자산 손실을 피할 수 있다. IPCC는 2040년에 외부 비용을 상계하기 위한 이산화탄소 배출 가격 범위를 톤당 20~80달러로 계산했다.

이를 위해 생산의 투입 변수로 석유 의존도를 줄이는 것이 좋다. 액화천연가스(LNG)처럼 가격에 덜 민감한 자원을 사용하면 주요 가격 변동으로부터 자유로울 수 있다. 예를 들어, 물류회사라면 대규모 운송 설비를 변경하거나 육지 운송 기반을 가스나 하이브리드처럼 새로운 기술로 교체하는 것이 효과가 있다.

기업의 생태학적 기저와 관련한 비즈니스의 야심 찬 목표를 2030년으로 설정한다. 친환경 에너지 생산, 지속 가능한 산업 절차, 그린 소비자 상품 개발 등은 전 세계 시장에서 경쟁력을 유지할 수 있는 더 나은 기회를 제공할 것이다.

출처 및 참고자료

- 기후 변화에 관한 정부 간 패널(IPCC). 5차 평가 보고서(AR5)

  http://www.ipcc.ch/publications_and_data/publications_and_data_reports.shtml

- 엑손모빌(ExxonMobil). 2014년 에너지 전망 : 2040년에 대한 전망

  http://corporate.exxonmobil.com/en/energy/energy-outlook/download-the-report-andpresentation/download-the-outlook-for-energy-report

- 국제에너지기구(IEA). 2013년 세계 에너지 전망

  http://www.worldenergyoutlook.org/publications/weo-2013/#d.en.36200

- 세계은행(World Bank). 기후 변화에 대한 경제적 적응 - 종합 보고서

  http://documents.worldbank.org/curated/en/2010/01/16436675/economics-adaptation-climate-changesynthesis-report

- 경제협력개발기구(OECD). 2050년 환경 전망

  http://www.oecd.org/environment/indicators-modellingoutlooks/oecdenvironmentaloutlookto2050theconsequencesofinaction.htm

- 세계자연보호기금(WWF). 2014년 살아 있는 지구 보고서

  http://wwf.panda.org/about_our_earth/all_publications/living_planet_report/

- 국제에너지기구(IEA). 2014년 세계 에너지 투자 전망

  http://www.iea.org/publications/freepublications/publication/world-energy-investment-outlook--special-report---.html

- 미국 에너지정보청(EIA). 2014년 연간 에너지 전망

  http://www.eia.gov/mwginternal/de5fs23hu73ds/progress?id=7YuvHQRu8jxZLchyMZBZNwCNzGlVxlWzoPd6VNI2p-4

- 유엔환경계획(UNEP). 2014년 연감 : 전 세계 환경에서 대두되는 문제

  http://www.unep.org/yearbook/2014/

- 비즈니스와 기업의 생태계 및 생물 다양성의 경제

  http://www.teebweb.org/publication/the-economics-of-ecosystems-and-biodiversity-teeb-in-businessand-enterprise/

- 세계산림감시(Global Forest Watch)

  http://www.globalforestwatch.org/map/3/32.58/162.75/ALL/grayscale/602,591?threshold=10

05

기술 발전과 혁신

▶▶▶▶▶   ▶▶▶▶▶   ▶▶▶▶▶
            ▶▶▶▶▶

기술 발전과 혁신은 오늘날 비즈니스 환경의 주요 핵심동력이다.
기술 발전과 혁신이라는 메가트렌드 아래에는 다음 세 가지의 하위 트렌드가 있다.

▶ 경제 번영의 원동력인 혁신
▶ 인류의 주요 문제를 해결하는 생명과학
▶ 디지털 트랜스포메이션

경제 번영의 원동력인 혁신

혁신의 힘은 그동안 인류가 주요 문제를 해결하는 과정에서 쉽게 확인할 수 있다. 인류는 문제가 있으면, 혁신을 통해 솔루션을 찾아냈다.

문제	혁신	솔루션
사람과 상품의 대규모 운송에 대한 요구	기차	철도망 건설
식량 수요 증가	합성 비료	합성 비료의 집중 사용을 통한 곡물 수확량 증가
위치와 관계없는 안정적인 커뮤니케이션에 대한 요구	디지털 이동통신	디지털 이동통신 네트워크 확대

여전히 우리는 많은 문제에 직면해 있다. 하지만 2030년까지 이러한 문제를 극복할 만반의 태세를 갖춘 다양한 유망 분야가 있다.

2030년까지 인류의 주요 과제와 혁신 분야는 무엇일까? 주요 과제는 끝도 없이 많겠지만 몇 가지로 정리해보자면, 충분한 물과 식량 확보, 의료 서비스 제공, 더 효율적인 자원 사용, 증가하는 에너지 및 운송 요구에 대한 대응, 폐기물 및 공해 줄이기 등이 있다. 이런 문제 해결을 위해 생명과학, 디지털 트랜스포메이션, 재료과학, 새로운 이동성, 환경과학 등의 분야에서 혁신이 이뤄져야 한다.

파괴적이며 지속적인 혁신만이 인간의 삶을 바꿀 수 있다. 이런 혁신은 인구학적 역학, 자원 부족, 기후 변화와 같은 다른 메가트렌드로 인해 발생하는 문제를 극복하기 위한 가장 중요한 해결책이 된다. 혁신은 여러 다양한 분야에서 발생하고 영향을 준다. 광범위하고 긴급한 문제를 해결하려면 생명과학과 디지털 트랜스포메이션의 혁신이 특히 중요하다.

혁신은 다양한 방법으로 분류될 수 있는데, 이러한 맥락에서 특히 유용한 분류는 지속적인 혁신과 파괴적인 혁신으로 구분하는 것이다. 지속적인 혁신은 PC의 성능 향상을 위한 마이크로칩처럼 더 나은 가치로 기존 시장을 진전시키는 반면, 파괴적인 혁신은 자동차나 스마트폰처럼 새로운 시장 창출을 통해 기존의 시장을 대폭 변화시킨다.

재료과학 분야에서는 새로운 초합금과 나노 재료 등 신규 첨단 기술과 고성능 재료가 개발될 것으로 예상한다. 이를 통해 재료의 무게를 줄이고, 각종 기계와 차량의 성능을 향상하며, 아직 발견하지 못한 인위적 소재가 포함된 완전히 새로운 엔지니어링 재료가 탄생할 수 있다. 배터리 기술 등 이동성 관련 혁신은 전기 자동차에 대한 수요를 높일 것이다. 자율주행차는 2030년쯤 본격 생산에 들어갈 것으로 예상한다. 환경과학은 혁신적 솔루션을 시험하여 전 세계 해양에 버려지는 쓰레기 지대를 제거하고 공해를 줄이고 있다.

대부분의 혁신은 기술을 기반으로 하지만 새로운 비즈니스 모델, 혁신적 조직 형태, 새로운 업무 및 생산 프로세스를 기반으로 하는 다른 중요한 혁신도 있다. 특히 애플, 구글, 페이스북의 새로운 웹 및 모바일 기반 비즈니스 모델은 인간의 삶과 과거의 업무 습관을 극적으로 바꿨으며, 그 변화의 폭은 향후 더 커질 것으로 예상한다.

혁신은 부를 촉진한다. 현재 가장 속도를 높이고 있는 건 중국 기업들이다. 2013년 기준 PCT[21] 신청업체 순위는 다음과 같다.

1. 파나소닉 (2,881 : 일본)

2. ZTE (2,309 : 중국)

3. 화웨이 (2,110 : 중국)

4. 퀄컴 (2,050 : 미국)

5. 인텔 (1,871 : 미국)

6. 샤프 (1,839 : 일본)

7. 보쉬 (1,809 : 독일)

8. 도요타 (1,698 : 일본)

9. 에릭슨 (1,468 : 스웨덴)

10. 필립스 (1,423 : 네덜란드)

---

21 특허협력조약(PCT, Patent Cooperation Treaty). 1970년 체결된 조약으로서 하나의 특허를 다수 국에 출원하는 데 있어서 국가 간의 편의를 도모하도록 조처했다.

자원 개발보다 혁신을 통한 부의 창출과 번영이 훨씬 더 지속적이고 안정적이다. 1인당 특허 출원 수와 국가의 번영 수준은 강력하게 연결되어 있다. 스위스, 스웨덴, 일본, 독일 등 개발할 수 있는 천연자원이 적은 국가의 특허 출원 비율이 가장 높다는 사실은 부 창출 측면에서 혁신이 천연자원의 실행 가능한 대안이 될 수 있음을 암시한다. 그렇지만 특허를 통해 얻을 수 있는 이득은 활용도 및 얼마나 효율적이고 지능적으로 시장을 만들어 나가느냐에 따라 다르므로 특허를 경제적 번영의 단독 동인으로 볼 수는 없다.

BRIC 국가와 같은 신흥국 시장은 특허 출원에 관한 한 여전히 선진 경제권에 뒤진다. 단, 활발한 통신 장비 업체인 화웨이, ZTE 등 선두 특허 출원업체에 속한 일부 중국 기업은 제외된다. 자원은 한정되어 있고 가격 변동성도 매우 높으므로 주로 자원에 의존하고 있는 러시아 등의 국가는 자원에서 혁신으로 초점을 옮겨 더욱 지속 가능한 비즈니스 모델을 만들어야 한다.

저소득 국가는 2012년에 전 세계 특허 출원의 약 1%, 중하 소득 국가는 약 2.9%를 차지했다.[22]

중상 소득 국가의 전 세계 특허 출원 비중은 3분의 1쯤 되는데, 사실 중국이 대부분을 차지하고 있다. 특히 통신과 소비자 가전의 진보가 빠르다. 아프리카는 전 세계 특허 신청의 0.6%, 중남미는 2.7%를 차지한다. 이는 혁신력의 현격한 격차를 나타내며 세계 시장에서의 약점으로 이어진다. 2030년까지 선진국과 개발도상국의 정부 모두

---

22 세계지식재산권기구(Wipo)에서 전 세계 약 150개 국가 및 지역 특허청(IPO, Intellectual Property Office)에 설문조사를 수행하여 예측.

효과적인 지식 개발과 과학 인프라에 투자해야 한다.

경쟁력 있는 혁신력의 기본은 적절한 수준의 R&D에 있다. 그러므로 GDP 점유율로 표현된 공공 및 민간 부문에서의 R&D 비용은 미래 경쟁력을 보여주는 지표다. 가장 높은 R&D 비용 점유율에 속한 국가는 이스라엘(3.9%), 스웨덴(3.4%), 독일(2.9%), 미국(2.8%)이다. 또한, 벤처 캐피털은 민간 부문의 혁신을 지원한다. 미국 경제는 지난 10년 동안 연간 200억 달러 이상의 벤처 캐피털 투자를 통해 선두로 치고 나간 반면, 유럽은 약 40억 달러만 투자했다.

혁신은 점점 더 빨리 퍼진다. 제품이 출시된 뒤 미국 시민 전체의 25%까지 확산하는 데 걸린 기간은 다음과 같다.[23]

전기(1873) 46년

전화(1876) 35년

라디오(1897) 31년

TV(1926) 26년

PC(1975) 16년

휴대전화(1987) 13년

월드와이드웹(World Wide Web)(1991) 7년

페이스북(2004) 4년

기술 확산의 속도 증가는 세계적인 현상이며 선진국 경제권에 국

---

23 프랑크푸르터 알게마이네 차이퉁(FAZ)

한되지 않는다. 2013년 대비 2018년 총 스마트 모바일 기기 사용은 다음과 같이 증가한다.[24]

북미	65%(2013년) → 93%(2018년)
중남미	14%(2013년) → 55%(2018년)
서유럽	45%(2013년) → 83%(2018년)
중유럽 및 동유럽	15%(2013년) → 61%(2018년)
아프리카 및 중동	10%(2013년) → 36%(2018년)
아시아 태평양	17%(2013년) → 47%(2018년)

　새로운 기술이 더 빨리 채택되고 혁신 주기가 짧아짐에 따라 다음 20년간은 기술의 전반적인 중요성이 증가할 것이다. 다양한 새로운 스마트 제품이 여러 시장에 보급되면서 제품 수명 주기가 훨씬 짧아짐에 따라 이러한 추세는 2030년까지 계속될 것이다.

　기술 확산은 새로운 비즈니스 모델과 비즈니스 환경 개선을 가능하게 하며, 특히 개발도상국의 경제 성장을 유도한다. 예를 들어 아프리카에서 스마트폰은 농부와 시장의 중간 판매자 사이에 원격 가격 책정을 용이하게 하여 가격의 투명성을 향상하고 실시간 주문량을 제공하는 데 사용된다. 또한, 스마트폰에 연결된 캐쉬백 결제 시스템을 통한 거래가 실시간으로 처리되어 금융 시스템의 혜택 범위를 넓힐 수 있다. 과거에는 혁신가(Innovators)와 신기술 사용자

---

24 여기에서 말하는 스마트 모바일 기기는 3G 이상의 네트워크에 연결되며 고급 컴퓨팅 및 멀티미디어 기능이 있는 기기를 말한다.

(Adopters) 사이의 물리적 거리가 채택 속도에서 중대한 영향을 미쳤지만, 디지털화의 가속화로 커뮤니케이션의 장애가 줄어들며 물리적 거리와 상관없이 세계적으로 훨씬 높은 수준의 정보 교환이 가능해졌다.

인류의 주요 문제를 해결하는 생명과학

생명과학은 인간과 동물과 자연 등 생물체와 그 생물이 직간접적으로 환경에 미치는 영향을 연구하는 학문이다. 생물학, 약학, 화학 등의 연구 분야가 망라되는 생명과학은 인구의 증가와 노화, 위험에 처한 자연환경, 질병 확산 증가와 같은 문제 해결을 위해 광범위하고 강력한 교차점이 된다.

여러 전문 분야를 통합하는 생명과학의 접근 방법은 시너지 효과를 창출한다. 쉽게 설명하면, 신경과학을 통해 특정 질병의 증상을 조기에 발견하면, 약학을 통해 빠른 치료를 진행할 수 있다. 생명과학이 포함하고 있는 주요 분야로는 생물물리학, 생태학, 생화학, 보건학, 유전학, 신경과학, 제약공학, 해양생물학, 의료기기 등이 있다.

전 세계에서 발생하는 많은 난관이 생명과학의 솔루션이 필요하다. 전염병, 만성질환, 노화 관련 질병, 공해, 토지 및 수질 오염, 식량 및 물 수요 증가, 해양 오염 등이 그것이다. 실제 생명과학은 이런 큰 난관의 극복을 위해 혁신적인 접근 방법을 제안한다.

현재 낮은 의료 서비스 접근성으로 인해 전 세계 10억 명이 고통받고 있다. 빠르게 증가하는 인구와 경제의 문제가 있는 개발도상국은 선진국과는 다른 의료 서비스 방안을 만들어야 한다. 대규모 병원 및 의사 네트워크는 사실상 실현 불가능하다. 예를 들어, 나이지리아는 의사 수가 OECD 기준에 도달하려면 2030년까지 현재보다 12배 더 많은 의사가 필요하다. 그러므로 이러한 격차는 원격 의료 분석과 진단, 그리고 궁극적으로 치료 조언까지 가능하게 하는 혁신적인 의료 기술을 통해 좁혀야 한다.

개발도상국은 수명 연장 측면에서 2030년까지 상대적으로 빠른 향상을 이룬다. 저렴한 복제 의약품과 새로운 생명공학 기술이 말라리아와 뎅기열 같은 질병을 해결한다. 또한, 생명과학은 3P, 즉 병원균(Pathogen)과 오염(Pollution)을 방지하며 농약(Pesticide) 사용을 줄이거나 대체하는 데 도움이 된다. 예를 들면, 말라리아를 옮기는 종을 장기적으로 멸종시키기 위해 유전적으로 변형된 모기가 따로 키워진다. 추가 영양소가 포함된 유전자 변형 작물과 식물은 천연적인 결핍이나 기후 위협을 줄이는 데 도움이 된다.

전 세계 사망률 원인의 63%는 만성병이다. 혁신적인 기업은 이러한 사실에 주목해 R&D 포트폴리오를 조정해야 한다. 높은 수준의 의료 시스템을 갖춘 국가에 사는 개인은 인공 장기나 맞춤형 3D 출력물 이식과 같은 혁신을 이용할 수 있다. 이러한 맥락에서 유도다능성 줄기세포(IPS, Induced Pluripotent Stem Cells)가 크게 진보할 것으로 전망된다. IPS를 통해 손상된 세포와 종양을 치료할 수 있다. '인간 증강(Human Augmentation, 외골격과 같이 인간 신체의 구성 부분으로 인공적 향상과 같이 각종 첨단기술을 접목·융합해 인간의 기본 능력을 넓히는 것-옮긴이)'은 신체와 인지 기능을 향상시킬 것이다. 신경과학의 발전은 뇌 구조 분석뿐 아니라 더욱 세분화된 바이오마커(Biomarker, 단백질, DNA, RNA, 대사물질 등을 이용해 몸 안의 변화를 알아낼 수 있는 지표-옮긴이)를 지원하며 치매와 같은 질병의 조기 진단 및 치료로 이어진다.

한편 기후 변화, 토양 악화, 세계 인구 증가 등의 문제는 '바이오경제(Bioeconomy)'를 통해 해결될 수 있다. 이 솔루션은 소위 화이트, 그린 및 레드 바이오기술(White, Green, Red Biotech)에서 찾을 수 있다. 화이트 바이오기술은 산업용에, 그린 바이오기술은 농수산업용에, 레드 바이오기술은 의료용에 생명공학 기술이 응용된 개념을 뜻한다.

화이트 바이오기술은 기존 산업체에서 석유와 석탄, 가스 등 천연 자원에 대한 의존성을 줄이는 데 도움을 줄 수 있다. 프라운호퍼 연구소에서는 고분자 제품의 3분의 2를 화학적으로 동일한 화합물인 바이오폴리에틸렌(Bio-Polyethylene)으로 대체할 수 있을 것으로 예측한다. 더 나아가 미생물은 향후 플라스틱 쓰레기를 부식시키는 데 도움이 될 수 있다.

그린 바이오기술은 농작물의 회복력을 향상해 식량 공급을 위한 큰 잠재력을 가지고 있다. 쌀을 주식으로 하는 세계 인구가 30억 명 이상이므로 염분이 많이 함유된 땅에서도 벼가 자라도록 하는 것이 중요한 과제다. 식품을 생산할 때 아미노산이나 오메가3 지방산을 추가하면 면역력을 높이는 동시에 인간과 동물에게 더 많은 단백질을 제공하며 결핍 징후를 극복하는 데 도움이 된다.

화이트 바이오기술과 그린 바이오기술을 결합하여 에너지 밀도가 더 높고 온실가스 배출량을 줄이는 새로운 바이오 연료도 개발되고 있다. 산림의 황폐화나 농지 개발을 방지하기 위한 새로운 바이오 연료의 생산 방법도 탐색된다. 레드 바이오기술의 예로는 마이크로바이옴(Microbiome) 구성 분석을 들 수 있는데, 이는 환자의 필요에 더 정확히 맞도록 의약품 사용을 조정하는 것을 목표로 한다.

생명과학의 향상된 기능은 특히 신흥국이 직면하고 있는 난관 해결에 큰 도움을 준다. 현재 생명과학의 중심은 미국과 일본과 유럽이지만, 앞으로는 신흥국 시장이 새로운 과학기술 수용을 통한 역량을 구축해가며 이 점유율을 늘려갈 것이다. 특히 서방세계 바깥에서 생태학적 솔루션에 대한 요구가 더욱 높아진다.

중국 기업은 인수, 합병 등의 진행으로 글로벌 플레이어가 될 것이다. 2016년에 중국의 제약 매출은 일본을 넘어 전 세계에서 두 번째로 큰 시장이 된다. 새로운 의료 기술에 대한 요구는 의료 서비스 부족과 인구 구조의 변화로 인해 증가한다. 2020년까지 중국 정부의 목표는 기본 의료 서비스를 전 국민에게 제공하는 것이다.

인도는 후발국이지만 정부에서 광범위한 의료 서비스 접근 조처를 함에 따라 큰 잠재력이 생겼다. 낮은 도시화 비율이 기존 병원 시스템을 통한 의료 서비스 제공을 어렵게 하고 있지만, 비용이 낮은 새로운 의료 기술은 광범위하게 분산된 시골 인구에 대한 기본 의료 서비스를 제공할 수 있을 것이다.

인도네시아는 갈 길이 멀지만, PCT 신청의 증가율과 의료 서비스의 점진적 향상으로 2030년까지 아시아 경쟁국 간의 격차를 좁혀 생명과학의 글로벌 플레이어가 될 것이다. 국내 산업은 90%에 달하는 원자재 수입 의존도를 줄여야 하며 지식재산권을 강화해야 한다. 생물 다양성은 그린 바이오기술과 관련하여 솔루션을 제공할 수 있으며, 국가의 생태계 문제도 완화함으로써 보다 지속 가능한 경로로 경제를 개조하는 데 도움이 될 수 있다.

브라질은 2030년의 최대 중남미 생명과학 시장이다. 제약과 관련하여 특히 복제 의약품은 평균 이상의 성장 기회를 제공한다. 그린 바이오기술 혁신을 통해 추가 농지가 없어도 곡물 수확량을 늘리고, 이로써 고유하고 귀중한 열대우림까지 보호할 수 있다.

이처럼 현재 전 세계적으로 생명과학의 새로운 연구에 대한 경쟁이 벌어지고 있다. 그러므로 보다 체계적인 국가적 연구 클러스터를 갖고 차별화를 진행해야 미래가 유망하다.

생명과학 분야에서 제출된 PCT 신청서 분석 결과, 아시아, 특히 중국의 특허 보호가 가장 많이 증가하여 북미 및 유럽을 따라잡는 것이 관찰되고 있다. 중국의 특허청별 출원이 거의 2배가 된 것은 공해, 사회의 노화, 안정된 식량 및 물 공급 요구에 대한 생명과학의 솔루션이 높은 기대를 받고 있기 때문이다. 하지만 중국을 제외하면, 한국만 전 세계 특허 출원 점유율이 약간 증가할 뿐, 다른 아시아 국가들은 대체로 안정된 상태로 유지된다.

중국 5개년 계획의 일곱 가지 전략적 산업 중 하나인 생명공학의 촉진은 강력한 연구를 통해 성과를 거두고 있다. 상하이와 베이징은 국가의 핵심 연구 클러스터로, 상하이는 2030년까지 전 세계 3대 연구 클러스터가 될 것을 목표로 하고 있다. 의료 서비스 및 환경 문제와 관련해 중국 정부가 생명과학의 솔루션에 기대하는 바가 크다.

인도 정부는 '모방자'에서 '혁신가'로의 전환을 통해 생명과학에 대한 입지 향상을 추구한다. 인도의 공식적인 '제약 비전 2020(Pharma Vision 2020)'에 명시된 대로 인도는 엔드 투 엔드 제약 제조의 글로벌 리더가 될 것으로 예상된다. 전반적으로 시작이 좋다. 인도는 국내 시장은 물론 중남미와 아프리카 등 해외 시장의 저렴한 의약품에 대한 요구에 복제 의약품을 제공한다. 의약품의 특허 만료가 늘어날수록 해외 시장 진입 또한 용이해질 것이다.

높은 기술 인력을 갖추고 있고 지식재산권 체제가 잘 작동하는 싱가포르는 2030년까지 아시아 시장을 목표로 하는 전진 기지가 될 것이다. 고품질 R&D 설비 구축을 통해 연구 기반 생명과학 시장으로의 전환이 현실화되었다.

물론 생명과학에 비판의 여지도 많다. 유전공학, 나노입자 사용과 관련한 기술은 논쟁을 불러일으킨다. 유전공학은 특히 기후와 자원 문제에 직면한 개발도상국에서 안정성을 높이고 화학 물질을 줄인 집약 농업 및 식량 공급을 제공함에 있어 큰 가능성을 지니고 있다. 하지만 유전자 변형 농작물은 기존 농작물을 밀어낼 수 있으며, 유전자 변형 식품 섭취의 장기적인 영향에 대해서는 추가 연구가 필요하다. 마찬가지로 생태계와 바이오시스템에 끼치는 영향 등에 대해서도 더 깊은 이해가 필요하다.

의료 연구에 대한 배아 줄기세포 사용은 장애 및 척추 손상 등 일부 질병 치료의 획기적인 진보를 약속한다. 하지만 배아 줄기세포 사용은 윤리적으로 논란의 여지가 있으며, 이 때문에 국가에 따라 다른 법률에 의존한다. 또한, 줄기세포의 빠른 복제는 돌연변이 및 추가 연구를 요하는 장기적인 문제도 얽혀 있어 더 복잡하고 어렵다.

나노입자와 환경호르몬의 사용 역시 논란이 되고 있다. 예를 들면 화장품에 포함된 나노입자는 식수 공급원으로 흘러들어 정수장 수준에서 새로운 문제를 일으킨다. 많은 가정용 및 산업용 제품에서 발견되는 화합물 등 환경호르몬은 동물과 인간의 호르몬 체계를 교란해 불임이나 종양, 선천적 기형, 발달 장애를 유발한다.

입법자와 소비자의 반응은 지역에 따라 매우 다르다. 일부 국가의 경우 유전공학에 대한 정치인과 소비자의 관점 차이는 성장 및 R&D 자체에 대한 직접적인 장애가 될 수 있다. 기업 혁신 포트폴리오 관리 팀은 장래성 없는 지역의 프로젝트를 도태시키면서 다른 특정 지역에 유익한 프로젝트를 시작하거나 또 다른 시장을 알아봐야 한다. 예를 들면 바스프(BASF, 독일에 본사를 둔 세계 최대 종합화학회사-옮긴이)에서는 농작물 연구 기능을 미국으로 이전하기로 했다. EU에서는 정책 입안자뿐 아니라 일반 대중도 생명공학과 생명과학의 전략적 경로에 대한 합의를 찾지 못해 심각한 어려움에 직면해 있다.

디지털 트랜스포메이션

소비 형태가 디지털화되면서 경제의 모든 영역에 디지털 트랜스포메이션이 스며들고 있다. 이를 돕는 '지렛대'와 '조력자'와 '제안'은 다음과 같다.

지렛대 (핵심 수단)	조력자 (변화를 이끄는 기술)	제안 (최종 상품 및 서비스)
자동화	로봇공학, 3D 프린팅	드론, 자율주행차
디지털 고객 접근	소셜 네트워크, 모바일 인터넷과 애플리케이션	제4자 물류, 인포테인먼트, 전자상거래
연결	클라우드 컴퓨팅, 광대역	스마트 공장, 순수 디지털 제품, 원격 유지보수
디지털 데이터	웨어러블, 빅데이터, 사물 인터넷	데이터베이스 라우팅, 수요 예측, 예지적 유지보수

　소비자에게 있어 디지털화는 전자상거래, 모바일 인터넷, 소셜 미디어 등의 형태로 오랫동안 일상생활의 핵심이 되어왔다. 이제 디지털 트랜스포메이션, 즉 경제 모든 영역의 원활한 '엔드 투 엔드' 연결성은 비즈니스에 근본적인 변화를 가져올 것이다. 디지털 트랜스포메이션은 다음 네 가지 수단을 통해 효과를 낸다.

　디지털 데이터 : 방대한 디지털 데이터를 수집, 처리, 분석하여 보다 향상된 예측과 의사결정을 할 수 있다.
　자동화 : 기존 기술을 인공지능과 결합하여 점점 더 자율적으로 작동하고 스스로 계획하는 시스템이 만들어지고 있다.
　연결성 : 고대역 5G 네트워크를 통해 전체 가치 사슬을 상호 연결하면

공급망이 동기화되고 생산 소요 시간과 혁신 주기가 모두 단축된다.

디지털 고객 접근 : 인터넷과 모바일은 우버나 에어비앤비와 같은 새로운 중재자가 투명하고 새로운 유형의 서비스를 제공할 수 있도록 고객에 대한 직접적인 접근 방법을 제공한다.

사물인터넷은 디지털 트랜스포메이션의 주요 동력이다. 임베디드 기술을 기반으로 하는 사물인터넷은 기계, 자동차, 가정용 기기 등 물리적인 개체의 네트워크로써, 장치의 내부 상태와 인간을 포함한 물리적인 개체의 외부 환경을 감지하여, 통신 또는 상호작용할 수 있는 기술이다.

2030년에는 인터넷에 연결된 사물이 1,000억 대 정도가 되어 전 세계 인구 1인당 인터넷에 연결된 사물을 열두 개 정도 가질 것이다. 이는 2015년의 182억 대와 비교하면 5배가 넘는 수치다.

2020년까지 전 세계에서 500억 대의 기기가 온라인이 되고 2030년에는 이 수치가 2배가 될 것이다. 시스코에서는 2022년까지 증강현실용 인터페이스로 14.4조 달러의 이익을 얻을 것으로 예상한다. 스마트 안경이 결합한 새로운 휴대기기가 트렌드를 선도하여 네트워킹 기기에서 네트워크에 연결된 인간으로 나아간다. 한국의 송도처럼 처음부터 스마트 도시로 설계되고 구축된 도시도 태어난다. 스마트 도시에서는 물리적인 개체가 서로 연결되어 상호작용하거나 인간의 지시를 따른다. 높은 도시화율의 압박에 직면한 국가에서는 공공과 민간의 파트너십을 통해 구축되는 스마트 도시가 점점 더 흔해질 것이다.

센서는 우리의 비즈니스와 개인 생활에 엄청난 영향을 미친다. 제품은 물론 인간의 습관까지 바꿔놓는다. 센서는 실제 생활과 디지털 생활 간에 인터페이스 네트워크를 만든다. 안면 인식이 포함된 생체 인식의 향상은 길거리, 대중교통, 상점에서 일상용품이 사용자를 인식하게 하여 인간을 가상 세계와 실시간으로 연결하는 데 중요한 기능을 수행한다. 이로써 앞으로는 개인에게 맞춤화된 광고가 표준이 될 것이다. 각종 장치에 있는 뇌파 검사 및 마인드 컨트롤 기기가 사적인 장소와 공공장소에서 인간과 제품이 서로 새로운 방법으로 상호작용할 수 있도록 돕는다. 증강현실에 대한 전 세계의 연간 투자는 2013년 6억 7000만 달러에서 2018년 25억 달러로 증가한다.

의류, 안경, 자동차 등에 구현되는 새로운 하드웨어와 센서는 2030년까지 새로운 사이버 현실에 필수가 될 것이다. 스마트 하드웨어에는 콘텐츠가 사용자 앞에 표시될 수 있도록 하는 안경, 콘택트렌즈, 의류의 센서, 가상 망막 디스플레이, 공간 증강현실이 포함된다. 또한, 가상 휴가(Virtual Holidays) 서비스, 전자치료(E-therapy) 서비스, 의사의 가상 상담 서비스, 전염병이나 질병의 핫스팟을 예측하는 전자건강 기록 서비스 등에 새로운 가능성이 생긴다.

롤랜드버거를 비롯하여 여러 글로벌 기업은 향후 수십 년 동안 글로벌 경제를 성장시킬 주요 요인으로 디지털 트랜스포메이션과 사물인터넷을 지목했다. 롤랜드버거는 2025년까지 유럽 산업에서 디지털 트랜스포메이션을 통해 20~30% 또는 1.25조 유로의 부가가치가 증가할 것으로 예측한다. 시스코는 2020년까지 사물인터넷을 통해 전체적으로 19조 달러의 경제 가치가 창출될 것으로 예측한다.

GE는 2030년까지 15.3조 달러의 잠재적 이득을 예측하고, 액센츄어(Accenture)는 산업 인터넷을 통한 전 세계 경제의 잠재적 부가가치를 2030년까지 14.2조 달러로 예측한다.

센서 및 연결된 기기의 세계는 서비스와 제품 개인화에 큰 기회를 제공하지만 거의 무한대인 데이터 스트림 처리가 핵심 과제다. 양자컴퓨터는 이렇게 많은 양의 빅데이터를 구조화하고 처리하는 데 필요한 솔루션을 제공한다. 2020년이 되면 소프트웨어가 인간의 행동을 복제하여 대량의 데이터를 처리하고 2025년이 되면 소프트웨어가 자율적으로 의사결정을 할 수 있을 것이다. 의미론 및 언어학적인 맥락 분석의 진보를 통해 양적인 데이터뿐 아니라 방대한 양의 질적 데이터까지 시장과 경쟁업체, 제품 데이터, 고객 행동과 관련하여 더 자세한 통찰을 제공한다.

디지털 트랜스포메이션은 1995부터 2005년 사이 진행된 인터넷 혁명보다 훨씬 강하게 전 세계 경제에 영향을 줄 것이다. 비즈니스와 산업의 디지털 트랜스포메이션뿐 아니라 여러 학문 분야와의 결합으로 시너지 효과도 얻을 수 있을 것이다. 또 디지털 트랜스포메이션으로 인해 데이터가 엄청난 가속도로 증가한다. 생성된 데이터는 2006년에서 2012년 사이에 10배 증가했고, 2012년부터 2020년까지는 40배 더 증가할 것이다.

이미 현재 데이터 기반 의사결정을 사용하는 기업은 비슷한 기업에 비해 생산성이 5% 더 높고 최대 6% 더 많은 수익을 올린다. 소매업체는 개선된 판매 예측 덕분에 자체 학습 알고리즘을 사용하여 재고를 20% 줄인다. 전반적인 생산성 향상은 기업의 기술 채택 비율에 따라 2025년까지 20~30% 수익을 더 올릴 수 있게 한다. 좋은 예로써 IBM은 5억 개의 일일 트윗(Tweets)을 분석하고 트렌드의 변화를 빨리 감지하여 타깃 광고에 활용하는 등 인상적인 프로젝트를 진행하고 있다.

기업의 디지털화 과정과 관련하여 디지털 디렉터(Digital Director)의 역할이 본격화되고 있다. 오늘날 300개 대기업[25] 중 절반이 최근 몇 년 사이 디지털 디렉터를 임명했으며 이는 이러한 트렌드가 가속화되고 있음을 보여준다. 이처럼 비즈니스를 서로 연결하고 파괴할 기술 집합이 바로 4차 산업혁명이다.

4차 산업혁명은 신기술에 큰 변화를 주고 비즈니스 모델 혁신을 동반한다. 비즈니스 내에서 4차 산업혁명을 수행하는 것은 어려운 일이다. 광범위한 신기술을 사용하려면 기업이 기술을 구현할 능력과 준비를 갖췄는지 자세히 검토해야 한다. 기술 혁신뿐 아니라 비즈니스 모델 혁신도 창출된다. 공급하는 쪽이 아니라 개별 제품 서비스와 고객 요구에 대한 더 빠른 대응에 초점을 두어야 한다. 그러려면 생산의 수직적 통합 강화가 필요한데, 아직 대부분 기업은 여전히 수평적 통합을 사용한다.

스마트 로보틱스는 비즈니스 프로세스를 계속 변화시킨다. 새로운 M2M 인터페이스를 사용하면 로봇이 커뮤니케이션과 조정을 수행하도록 하고, 스스로 수리하게 할 수 있다. 전 세계 M2M 시장은 2013년에서 2022년 사이에 440% 성장하여 최대 2,000억 달러가

---

25 포춘 100 미국 + 포춘 100 유럽 + 포춘 100 아시아 태평양

될 것이다. 현재 아시아는 42%, 유럽은 27%, 북미는 18%, 중남미는 8%, 아프리카는 4%의 M2M 연결을 운영한다. 산업 및 민간 부문 로봇의 증가세를 보면 2030년에는 로봇이 인간보다 수적으로 우세해질 것이다.

시스템에 내장된 마이크로 컨트롤러와 센서의 향상으로 기계 성능 모니터링, 생산 완료 추적, 재고 관리 및 자원 효율성 향상 등 프로세스 스트리밍이 가능해졌다. 대체로 4차 산업혁명 구현의 총체적 접근 방법을 통해 생산과 물류, 고객 서비스의 문제를 예측하여 선제적인 조처를 할 수 있다.

4차 산업혁명의 잠재적 가치를 담아내려면 제품 및 제품 성능 분석 데이터와 그 둘의 컨트롤 포인트를 이해하는 사물인터넷적인 마인드를 기반으로 판매 활동이 돌아가야 한다. 그 결과 부가가치가 높은 서비스가 출현함으로써 기존 자산 기반의 전통적인 제조방식은 점차 사라질 것이다. 오늘날 산업체 생산의 약 4분의 1이 이미 프로세스 측면에서 디지털화되었다. 2025년까지 이러한 점유율은 더 증가하므로 이제는 디지털화 구현을 시작해야 한다.

현재 세계는 4차 산업혁명의 선두 자리를 놓고 치열하게 경쟁 중이다. 일단 출발점은 두 영역으로 구분되어 있다. 애플, 구글, 인텔, 마이크로소프트 등으로 대표되는 IT 업계가 한쪽 영역에 있고, 도요타, 지멘스, BMW, 보잉 등으로 대표되는 제조업계가 다른 한쪽 영역에 있다. 이들 업계는 협력하기도 하고, 경쟁하기도 하고, 협조적 경쟁을 하기도 하며 4차 산업혁명을 향한 레이스에 돌입했다.

새 프로세스, 새 제품, 새 시장, 새 경쟁업체가 등장하고, 인력과 인프라를 위한 새로운 요구가 발생하고, 분야를 넘나드는 M&A와 우호적, 적대적 합병이 이뤄지고, 기술 이전과 통합이 시작됐다. 이 모든 것들이 4차 산업혁명을 준비하는 기업들의 기회와 위협이 동시에 되고 있다.

결승점 지점에서 IT업계와 제조업계의 영역 싸움이 어떤 모습을 하고 있을지는 아직 쉽게 짐작할 수 없다. 여전히 두 영역을 구분하고 있을지, 일부 교집합을 이루고 있을지, 서로 완전히 통합되어 있을지 지켜봐야 한다.

4차 산업혁명 경쟁에서 승리하기 위해서는 기술 및 거버넌스에 대한 가이드가 필요하다. 기업 수준에서는 4차 산업혁명의 보상을 두고 기술 기업과 기존 산업체가 경쟁한다. 이 둘 사이는 경쟁 또는 협조적 경쟁, 협력 사이에서 자신의 입장을 바꾸는 일이 늘어난다. 제조 및 IT 집약적 상품 생산에서 디지털화 점유율의 증가로 IT 회사에 대한 산업의 의존성은 협력과 협조적 경쟁을 늘린다. 또한, IT 회사는 파괴적이고 지속적인 혁신을 통해 기존 비즈니스 포트폴리오를 변경하여 전통적인 산업 제품 및 서비스와 경쟁할 가능성이 높다. 그리고 이러한 발전으로 인해 두 부문 간 합작 사업(Joint Ventures) 및 M&A 활동 수준이 더 높아질 수 있다.

기술 기업은 빅데이터 획득과 처리 능력을 통해 산업체의 필수 파트너가 될 수 있다. 4차 산업혁명에 참여한다는 건 단기 투자를 통해 기술 시각을 넓혀서 새로운 생산과 서비스 관련 경로를 여는 동시에, 기술력 경쟁에서 뒤처지지 않도록 대비함을 의미한다. 하지만 4차 산업혁명 프로젝트에서 고객의 신뢰를 유지하려면 기업 수준의 데이터 무결성과 보안이 매우 중요하다. 기계 데이터, 경쟁 측면에서의 해당 데이터의 민감성, 이에 따른 안전한 데이터 관리에 대한 중요성은 제품과 장비에 포함된 새로운 M2M 연결 및 센서로 인해 4차 산업혁명 구현과 함께 더욱 커질 것이다.

4차 산업혁명이 엄청난 성장의 기회가 되면서 정부와 회사는 각각의 입장에 따른 관심사를 강력히 주장한다. 경쟁의 패권을 잡는 데 가장 중요한 문제는 표준화 및 표준화 관리다. 독일, 영국, 프랑스, 미국은 표준화와 관련하여 공공-민간 거버넌스를 선호한다. 이에 따라 미국의 '산업 인터넷 컨소시엄'과 독일의 '인더스트리 4.0 플랫폼' 내에 최대 이익집단이 존재한다.

4차 산업혁명의 지배를 놓고 벌이는 경주의 전체 결과는 아직 결정되지 않았다. 미국은 소프트웨어와 디지털 솔루션에서 선두를 달리며 혁신 처리에서는 실용적인 시행착오 접근 방법을 따르는 반면, 유럽은 자체 산업 역량을 체계적으로 이뤄내고 있다.

기업은 어떻게 대응해야 하나

첫째, 혁신의 잠재력을 담아내기 위해 기업은 혁신 로드맵을 구축하고 네트워크를 활용하며 창의적으로 사고해야만 한다.

기업이 시장성 있는 새로운 기술을 확인한 뒤 점진적으로 새 비즈니스 모델과 기술을 구현하려면 혁신 로드맵을 구축하여 확실하게 실행으로 옮겨야 한다. 이러한 혁신 로드맵에는 새로운 기술뿐 아니라 광범위한 혁신 포트폴리오의 전략적 관리 방안이 포함된다.

막대한 투자를 하지 않아도 R&D 활동을 확장하는 방법은 협력적 연구 파트너십과 네트워크를 구축하는 것이다. 그러면 재정적 이익 외에도 대개 다른 분야와의 교차에서 얻을 수 있는 시너지 효과가 있다. 파트너십은 비즈니스 파트너, 대학, 연구 기관 등과 형성할 수 있다. 정치적 수준에서는 외국의 상공회의소나 NGO 등과 네트워크를 구성하면 특히 개발도상국의 시장 진입이 쉬워질 것이다.

혁신을 창출하려면 두 개의 정반대 기술, 즉 집중 및 확산에 대한 같은 수준의 숙련도가 필요하다. 다양한 아이디어를 모으고 합쳐 단 하나의 최선의 솔루션으로 유도하는 집중의 기술도 필요하고, 최상의 아이디어를 만들기 전에 먼저 창의적으로 사고하여 가능한 많은 솔루션을 탐색하는 확산의 기술도 필요하다.

기업 안팎에서 문화나 기술 부문 간의 호혜적인 교환이 가능한 환경을 조성하는 것도 중요하다. 관련 직원을 독려하거나 보상을 제공하여 혁신적인 사고를 연마하게 하자. 새로운 트렌드에 대한 관심을 유지하게 하는 것도 주요 안건이 돼야 한다. 이를 위한 효과적인 조치로 기업 박사학위 프로그램, 문화 교환을 위한 안식년제, 기업 전문가 프로그램 등이 있다.

둘째, 생명과학의 높은 잠재력을 활용하려면 제품 및 혁신 포트폴리오 조정이 필요하다.

생명과학에 능동적인 기업은 전 세계의 사회 및 환경의 변화를 통해 엄청난 기회를 맞는다. 사회와 경제는 생명공학 솔루션에 대한 요구를 쏟아낸다. 식량 공급 문제는 회복력 있는 새로운 농작물과 단백질이 더 포함된 동물성 식품으로 해결될 수 있다. 화학 기반이 아닌 생명공학 기반의 의약품에 대한 수요가 증가하고 있으며 고령화 사회에서 혁신적인 의료 기술의 중요성이 다른 무엇보다 중요해졌다.

성공하려면 모든 시장과 모든 제품에 맞춤화된 전략이 필요하다. 특정 시장과 해당 제품 간의 큰 차이를 관리하는 것은 어려운 일이며, 가장 초기의 제품 개발 단계부터 세분화된 제품 관리가 요구된다. 합리적으로 혁신 포트폴리오를 관리하면 다양한 시장 기회를 개척할 수 있다. 블록버스터 제품을 대체하는 상품으로써 제품 포트폴리오를 양에서 가치 기반으로 조정하여 변하는 시장 수요를 반영해야 한다.

새로운 제품의 판매와 기획에서 다양한 시장은 서로 다른 정책 프레임워크를 제공한다. 정책적 의무사항 준수를 위해 따로 분산되어 운영되는 조직은 판매 시장에 더 가깝게 자리를 잡도록 하고, 장래성 없는 연구는 과감히 종료한다.

신규 제품에 대한 장기적 연구는 연구 자체뿐 아니라 재정적 측면에서도 어려움이 있다. 제품 파이프라인에서 모니터링이 필요하며 내부 목표를 명확히 설정하고 달성해야 한다. 또 제품 자금 조달을 재평가하여 비용이 많이 드는 연구에 자금을 대거나 지원하는 새로운 방법을 찾아야 한다. 예를 들어, 제품 특허사용계약을 통해 새로운 연구 프로젝트의 자금을 조달하면, 현금 관리를 최적화하는 데 도움이 된다.

셋째, 디지털 트랜스포메이션으로 새로운 성장 경로를 열려면 새로운 사고와 협력, 맞춤화된 투자가 필요하다.

전통적인 핵심 비즈니스 너머로 더 넓게 보면 디지털 트랜스포메이션과 4차 산업혁명의 잠재력을 포착할 수 있다. 제조업체는 스마트 기기 및 제품에 대해 통합된 시스템을 운영해야 한다. 기술 협력에 대한 개방형 생태계의 모델 역할을 하는 글로벌 '오픈 오토모티브 얼라이언스(OAA, Open Automotive Alliance)'는 자동차 제조업체와 기술 기업이 새로운 제품을 함께 제작하고 최적화하는 하나의 본보기다. 독일에서는 '독일 녹색기술(Greentech made in Germany)'이 부문 간 시너지 효과를 극대화하는 세계적 표본이 되었다.

또한, 보험 상품 역시 디지털화로 인한 엄청난 잠재력이 있다. 예를 들어 운전 습관의 원격 모니터링을 통해, 안전 운전자에게 인센티브를 제공함으로써 더 나은 보험 프로그램을 제공할 수 있다. 중소기업은 기술 혁신 가능성을 조기에 다뤄야 한다. 놓친 시장 트렌드를 따라잡으려면 자본이 많이 들고 관리하기 어렵기 때문이다.

맞춤화된 상세한 데이터 인프라 구축은 매우 중요하다. 이 인프라는 시장 트렌드, 생산 실적, 고객 요구와 관련하여 수동적 관리에서 선제적 의사결정으로 전환되기 때문이다. 해결되어야 하는 문제는 빅데이터의 타당성과 유효성에 대한 우려다. 그러므로 빅데이터를 처리하는 기술은 철저한 분석 및 검증 후에 구현되어야 한다.

출처 및 참고자료

- 세계지식재산권기구(Wipo). PCT 연간 리뷰 : 2014년 국제 특허 시스템
  http://www.wipo.int/ipstats/en/

- 경제협력개발기구(OECD). 2013년 과학, 기술 및 산업 스코어보드
  http://www.oecd-ilibrary.org/science-and-technology/oecd-science-technology-and-industry-scoreboard2013_sti_scoreboard-2013-en

- 경제협력개발기구(OECD). 2030년을 향한 바이오경제
  http://www.oecd.org/futures/long-termtechnologicalsocietalchallenges/42837897.pdf

- 롤랜드버거. 산업의 디지털 트랜스포메이션
  http://www.rolandberger.com/media/pdf/Roland_Berger_digital_transformation_of_industry_20150315.pdf

- 시스코(Cisco). 시각적 네트워킹 지수
  http://www.cisco.com/web/solutions/sp/vni/vni_forecast_highlights/index.html

- 제너럴일렉트릭(GE). 2013년 산업 인터넷
  http:// www.ge.com/europe/downloads/IndustrialInternet_AEuropeanPerspective.pdf

- 국가정보위원회(NIC). 2030년 글로벌 트렌드
  http://www.dni.gov/index.php/about/organization/global-trends-2030

- 에릭슨(Ericsson). 전략적 환경의 데이터화(datafication) 영향
  http://www.ericsson.com/res/docs/2014/the-impact-of-datafication-on-strategic-landscapes.pdf

- 경제협력개발기구(OECD). 인터넷 경제 데이터베이스
  http://www.oecd.org/sti/ieconomy

- 세계경제포럼(WEF). 2015년 유망 기술 상위 10
  http://www.weforum.org/reports/technology-pioneers-2015

- 롤랜드버거. 4차 산업혁명 – 새로운 산업혁명에서 유럽이 성공할 방법
  https://www.rolandberger.com/media/pdf/Roland_Berger_TAB_Industry_4_0_20140403.pdf

06

글로벌 지식 사회

▶▶▶▶▶   ▶▶▶▶▶   ▶▶▶▶▶
　　　　　　▶▶▶▶▶

글로벌 지식 사회에서 지식의 교차와 연결은 가속화되고, 인재 확보 전쟁은 심화하고,
성별 격차는 줄어든다. 글로벌 지식 사회라는 메가트렌드 아래에는
다음 세 가지의 하위 트렌드가 있다.

▶ 지식의 확산
▶ 인재 확보 전쟁
▶ 성별 격차의 해소

지식의 확산

지식의 확산을 위한 가장 중요한 전제 조건은 역시 교육이다. 그리고 교육은 재정적 풍요로움과 뚜렷한 관련이 있다. 1인당 GDP가 높은 국가일수록 교육받는 기간이 길다.

전 세계적으로 모든 교육과정에서 취학률이 증가하여 2035년에는 거의 모든 아동이 학교에 다니게 된다. 이런 전 세계 초등교육의 높은 취학률은 바로 문맹률 감소에 분명한 영향을 미쳐 인재 개발을 위한 기본 토대가 된다. 향후 수십 년 안에 아시아 및 아프리카 지역을 중심으로 문맹률이 급격히 감소할 전망이다.

전 세계 문맹률　　17.9%(2010년) → 5.5%(2035년)

아시아 문맹률　　18.6%(2010년) → 4.9%(2035년)

아프리카 문맹률　　38.6%(2010년) → 11.5%(2035년)

인도 문맹률	37.2%(2010년) → 8.6%(2035년)
아프가니스탄 문맹률	81.8%(2010년) → 17.7%(2035년)
나이지리아 문맹률	48.9%(2010년) → 8.4%(2035년)
기니 문맹률	74.7%(2010년) → 13.6%(2035년)

전 세계 취학률은 높아지고 있지만, 개발도상국의 고등교육 부문에는 여전히 문제가 많다. 세계적으로 초등학교 및 중고등학교뿐 아니라 3차 교육 취학률은 다음 20년 동안 증가할 것이다. 하지만 특히 개발도상국에서는 교육에 소비되는 기간을 더 늘려야 사회 및 경제 개발을 위한 자원으로 교육을 충분히 이용할 수 있다. 학생에게 광범위하고 깊이 있는 교육을 제공하면 글로벌 경제에 참여할 수 있는 개별적인 새로운 진로가 열린다.

중고등학교는 젊은이들이 좋은 직업의 기회를 높이는 기술을 습득할 수 있는 매우 중요한 채널이다. 가능한 최대 범위의 능력과 관심사, 배경에 맞는 고품질 교육은 젊은이들이 직업의 세계로 들어서는 과정을 돕는다. 이는 오늘날 기술 중심 세상에서 경쟁해야 하는 우수 인재의 탄생으로 이어진다. 중등교육에서 고등교육으로 가는 과정은 서로 연결되어 있으며 그 뒤 더 높은 교육(3차 교육)으로의 일관된 흐름을 보장한다. 개발도상국과 신흥국이 초점을 맞춰야 하는 부분이 바로 이 지점이다.

3차 교육의 경우 유럽과 북미는 취학률에서 선두를 달리고 있다. 개발도상국에서는 2035년까지 꾸준히 따라오겠지만 여전히 선진국과 현저한 격차가 유지된다. 하지만 비율이 아닌 절대 수치로 보면 대부분의 3차 교육 학생은 개발도상국 학생들이며, 특히 중국과 인도 학생이 많다. 여러 신흥국, 특히 아프리카와 아랍 세계의 교육 시스템에 대한 품질 기준 향상은 주요 문제다. 이는 기본 교육뿐 아니라 고등교육에도 해당한다. 현재 상위 500개 대학[26]의 약 12%만이 개발도상국에 있다.

개발도상국이 문맹 퇴치에서 초등교육 보편화라는 새로운 목표에 도달하려면 더 많은 투자가 필요하다.

대부분의 OECD 국가 및 일반적인 선진국은 이미 문맹률이 제로에 가깝다. 그 뒤를 이어 인도를 제외한 BRICS 국가, 기타 아시아 국가, 이란이 2030년까지 문맹률 제로에 근접할 것이다. 반면 아프가니스탄, 기니, 베냉, 말리, 에티오피아 등의 일부 아프리카 국가의 문맹률은 여전히 60% 이상이다. 이들 국가 대부분이 문맹률을 상당히 낮추려면 매우 많은 시간이 걸릴 것이다.

2030년까지 개발도상국이 새 초등학생의 95.3%(11억 명)를 차지한다. 필수적인 교육 품질 향상과 관련하여 개발도상국은 재정적 스트레스에 직면해 있다. 저소득 및 중하 소득 국가에서 보편적 초등교육에 도달하는 데 드는 연간 총비용은 2015년부터 2030년까지 약 40% 정도 증가하여 연평균 2,390억 달러가 더 필요할 것이다. 저소득 및 중하 소득 국가에서 보편적 유아, 초등, 중등교육을 제공하려면 총비용이 2030년까지 GDP의 2.7%에서 4.2%로 증가해야 한다.

인터넷 보급의 촉진으로 저렴한 이러닝(E-learning) 모듈의 보급이

---

26 상위 500대 대학은 영국의 대학 평가 기관 QS(Quacquarelli Symonds)의 순위를 참조했다.

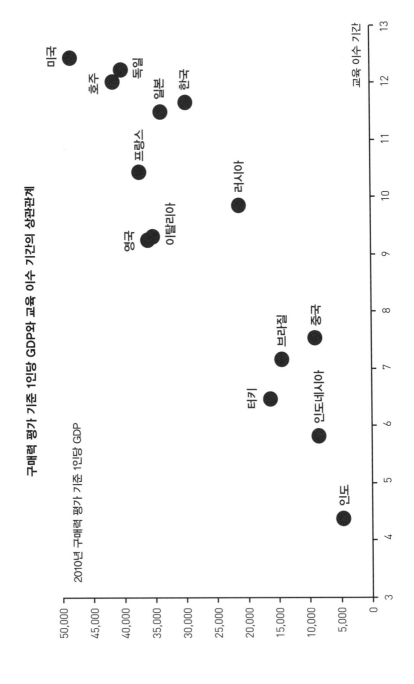

구매력 평가 기준 1인당 GDP와 교육 이수 기간의 상관관계

2010년 구매력 평가 기준 1인당 GDP

빨라지고 있다. 이로써 교육에 대한 접근성은 획기적으로 좋아진다. 이미 소위 무크(MOOC, 개방형 온라인 강좌-옮긴이)의 최대 제공업체인 코세라(Coursera)는 사용자 약 640만 명과 전 세계 105개 이상의 파트너 대학을 확보하고 있다. 미국 회사의 77%가 이러닝 프로그램에 대한 접근을 제공하고, 2030년까지 모든 대학 강좌의 약 80%를 온라인으로 수강할 수 있을 것이다. '언제 어디에서나'라는 학습 트렌드가 세계적인 현실이 되고 궁극적으로 모든 사람에게 교육을 제공하는 데 도움이 될 것이다. 특히 교육 인프라가 부족한 개발도상국의 경우 더 큰 도움이 된다. 하지만 이러닝 모듈이 초등교육의 문제는 해결하지 못한다. 그러므로 초등교육 인프라에는 훨씬 많은 투자가 필요하다.

인재 확보 전쟁

선진국뿐 아니라 신흥국 및 개발도상국에서도 인구통계학적 요인의 차이에 의한 인재 확보 전쟁에 직면한다. 인재 확보 전쟁의 근본 요인은 선진국과 신흥국 및 개발도상국이 다소 다르다.

선진국의 경우 쏟아지는 베이비붐 세대의 은퇴, 노동 시장에 진입할 젊은이 감소, 고급교육을 받은 인력에 대한 수요 증가, 엄청난 인재 격차 등이 원인이 되는 반면, 신흥국 및 개발도상국은 고등학교 및 대학 졸업자 수 증가, 경제 성장, 농업에서 제조업 및 서비스업으로의 산업구조 재편 등이 원인이 된다. 그리고 선진국과 개발도상국 할 것 없이 학생 및 직원의 이동이 쉬워져, 인재 확보 전쟁은 가속화된다.

특히, 인구가 감소하는 선진국은 인재 부족을 가장 절실히 느끼게 된다. 2011년부터 2030년까지 일본은 16.8%, 러시아는 13.5%, 독일은 11.9%, 한국은 9.5%, 이탈리아는 8.2%, 네덜란드는 6%의 노동 인구가 줄어든다. 동시에 터키, 미국, 영국처럼 인구가 증가하는 국가에서도 공석인 일자리를 채우는 어려움에 이미 직면했다. 2015년 기준 일자리를 채우는 데 어려움을 겪는 회사 비율이 터키는 52%, 미국은 32%, 영국은 14% 수준이다. 고용주가 일자리를 채우는 데 어려움을 겪는 직업 상위 열 개는 숙련공, 영업 담당자, 엔지니어, 기술자, 운전기사, 관리 및 임원, 회계 및 금융 직원, 사무보조원, IT 직원, 생산 및 기계 운영 직원이다.

고르지 않은 노동력 공급의 분산과 선진국 및 개발도상국 간 수요의 균형을 잡는 것이 미래의 주요 과제다. 중국, 인도, 브라질 등 경제적 야심이 있는 여러 국가에서는 숙련된 직원에 대한 수요가 꾸준히 증가하는 반면, 선진국에서는 인구 구조의 변화로 숙련된 직원 수 감소에 직면한다.

많은 선진국뿐 아니라 한국이나 러시아 등 일부 과도기 국가 역시 노동력 감소에 직면한다. 대학 학위를 받거나 직업 교육을 받은 젊은 이의 수가 적은 선진국의 노동 시장은 인재 부족 문제에 대처해야 한다. 이러한 경향은 과학자나 엔지니어, IT 전문가 등이 강력히 필요한 선진 경제권에서 특히 뚜렷이 나타난다. 독일, 일본 등의 국가는 이미 인재 부족을 겪고 있으며 현재 인구 구조의 궤적으로 볼 때 문제는 앞으로 더 심화할 것이다.

이와 반대로 개발도상국은 절대 수치로 보면 최대 인재 풀을 보유하고 있다. 하지만 개발도상국과 선진국의 고등교육 수준 격차를 해소하려면 개발도상국의 추가 노력이 필요하다. 또 다양한 교육 시스템 간의 차이는 다른 경제권의 외국 대학 졸업자가 통합되기 어렵게 만든다. 전 세계에서 고등교육이나 대학에 취학한 학생 수는 2000년 9,900만 명에서 2030년 4억 1400만 명으로 30년 이내에 3배 이상이 증가할 것으로 예측된다. 이러한 증가는 대부분 개발도상국에서 발생하며 중국과 인도에 위치한 학생만으로도 절반이 넘는다.

선진국과 개발도상국 간의 인재 불일치는 해결해야 할 중요한 과제다. 선진국에서의 인재 전쟁은 국경 밖에서 인재를 끌어와야 하는 문제고, 개발도상국에서의 인재 전쟁은 인재 개발 및 보유, 그리고 교육 시스템 전환의 문제다. 인구 구조의 궤적이 다른 선진국과 개발도상국 모두에서 이런 문제는 향후 영구적으로 지속될 것이다.

맨파워(Manpower) 연구에 따르면 조사에 응한 전 세계 고용주의 38%가 비어 있는 일자리를 적합한 후보자로 채우는 데 어려움을 겪고 있다. 또 전 세계 고용주의 54%는 인재 부족이 이미 고객 응대 능력에 영향을 미치고 있다고 추정한다. 잘못된 고용으로 인해 지출되는 비용은 평균 17,000 유로 이상이다. 특히 일본, 브라질, 인도의 회사는 자리가 비어 있는 업무에 직원을 채용하는 데 큰 문제를 겪고 있다. 채우기 가장 어려운 일자리는 숙련공과 영업 담당자, 엔지니어

등의 숙련 노동 직업이다.

공석을 채우는 어려움을 완화하기 위해서는 고학력 차세대 전문가의 등장이 필수적이다. 미래의 인재들은 현재보다 훨씬 더 국제적으로 일할 것으로 예상된다. 2025년까지 밀레니얼 세대나 소위 Y 세대가 전 세계 인력의 75%를 구성할 것이다. 이들은 세계적인 시각을 갖고 있으며, 기술에 관심이 있고, 글로벌 이동성을 주도하며, 자율성을 원하는 구직자들이다. 해외에서 공부하려는 학생 수는 800만 명으로 증가할 전망인데, 이는 현재의 거의 3배에 달하며, 1970년대 중반의 80만 명보다 10배 더 증가한 수치다.

2020년 학생 이동의 최대 흐름은 인도에서 미국(118,000명), 중국에서 미국(101,000명), 중국에서 호주(93,000명), 한국에서 미국(81,000명), 중국에서 일본(64,000명), 인도에서 영국(59,000명) 순으로 나타난다. 영어권 국가(미국, 영국, 호주, 캐나다)는 해외의 고급 인재를 얻는 반면, 아시아 국가(인도, 중국, 한국)는 고도로 숙련된 노동력의 두뇌 유출 가능성에 시달린다.

성별 격차 해소

인재 전쟁은 성별 격차의 해소 노력을 요구한다. 성별 격차의 주요 요인으로 교육 기간, 노동 참여율, 가처분 소득을 들 수 있다.

먼저 여성의 교육 기간 증가는 차후 노동력 참여를 위한 필수 전제 조건인데, 북미와 중남미, 그리고 유럽의 경우 2035년이 되면 완전한 양성평등을 이룬다. 아프리카, 아시아, 오세아니아 역시 2035년까지 그 격차를 많이 좁히게 된다. 2035년 대륙별 남녀의 교육 기간 격차는 다음과 같다.

북미　　　　　　　　12.5년(여) vs 12.3년(남)

중남미　　　　　　　9.8년(여) vs 9.6년(남)

유럽　　　　　　　　12년(여) vs 12.3년(남)

아시아 및 오세아니아 7.1년(여) vs 8.6년(남)

아프리카　　　　　　6.1년(여) vs 6.9년(남)

아시아와 아프리카의 경우, 개별 국가에 따라 양성의 교육 기간 편차는 크게 다르다. 보츠와나, 남아공, 중국처럼 거의 양성평등을 이루는 국가가 있는 반면, 아프가니스탄이나 에리트레아처럼 여성의 교육 기간이 남성의 절반을 조금 넘긴 수준에 머무르는 국가도 있다.

노동 참여율은 국가의 노동 시장에 여성의 참여 수준을 보여주는 중요한 지표다. 여성의 노동 참여와 관련해서는 스칸디나비아 국가가 현재 본보기가 되고 있지만, 2030년까지 현재 지표에서 계속 정체할 것으로 예측된다. 2013년 스웨덴 여성의 노동 참여율은 남성의 88.3% 수준인데, 2030년이 되면 87.8%로 소폭 감소한다. 2013년 노르웨이 여성의 노동 참여율은 남성의 88.7% 수준인데, 2030년이 되면 90.5%로 소폭 증가한다. 독일과 미국 등 다른 선진국들도 82%

수준으로 큰 변화가 없다.

노동 시장 참여의 양성평등은 인구 구조의 변화에 따른 도전을 상쇄할 수 있다. 예를 들어, 여성의 노동 참여율이 2030년에도 2010년 수준으로 머물러 있다면 이탈리아의 경우 노동 인구가 8% 감소하고, 한국의 경우 노동 인구가 10% 감소한다. 하지만 2030년에 여성의 노동 시장 참여율이 남성과 동일한 수준까지 늘어난다면, 이탈리아의 경우 노동 인구가 19% 상승하고, 한국의 경우 노동 인구가 11% 상승한다. 노동 시장 참여의 양성평등만 이뤄져도 노동 인구 감소 문제가 해결될 수 있는 것이다.

하지만 노동 시장 참여율이 개선된다고 해도 여전히 여성의 가처분 소득은 남성보다 훨씬 적고, 향후 개선도 미미할 것이다. 가처분 소득 수준은 수입뿐 아니라 직업 상태의 불평등과도 관계가 있다. 2013년 독일 여성의 가처분 소득은 남성의 82.5% 수준인데, 2030년이 되면 85.5%로 소폭 상승하는 데 그친다. 미국도 2013년 63%에서 2030년 63.6%로, 스웨덴도 89.5%에서 91.4%로 소폭 상승할 뿐이다. 이집트, 인도, 브라질, 중국 등 개발도상국 역시 거의 변화가 없다.

여성의 노동 시장 참여를 방해하는 요소는 다음과 같다. 국가에서 자녀 및 노인 돌봄을 충분히 지원하지 못하며, 대부분 여성 가족 구성원이 책임을 진다. 많은 여성이 자녀 양육 기간 이후 노동 시장에 재진입하는 데 어려움을 겪는다. 많은 국가에서 기본 체제와 권리, 또 문화가 부족하여 여성이 공식 노동 시장에 참여할 가능성을 억제한다. 일부 국가에서는 세금 및 기타 재무 규정을 통해 여성이 가정에 머물도록 장려한다.

이런 요소는 여성이 노동을 하게 되더라도 수입이 남성보다 적어지는 현실에 영향을 미친다. 왜냐하면, 여성은 여전히 많은 양의 무보수 작업을 통해 경제적 복지에 기여하고, 급여가 더 높은 직업은 여전히 남성이 지배할 것이기 때문이다. 또 육아 휴직과 시간제 근무(여전히 여성이 압도적인 영역)가 결합하면 소득에 큰 영향을 주는데, 젊었을 때는 그 격차가 작더라도 임신 및 자녀 양육 기간에는 임금 격차가 가파르게 증가한다.

이처럼 거의 평등한 교육 기회를 얻고 있고, 심지어 많은 국가에서 대학 학위 취득 비율이 남성보다 더 높음에도 불구하고 여성은 여전히 이러한 교육의 힘을 경제 및 정치적 참여로 이전하는 데 어려움을 겪는다. 2014년 세계 성차별 지수(WEF Global Gender Index)가 이를 증명한다(1=평등, 0=불평등). 교육 지표 점수는 0.94인데, 경제 참여 및 기회, 정치 권한 지표 점수는 각각 0.59 및 0.22에 불과하다. 유로모니터에 따르면 2030년 여성의 전 세계 평균 연간 가처분 소득은 9,853달러가 되는데 이는 2013년 여성 평균 가처분 소득보다 51.2% 높은 수치다. 하지만 양성 간의 소득 격차는 2013년 33.6%에서 2030년 35.7%로 오히려 더 커질 것으로 예상한다.

2025년 초 OECD 국가의 여성은 대학 입학의 59%, 대학 졸업자의 63%를 차지할 것이다. 이는 더 나은 인재 활용을 요구함을 의미한다. 2030년까지 OECD 회원국이 성별 격차를 해소할 수 있다면, GDP가 2011년 대비 최대 12% 더 증가할 수 있다. 한편, 또 다른 놀라운 지표는 필리핀, 터키, 루마니아, 태국 등 여러 개발도상국의 CEO 여성 점유율이 독일이나 프랑스 등 일부 OECD 회원국보다 높았다는 점이다.

아프리카와 중동에서 남성과 여성의 임금 격차는 2013년이 최대였다. 여성의 소득은 남성보다 거의 40% 적었다. 반면 OECD 국가 여성의 현재 소득은 남성 소득보다 30% 적다. 2030년에도 이런 소득 격차가 유지되는데, 이는 주로 여성이 자격이 덜 필요한 직업을 갖게 되기 때문이다. 결국, 사회의 기본적인 성 불평등 때문이란 뜻이다.

기업은 어떻게 대응해야 하나

첫째, 직원의 잠재력을 최대한 활용하고 촉진하기 위해 지식 관리를 최적화하고 온라인 교육환경을 조성해야 한다.

글로벌 지식 생성과 연결성이 증가함에 따라 회사는 다양한 지역의 지식을 효율적인 최신 네트워크에 결합하는 시스템을 구축해야 한다. 타인의 지식에 대한 개방성과 지식 공유, 공통 지식 생성은 기업의 주요 목표가 될 것이다. 해외 인력을 활용하고 이를 회사의 이점으로 이용하려면 외국 교육 시스템의 기회와 약점을 이해하는 것이 중요하다.

기업의 이러닝 시스템은 전문적인 자격 취득 경로를 최적화한다.

또한, 이러닝은 대부분의 작업 환경의 일상에 손쉽게 통합되어 더 많은 직원이 교육받을 수 있다. 기업 요구사항에 맞는 지식 형성은 인재가 부족하고 인력이 점점 더 세계화되는 시기에 매우 중요하다. 더 나아가 온라인 교육은 경력 개발의 새로운 방법을 제공하여, 내부 인재들이 진화하는 기술의 트렌드를 반영한 최신 상태를 유지할 수 있게 돕는다.

둘째, 글로벌 고용 전략으로 인적자원 관리를 개선해야 한다. 미래의 인재 부족에 대비하려면 지금부터 준비하는 게 좋다.

고학력 인재는 점점 더 부족한 인적 자원이 되고 있다. 그러니 기업은 인적 자원 관리를 조정해야 하고, 고용 전략은 국내 시장을 넘어서야 한다. 전 세계에서 인재를 끌어들이기 위해서는 잠재적인 직원들에게 기업의 인지도를 높여야 한다. 이를 위해선 젊은 전문가들이 모이는 대학 및 기타 교육기관과 협력하는 노력을 강화해야 한다.

또한, 미래 기반의 인력 계획을 위한 달라진 전략이 필요하다. 한예로, 추가 고용 채널로 소셜 네트워크를 활용하면 낮은 비용으로 잠재력이 높은 후보자를 채용할 수 있다. 전문 소셜 네트워크를 통해 잠재적인 후보자를 분석하면 시간이 지남에 따라 현재 인재 풀에 대한 아이디어를 얻는 데도 도움이 된다.

모든 고용 전략은 최적화된 직원 유지 전략을 기본으로 한다. 조직의 중간 관리자 손실 비용은 해당 직원 연봉의 최대 100%다. 직원을 유지하는 것에는 보상과 혜택 이외에 여러 다른 주요 요소가 있다. 여기에는 투명한 경력 개발 기회, 일과 삶의 균형 지원, 정기적인 성과 피드백, 목표와 역할과 책임에 대한 명확한 커뮤니케이션 등이 포함된다. 각자의 성격과 기술과 전문성에 적합한 직무 배치와 새 프로젝트에 참여할 기회 제공 역시 강력한 직원 유지율의 비결이 될 수 있다.

셋째, 여성을 위한 매력적인 채용과 경력 모델 제시로 인재 부족 문제를 해결해야 한다.

가족에 대한 의무, 특히 자녀부양 및 증가하는 노인 돌봄은 많은 고학력 여성이 가정 외부에서 일하지 못하게 만드는 주요인이다. 따라서 기업에서는 여성에게 적합하고 매력적인 작업환경을 만들어줘야 한다. 고려해야 할 주요 측면은 다양한 유연성과 열린 경력 및 자녀 양육 기회다.

재택근무, 자율출퇴근제, 동료들의 태도 변화 등 역시 중요한 작업 조건이다. 위킹맘에 대한 지원의 일환으로 기업은 아동 보육 시설을 설립하거나 외부 제공업체를 통해 보육 서비스를 제공할 수 있다. 이 문제에 대해선 현재 워킹맘 비율이 가장 높은 스웨덴의 기업들을 본보기로 삼을 수 있다.

경력 기회는 근무 시간과 연결되어서는 안 되며, 질적이고 양적인 구체적인 목표로 정의되어야 한다. 이 절차는 여성이 자신의 경력을 계획할 때 필요한 단계를 충분히 고려할 수 있도록 투명하게 이뤄져야 한다.

출처 및 참고자료

- 덴버대학교(University of Denver), 파디센터 : 국제미래연구(Pardee Center for International Futures)

  http://www.ifs.du.edu/ifs/frm_mapViewer.aspx

- 국제노동기구(International Labour Organization, ILO), 인력 데이터베이스

  http://www.ilo.org/ilostat/faces/help_home/data_by_subject?_adf.ctrlstate=
  1dt7uamyxl_476&_afrLoop=605383139300217

- 경제협력개발기구(OECD), 성별 격차 해소 : 지금 행동하기

  http://www.oecd.org/gender/closingthegap.htm

- 맨파워(Manpower), 2015년 인재 부족 조사

  http://www.manpowergroup.com/wps/wcm/connect/manpowergroup-en/home/
  thoughtleadership/research-insights/talent-shortage-2015

- 영국문화원(British Council), 앞으로 다가올 상황

  http://www.britishcouncil.org/sites/britishcouncil.uk2/files/the_shape_of_things_to_
  come_-_higher_education_global_trends_and_emerging_opportunities_to_2020.pdf

- 유로모니터(Euromonitor), 소득 불평등 집중 탐구(Income Inequality in Focus)

  http://blog.euromonitor.com/2014/07/in-focus-income-inequality-between-men-
  andwomen-to-worsen-in-asia-pacific.html

메가트렌드
07
지속 가능성과 국제적 책임

▶▶▶▶▶   ▶▶▶▶▶   ▶▶▶▶▶
          ▶▶▶▶▶

지속 가능성과 국제적 책임은 국가와 사회와 경제 등 서로 다른 세 주체에 따라 정의가 다를 수 있지만, 1987년 지속 가능성에 대해 처음으로 정의한 브룬트란트 위원회(Brundtland Commission)에서는 다음과 같이 정의한다. "지속 가능성은 미래 세대의 요구를 충족할 수 있는 능력을 유지하며 현재의 요구를 충족하는 책임 있는 방안이다." 지속 가능성과 국제적 책임이라는 메가트렌드 아래에는 다음 세 가지의 하위 트렌드가 있다.

▶ 협력하고 충돌하는 국가
▶ 세상을 바꾸는 시민과 NGO
▶ 기업의 사회적 책임

협력하고 충돌하는 국가

정부 관점에서 지속 가능성은 정책 성과, 민주주의, 거버넌스 수준 등 다양한 영역에 영향을 미친다. 정책 성과는 경제, 사회, 환경 정책으로 구분해서 판단되고, 민주주의 수준은 선거 과정, 정보 접근성, 인권 및 정치적 자유, 법치 수준 등으로 판단되며, 거버넌스 지표는 조정 능력, 정책 구현, 제도적 학습, 시민, 의회, 중재 조직 등으로 판단된다.

2015년 기준 EU 및 OECD 회원국 가운데 최고 순위는 스칸디나비아 국가들이 차지하고 있다. 정책 성과는 스웨덴, 노르웨이, 덴마크가, 민주주의 수준은 핀란드, 스웨덴, 노르웨이가, 거버넌스는 스웨덴, 핀란드, 노르웨이가 각각 1, 2, 3위를 차지했다.

지속 가능성의 미래를 가늠하기 위해선 지속 가능한 정책과 평균 재정 적자의 수준을 동시에 살펴봐야 한다. 선진국의 경우 재정 적자가 2009년 9.9%에서 4.7%로 감소했다는 점에서 지속 가능성의 바람직한 징후를 보여줬다. 또 지속 가능한 정책의 대표적인 예로 다음과 같은 노력을 들 수 있다.

–2008~2009년 경제 및 재정 위기를 줄이기 위한 성공적인 글로벌 협력
–재정 적자와 정부 부채를 줄이기 위한 많은 국가의 강력한 노력
–핵 프로그램에 대한 이란과의 '역사적 양해'(오바마)
–그리스 위기를 관리하기 위한 강력한 국제 협력
–새로운 자유무역지대를 만들기 위한 여러 접근법[범대서양 무역투자동반자협정(TTIP), 중국–일본–한국 자유무역협정(FTA), 아프리카 자유무역지대]
–'녹색 경제'를 조성하기 위한 많은 국가의 강력한 노력

반면, 지속 가능한 활동을 위협하고 불가능하게 만드는 다수의 폭력적 갈등도 존재한다. 2015년 세계 주요 분쟁 지역 사례는 다음과 같다.

전쟁 : 우크라이나, 수단-남수단, 동부 콩고
테러리즘 : 리비아의 지하디스트, 나이지리아 · 니제르 · 차트의 보코하람, 시리아 · 이라크의 IS, 예멘의 알카에다, 소말리아의 알샤바브 민병대, 아프가니스탄 · 파키스탄의 탈레반
무력 충돌 : 멕시코의 마약 전쟁, 시나이, 이집트의 반군, 알제리 · 말리의 반란 단체, 중앙아프리카공화국의 내전, 시리아, 중동 분쟁, 카슈미르 분쟁, 태국 남부의 반군, 필리핀의 반란 단체

1945년부터 2014년까지 폭력적인 고강도 분쟁은 대부분 국가 간

분쟁이 아니라 국가 내 분쟁이었고,[27] 이를 통해 강제 추방된 수많은 실향민과 난민이 탄생했다. 2014년 기준 국내 강제 추방 실향민[28]은 3,800만 명, 난민은 1,700만 명이다.

폭력적 갈등 외에도 시급하고 지속적인 조치를 해야 하는 국제적인 문제가 많다. 많은 국가의 인권 침해, 더 나은 경제 상황을 추구하는 난민 증가, 기후 변화, 글로벌 무역 장벽을 낮추기 위한 세계무역기구(WTO) 회담의 불확실한 미래, 전 세계적 금융 시장을 규제하기 위한 접근 방법의 실패, 조세 차익 거래와 조세 회피 등 기업의 사기 행위를 방지하기 위한 글로벌 협력 미비, 북한의 핵 프로그램, 광대한 북극 지역에 대한 러시아의 권리 주장, 동중국해에서 중국, 일본, 대만의 영유권 분쟁으로 인한 동아시아 긴장 고조 등.

이처럼 지구의 지속 가능한 미래는 위험에 처해 있고, 여러 국가가 무수한 도전과 씨름해야 한다.

최근 몇 년간 두드러지게 커지고 있는 문제는 IS나 보코하람처럼 하나 이상의 비정부 침략 단체가 연루된 국내 갈등이다. 이들은 분쟁 상황에서 이동성이 높고 자금이 충분하며 잘 훈련된 단체로 전체 국가의 도전이 될 수 있음을 입증했다. 취약한 경제 체제, 식량 부족, 물 스트레스, 토지 이용 변화, 에너지 불안정에 의해 심화되고 있는 정치, 종교 분쟁 등이 모두 국내의 폭력 충돌 요인이다. 유럽에서는 2014년 초에 우크라이나에서 폭력 소요가 터졌다. 분리 독립과 정치

---

27 국가간 분쟁은 둘 이상의 국가 간에서 발생되는 반면, 국내 분쟁은 주로 비정부 활동세력과 정부 간에 일어난다. 고강도 분쟁은 제한적 전쟁과 전면전이다.
28 국내 강제 추방 실향민은 강제로 집에서 쫓겨났지만, 국경 내에 있는 사람들을 말한다.

리더십에 대한 강력한 갈등이 계속 진행되어 국내뿐 아니라 국제적으로도 영향을 주고 있다.

다른 한편, 그 어느 때보다 지정학적 관계가 더 상호의존적이 되고 있다. 이제 193개 국가가 국제연합(UN)에 속해 있다. 유럽연합(EU), 아랍연맹(Arab League), 동남아시아국가연합(ASEAN) 등의 정치-경제 연합 역시 각자의 관심사로 뭉쳐서 협력을 추구하고 있다. 세계무역기구 회원국은 1995년 이후 거의 33% 성장했다. 또한, 수많은 지역의 자유무역협정은 상품과 서비스를 더 활용하고 강화한다.

자원 부족은 대개 환경 문제와 결합하여 2030년까지 계속 갈등에 대한 위험을 제기할 것이다. 전문가들은 경쟁이 치열한 수자원을 두고 벌이는 '물 전쟁'을 경고한다. 기본적인 영양 공급 가격의 폭등으로 촉발된 전 세계 식량 폭동, 기후 난민의 대규모 이주, 그 결과 발생하는 반이민 폭력, 사회 질서 붕괴 및 국가의 몰락은 추가 위협이 될 것이다.

세상을 바꾸는 시민과 NGO

부족한 정부 지원을 보충하기 위해서는 언제나 민간 기부가 필요하다. 2011년 기준 주요 국가의 공적개발원조(ODA, Official Development Assistance)는 전체 지원금의 70%(1,380억 달러)를 차지하고, 민간 자선활동이 나머지 30%(590억 달러)를 담당한다.

2014년 기준, UN은 주요 국가들이 공적개발원조를 국민총소득(GNI) 대비 0.7% 부담하는 것을 목표로 삼고 있지만, 이 기준에 도달한 국가는 전 세계에서 스웨덴(1.1%), 노르웨이(0.99%), 영국(0.71%) 세 곳뿐이다. 핀란드(0.6%), 스위스(0.49%), 독일(0.41%), 프랑스(0.36%), 일본(0.19%), 미국(0.19%), 이탈리아(0.16%), 스페인(0.14%), 한국(0.13%) 등은 UN의 목표에 미치지 못한다.

이처럼 지속 가능성을 위한 정부 지원은 한계가 있으므로 비정부기구(NGO) 참여가 점점 더 중요해진다. 지속 가능성을 위한 NGO 및 시민의 참여가 활발한 편인데, 그중 가장 부유한 재단 상위 다섯 곳은 다음과 같다.

재단	국가	초점	기부금
빌&멀린다 게이츠 재단 (Bill & Melinda Gates foundation)	미국	국제 개발, 교육, 보건, 빈곤 퇴치	423억 달러
스티흐팅 잉카 (Stichting INGKA)	네덜란드	개발도상국의 아동 및 가족 지원	360억 달러
웰컴 트러스트 (Wellcome Trust)	영국	생명과학 연구	259억 달러
하워드 휴스 의학연구소 (HHMI)	미국	생물학 및 의료 연구, 과학 교육	169억 달러
포드 재단 (Ford Foundation)	미국	인간 복지 증진	112억 달러

부유한 자산가들 역시 엄청난 수준의 기부금을 내고 있다. 2014년 기준 가장 많은 기부금을 낸 인물은 워런 버핏(Warren Buffett)으로 빌&멀린다 게이츠 재단에 21억 달러를 기부했다. 또 니콜라스 우드먼(Nicholas Woodman)은 실리콘밸리 커뮤니티 재단에 4억 9800만 달러, 로니 챈과 제럴드 챈(Ronnie & Gerald Chan)은 하버드 대학교에 3억 5000만 달러를 기부했다.

2010년 빌 게이츠와 워런 버핏에 의해 태어난 사회 환원 약속, '더 기빙 플레지(The Giving Pledge)'도 주목할 필요가 있다. 전 세계 대부호와 가족이 생전이나 사후에 절반 이상의 재산을 자선 기관에 기부하겠다고 약속하는 캠페인인데, 2015년 기준 페이스북의 설립자 마크 저커버그(Mark Zuckerberg)를 비롯하여 137명이 여기에 서명했다.

한편, 전 세계 수많은 자원봉사자와 기부자를 동원할 수 있는 조직은 세계자연기금(WWF), 옥스팜(Oxfam), 국제사면위원회(Amnesty), 그린피스(Green Peace)를 포함하여 여럿 존재하는데 기부금을 내거나 봉사에 참여한 전 세계의 사람 수도 계속 증가하는 추세다. 2011년부터 2013년까지 기부금은 낸 사람은 12억 명에서 14억 명으로 늘어났고, 봉사활동에 참여한 사람은 8억 명에서 10억 명으로 늘어났다.

2030년까지 미래의 지속 가능성에 대한 기대가 높아지고 있는 건 늘어나고 있는 전 세계 중산층[29]의 자선활동 참여가 예상되기 때문이다. 2009년 전 세계 18억 명이었던 중산층은 2030년 49억 명으로 2배 이상 증가한다. 중산층의 구매력 역시 2009년 21.3조 달러에

---

29 하루에 구매력 평가 10~100달러를 지출하는 사람들.

서 2030년 55.7조 달러로 2배 이상 증가한다. 영국 자선지원 재단에서는 2030년 전 세계 중산층의 잠재적 자선활동 지출을 구매력의 1%로 추정하는데, 그러면 5,570억 달러에 달하게 된다.

또한, 지속 가능한 공정 거래 제품과 기업의 사회적 책임(CSR)에 대한 소비자 요구도 증가한다. 전 세계 유기농 식품의 매출은 2004년 287억 달러에서 2013년 685억 달러로 증가했고[30], 국제공정무역기구(Fair Trade International) 제품의 전 세계 매출은 2004년 7억 달러에서 2013년 41억 달러로 증가했다.[31] 2014년 기업의 사회적 책임(CSR)이 구매 결정에 영향을 미치느냐는 설문에서는 미국 소비자의 76%가 영향을 미친다고 답했다. 영향을 미치지 않는다는 응답은 17%, 잘 모른다는 응답은 7%에 불과했다.[32]

앞서 살펴보았듯 많은 선진국에서 공적개발원조가 국민총소득에서 차지하는 비중은 UN 목표인 0.7% 이하다. 여러 이유가 있겠지만, 그 근본적인 이유는 경제 위기 및 정부 내 부정적인 평가에 의한 ODA 예산 삭감이다. 후자는 원조 자금이 부패한 체제로 전달되고 있다거나 개발 원조 자금에 대한 특정 국가의 과도한 재정 의존도가 나타날 때 두드러진다. 물론 그런 문제가 나타나긴 하지만, 개발도상국의 역량 강화 측면에서 보다 현명하고 효율적인 ODA 지원은 인간 개발과 경제 성장을 강화하는 필수적인 도구로 역할을 할 것이다.

민간 자선활동은 더 진화하여 외국의 개발 원조 환경을 바꾸고 있

---

30 유기농연구소(Research Institute of Organic Culture)
31 국제공정무역기구(Fairtrade International)
32 해리스 인터랙티브(Harris Interactive)

다. 재정적으로 강력한 기부자는 점점 더 중요한 역할을 하며 다양한 메커니즘을 통해 국제 문제를 해결하기 위해 노력한다. 최근 몇 년간의 발전에 더하여 차세대 '세계 시민(Global Citizens)'의 등장을 통해 이 트렌드가 확대될 것으로 추정된다.

일반적으로 말하면 정부 지원을 강화하는 민간 자선활동의 확대는 긍정적이다. 하지만 이 트렌드의 어떤 측면은 자세히 검토되어야 한다. 예산의 80%를 개인 및 자발적 기부에 의지하는 세계보건기구(WHO)와 같은 NGO에도 민간 기부는 필수적이다. 원조 자금은 각 기부자가 선택한 목적에 맞게 배정된다. WHO에 전체 미국 정부보다 더 많이 기부하는 빌 게이츠 기금의 경우 편견 없는 대외 원조를 어렵게 만들기도 한다.

기업의 사회적 책임

고객의 요구와 여러 이해 당사자 그룹의 압력은 회사가 좋은 기업 시민으로서 소임을 다하도록 만든다. 기업이 책임을 다해야 하는 이해 당사자는 정부, 고객, 공급업체, 미디어, 사회 및 지역 커뮤니티, 직원 등을 모두 포함한다.

도요타는 기업 시민을 다음과 같이 정의한다. 기업 시민은 직원과 존중하는 관계에 주력하고 인재를 교육하며 다양성을 조성한다. 공급업체와 신뢰 및 지속 가능한 협력을 확립하고 환경친화적 공급망을 전략적 우위로 여긴다. 또한, 주주를 위해 지속 가능한 성장을 바탕으로 기업 가치를 향상하고, 환경 보전과 사회적 기여를 당연한 것으로 받아들인다. 고객 전략의 근거를 고객 우선, 품질 우선 원칙에 둔다.

기업의 사회적 책임을 수행하고 이에 대해 이야기하는 것은 확실한 트렌드다. 전 세계 250대 기업 중 기업의 사회적 책임에 대해 보고하는 기업은 1999년 35%에서 2013년 93%로 증가했다. 특히 프랑스는 기업의 99%가, 일본은 기업의 98%가 기업의 사회적 책임에 대해 보고한다.[33] 소비자에게 기업의 사회적 평판을 전달하는 데 특히 성공적인 기업 열 개를 뽑으면 다음과 같다. 2015년 국제 소비자 조사에 따른 결과다.[34]

1. 마이크로소프트

2. 구글

3. 월트디즈니

4. BMW

5. 애플

6. 다임러

7. 폭스바겐

8. 소니

---

[33] 2013년 KPMG 기업 사회적 책임 보고 조사
[34] 포브스 평판 연구소(Forbes Reputation Institute)

전 세계 소비자들은 사회적으로 책임 있는 원칙에 따라 행동하는 기업에 더 많은 돈을 기꺼이 지불한다. 지속 가능성 및 사회적 책임과 관련한 기업 활동의 증가는 시장의 수요가 주도하는 것이다. 그 비율은 2011년 45%에서 2014년 55%로 증가했다. 기업의 사회적 책임의 미래는 공익적 가치 창출과 이를 통해 혜택을 보는 단체와의 지속적인 관계에 달려 있다. 과거 기업의 사회적 책임이었던 경제적(수익 창출), 법적(법과 규칙 준수), 윤리적(공평하고 공정할 의무) 책임에 박애주의적(공동체 전체의 삶의 질 향상) 책임이 더해진 것이다.

이런 흐름은 미래의 주역인 밀레니얼 세대(1980~2000년 출생)에 의해 더욱 가속화될 전망이다. 미국 젊은 성인 10명 중 7명은 자신을 사회운동가로 간주하고 있고, 4명 중 3명은 기업이 사회를 위한 경제 가치를 창출해야 한다고 생각한다. 때문에 프리퀸시540의 공동 창립자인 앤드루 스위낸드(Andrew Swinand)는 기업의 사회적 책임이 '밀레니얼의 신흥 종교'라고 말했다.

정리하자면, 기업 시민으로서 소임을 다하는 회사만이 경제적 가치를 추가하며 비즈니스 모델의 지속 가능성을 담보하게 된다.

기업 시민으로서 소임을 다하는 회사는 기업 행동에 대한 책임을 받아들이고 소비자, 직원, 투자자, 커뮤니티 등을 비롯하여 이해 당사자와 환경에 긍정적인 영향을 미친다. 전 세계적으로 기업의 사회적 책임 영역의 보고에 대한 요구가 증가하여 주식 시장과 국제 보고 기준에 영향을 끼쳤다. 여러 지속 가능성 지수가 확립된 이후, 다우존스 지속가능성 지수, 국제회계기준위원회의 국제금융보고기준위원회(IFRS) 프레임워크 등에 지속 가능성에 대한 보고가 포함되었다.

비즈니스 가치는 점점 더 이해 당사자의 긴밀한 통합과 연결된다. 회사의 수요 주도형 CSR 경영은 회사가 주주의 가치 대신 고객 만족 극대화를 목표로 하는 '고객 중심 자본주의'를 조금씩 허용하기 시작한다. 게다가 일부 이해 당사자는 공식적으로 지속 가능하지 않은 비즈니스 모델을 거부하면서 자본 시장에 대한 미래 투자 전략에 추가적인 영향을 미칠 것으로 예상한다. 예를 들면 석유 사업으로 재산을 축적한 록펠러 재단(Rockefeller Foundation)은 이제 화석 연료 부문에 대한 투자에서 등을 돌리고 있다.

기업은 어떻게 대응해야 하나

첫째, 빠르게 변하는 정치 환경에 따라 기업의 글로벌 가치 사슬의 탄력성을 강화하고 미래의 새로운 대안을 고려해야 한다.

국제 협력에는 유리한 면도 있고 불리한 면도 있다. 한편에서는 경제권 간 국제 협력이 세계화를 조성하고 기업이 손쉽게 해외 입지를 늘릴 수 있게 한다. 하지만 다른 한편에서는 국가 간 고강도 분쟁이 정치적 안정성을 약화해, 결국 국내 경제 관계와 투자, 무역에도 악 영향을 미친다. 기업은 이러한 국면을 염두에 두고 글로벌 가치 사슬이 외부 충격과 불확실성에 대해 더욱 탄력적으로 되도록 노력해야한다.

세계적인 기업에서 탄력성을 강화하려면 여러 기본 특징에서 글로벌 가치 사슬 확장을 고려해야 한다. 이렇게 하면 가치 사슬의 여러 영역에 적용할 수 있으며 특히 조달과 생산, 영업에 도움이 된다. 세계화의 초기 단계에 있는 기업은 비용 우위나 성장 가능성 외에도 글로벌 리스크에 대한 노출을 고려하고 확신이 서지 않는다면 가장 안전한 위치에서 시작해야 한다.

기업이 경쟁력을 유지하려면 항상 국제적 입지를 검토하고 필요한 경우 조정해야 한다. 국제 범위가 넓으면 손쉽게 직무를 재배치할수 있어 더 유용하다. 수많은 자회사를 유지하는 대신 국제적인 파트너와 협업하면 글로벌 가치 사슬과 함께 더 많은 유연성을 달성할 수 있다.

둘째, NGO와의 협력을 추구하여 NGO의 노하우와 평판에서 이익을 얻어야 한다.

NGO는 기업에 점점 더 중요한 이해 당사자다. 협력을 통해 지속가능성 측면에서 기업의 가치 사슬을 향상하고 평판을 개선할 수 있다. 또한, 기업은 복잡한 이해 당사자 관계, 특히 개발도상국의 이러한 관계를 처리하는 데 NGO의 전문 지식을 이용할 수 있다. 기후변화와 물 부족, 전염병 등의 문제에 대처하기 위한 정부의 자원이한정되어 있으므로 NGO의 중요성이 증가하고 이에 따라 NGO도협력 프로젝트를 확장할 것이다.

회사와 NGO 간의 긴밀한 관계는 전략적 파트너십으로 이어질 수 있다. 예를 들어 독일의 소매업체 그룹인 에데카(Edeka)는 세계자연기금과 제휴하고 있다. 세계자연기금에서는 에데카를 지원하여 이산화탄소 배출량을 줄이고 농업 자원 사용을 향상하며 물을 절약하여 글로벌 탄소 발자국을 낮추는 데 도움을 준다. 에데카는 엄선된 제품에 WWF 로고를 활용하고, 이런 NGO의 뛰어난 평판으로부터 이익을 얻는다.

주의해야 할 부분은 많은 NGO가 대규모 기업 스타일 비즈니스로 진화했다는 점이다. 그들은 NGO 간의 치열한 경쟁과 클라우딩, 목표 달성을 위해 모금 부문을 전문화했고, 일부는 아예 전문 서비스 회사에 아웃소싱했다. 다른 모든 조직과 마찬가지로 NGO도 스캔들이나 부패를 피하진 못했다. 그러니 NGO의 평판과 윤리성을 자세히 조사한 후 파트너십을 확장해야 할 것이다.

셋째, 좋은 기업 시민으로 소임을 다하고 그 가치를 적극적으로 홍보하면 시장 점유율 확보와 경제적 성과도 가능함을 깨달아야 한다.

대부분 고객은 이미 기업으로부터 어느 정도 사회적으로 책임 있는 행동을 기대한다. 이러한 태도는 특히 밀레니얼 세대에서 강한데, 이 세대는 우리 사회와 경제의 미래를 형성할 것이다. 기업에서는 좋은 기업 시민으로서 소임을 다하고 이해 당사자를 철저히 고려하며 시장 점유율을 확대해야 한다. 적극적인 홍보는 현재 및 잠재적 고객, 투자자 및 기타 이해 당사자 사이에서 이러한 접근 방법을 성공시키는 열쇠다.

투자 결정을 할 때는 점점 더 지속 가능성 측면을 고려해야 한다.

그 결과 이해 당사자 가치에 세심한 주의를 기울이는 회사는 더 손쉽게 자본을 마련하고 시장을 차지할 수 있다. 이 점에 있어 이해 당사자 및 주주의 가치가 통합되고 있는 측면이 있다.

모든 이해 당사자 그룹을 고려하는 건 어려운 일이다. 이러한 노력을 최적화하려면 기업에서 다양한 그룹 활동을 모니터링하고 상호 의존성을 이해하며 노력의 균형을 잡는 것을 목표로 해야 한다. 비용을 제한하려면 다양한 이해 당사자 그룹에서의 시너지를 찾아야 한다. 예를 들어, 세련된 마케팅 캠페인을 통해 고객과 투자자, 광범위한 대중에게 한꺼번에 다가갈 수 있도록 해야 한다.

출처 및 참고자료

- 베르텔스만(Bertelsmann), 2015년 지속 가능한 거버넌스 지수(Sustainable Governance Indicators 2015)

  http://www.sgi-network.org/docs/2015/basics/SGI2015_Overview.pdf

- 하이델베르크 국제분쟁연구소(Heidelberg Institute for International Conflict Research), 2014년 분쟁 지표(Conflict Barometer 2014)

  http://www.hiik.de/en/konfliktbarometer/pdf/ConflictBarometer_2014.pdf

- 경제협력개발기구(OECD), 2014년 공적개발원조(Official Development Assistance 2014)

  http://www.compareyourcountry.org/oda?page=0&cr=oecd&lg=en

- 자선지원재단(Charities Aid Foundation), 2014년 세계기부지수(World Giving Index 2014)

  https://www.cafonline.org/about-us/publications/2014-publications/world-giving-index-2014

- 아치 캐롤(Archie B. Carroll), 기업의 사회적 책임 피라미드(The Pyramid of Corporate Social Responsibility)

  http://www-rohan.sdsu.edu/faculty/dunnweb/rprnts.pyramidofcsr.pdf

- 유엔 글로벌 콤팩트(UN Global Compact), 2015년 이후 기업 참여 구상도 구축 (Business Engagement Architecture)

  https://www.unglobalcompact.org/docs/about_the_gc/Architecture.pdf

4차 산업혁명 이미 와 있는 미래

초판 1쇄 발행 2017년 6월 27일
초판 12쇄 발행 2021년 9월 14일

지은이 롤랜드버거
옮긴이 김정희, 조원영
펴낸이 김선식

경영총괄 김은영
기획편집 윤성훈 **디자인** 황정민 **책임마케터** 박태준
콘텐츠사업4팀장 김대한 **콘텐츠사업4팀** 황정민, 임소연, 박혜원, 옥다애
마케팅본부 이주화 **마케팅1팀** 최혜령, 박지수, 오서영
미디어홍보본부장 정명찬 **홍보팀** 안지혜, 김재선, 이소영, 김은지, 박재연, 오수미, 이예주
뉴미디어팀 김선욱, 허지호, 염아라, 김혜원, 이수인, 임유나, 배한진, 석찬미
저작권팀 한승빈, 김재원
경영관리본부 허대우, 하미선, 박상민, 권송이, 김민아, 윤이경, 이소희, 이우철, 김혜진, 김재경, 최완규, 이지우

펴낸곳 다산북스 **출판등록** 2005년 12월 23일 제313-2005-00277호
주소 경기도 파주시 회동길 490 다산북스 파주사옥 3층
전화 02-704-1724
팩스 02-703-2219 **이메일** dasanbooks@dasanbooks.com
홈페이지 www.dasanbooks.com **블로그** blog.naver.com/dasan_books
종이 (주)한솔피앤에스 **출력 · 인쇄** 민언프린텍 **후가공** 평창P&G **제본** 정문바인텍

ⓒRoland Berger, 2017

ISBN 979-11-306-1291-1 (03320)

다산북스(DASANBOOKS)는 독자 여러분의 책에 관한 아이디어와 원고 투고를 기쁜 마음으로 기다리고 있습니다.
책 출간을 원하는 아이디어가 있으신 분은 이메일 dasanbooks@dasanbooks.com 또는 다산북스 홈페이지 '원고투고'란으로
간단한 개요와 취지, 연락처 등을 보내주세요. 머뭇거리지 말고 문을 두드리세요.